建筑统计应用

徐　宁　李冬艳　许砚秋　著

中国环境出版社・北京

图书在版编目（CIP）数据

建筑统计应用 / 徐宁，李冬艳，许砚秋著．—北京：中国环境出版社，2017.8

ISBN 978-7-5111-3225-3

Ⅰ.①建…　Ⅱ.①徐…　②李…　③许…　Ⅲ.①建筑企业—工业统计—高等学校—教材　Ⅳ.①F407.924

中国版本图书馆 CIP 数据核字（2017）第 142977 号

出 版 人　王新程
责任编辑　张于嫣
责任校对　尹　芳
封面设计　宋　瑞

出版发行　中国环境出版社
（100062　北京市东城区广渠门内大街 16 号）
网　　址：http://www.cesp.com.cn
电子邮箱：bjgl@cesp.com.cn
联系电话：010-67112765（总编室）
010-67112739（建筑图书分社）
发行热线：010-67125803，010-67113405（传真）

印　　刷　北京中科印刷有限公司
经　　销　各地新华书店
版　　次　2017 年 8 月第 1 版
印　　次　2017 年 8 月第 1 次印刷
开　　本　787×1092　1/16
印　　张　10.25
字　　数　240 千字
定　　价　31.00 元

前　言

如今，数据已经成为了我们生活和管理活动中的不可缺少的中心内容。在建筑业，建筑市场情况瞬息万变，工程项目建设关联方多、过程复杂，为了对建筑工程管理中的不确定现象做出相对科学的判断，数据整理与数据分析技术的引入和应用已是一项十分紧迫和必需的任务。“建筑统计应用”正是处理建筑业和建筑工程项目管理中的数据问题的有效的工具和方法之一。在应用统计学和工程管理类专业中开设《建筑统计（应用）》课程，在大数据时代，对于提升建筑工程管理水平、提高建筑业预测决策水平具有十分重要的现实意义。

建筑统计应用是一个用统计方法处理建筑业和建筑工程项目管理数据的过程。在这一过程中，数据是依据，建筑管理知识是基础，统计分析方法是工具，它们共同构成了建筑统计应用的三个要素。以此三要素为立足点，在《建筑统计应用》一书的撰写过程中，我们以数据为主线、以建筑管理知识为基础、以应用统计技术为重点，对建筑业和建筑工程管理中的多数基础的管理内容进行了统计分析和研究。其中，特别强调将建筑工程管理知识与统计学方法融为一体，重点突出质量管理、安全管理、进度控制和材料管理等核心管理内容。

《建筑统计应用》一书由八篇既相互独立又由浅入深的文章组成。第一章到第三章是围绕基础概念、行业或企业宏观管理内容展开的，第四章到第七章讲述的是具体的管理内容，其中，第四章讲述的是建筑机械设备的能力与建筑材料的指数管理；第五章在介绍了施工进度控制的部分计算公式的基础上，重点分析了施工进度计划的可靠性；第六章以统计图表和方差分析为主要方法，对建筑工程的质量差异的显著性进行了分析；第七章则围绕建筑工程安全管理方面的数据，对建筑施工安全管理的影响因素进行了积差相关性的研究。第八章则通过建立分析建筑工程管理趋势的数学模型，研究了时间序列预测、线性回归预测和少量的非线性回归预测方法。

为了使“建筑统计应用”的具体内容适应更多人的需要，我们在内容的写作中使用了 EXCEL 办公软件，使许多原本需要用手工完成的烦琐的计算变成了一件十分轻松容易的事情。

在内容的选择方面，《建筑统计应用》一书主要以部分本科院校《建筑统计（应用）》课程教学大纲的要求为依据，同时，参考了高等教育（高职高专）院校《建筑统计》课程教学大纲对内容的要求。该书适用于本科院校的应用统计学、工程管理类专业的建筑统计、建筑统计管理、工程统计等课程的教学，也适合于高职高专工程管理类专业的建筑统计课程的教学。当然，它更是工程管理人员，尤其是建筑工程项目部的管理人员必需的重要的参考书或手册类工具书。

本书由山东建筑大学理学院徐宁、李冬艳，许砚秋（内蒙古自治区住宅产业化促进中心）共同撰写。在撰写过程中，山东省住房建设厅的张业海先生、山东省建筑施工安全监督站的张英明先生、山东土木建筑学会建筑技能专业委员会的冯鹏、李大今先生、中国环境出版社的张于嫣女士为本书的数据收集、整理和编撰提供了热情的支持和帮助，在此一并致谢！

无论是对应用统计学专业还是对工程管理类专业而言，建筑统计应用都是一门较新的课程，其内容非常丰富。尤其是对于本科层次的相关专业，无论在理论上还是在实践上，都需要做更深入、更专业的探讨。限于水平，书中难免有不尽如人意之处，恳切希望广大教师、专家和同学们提出宝贵意见，以使其日臻完善。

徐宁

2017 年 4 月

目　录

第一章　建筑业与建筑统计的基本概念

1.1　建筑业与建筑统计的概念

1.1.1　随机现象与统计学的概念

随机现象是指在一定条件下可能发生多种结果，但究竟发生那种结果事先不能确定的现象。现实生活中的许多现象都是随机现象。例如，观察某个学生概率统计课程的考试成绩是合格还是不合格，在考试结束以前无法肯定是什么结果；在建筑工程施工过程中，可能发生安全事故也可能不发生安全事故，在施工完成之前无法确定一定不出现安全事故；一个房地产投资项目是赚钱还是赔钱，在项目完成以前无法完全确定等。随机现象的结果虽然不能确定，但是，经过大量重复观测或试验，我们会发现众多不确定现象的结果会呈现出一定的规律性。例如，观察学生过去两年的多门课程的考试成绩，如果没有不合格的记录，则该生概率统计课程考试合格的可能性很大；又如，观察多个施工项目部过去三年的施工安全事故数量，若某项目部施工安全事故记录为零，则该项目部的施工安全事故发生的可能性很小。我们将这样不确定结果的规律称为统计规律。

对随机现象进行测量或观测的结果称为统计数据，简称数据。不确定结果的统计规律是通过数据显示或反映出来的。例如，学生课程考试成绩可能是 0 分、10 分、60 分、100 分；建筑施工安全事故起数可能是 0 起、1 起、2 起，房地产项目赚钱的数量可能是－1000 万元、1000 万元、2000 万元等。只要把收集到事件的信息变成数量，我们就得到了相应的数据。如果对数据进行有规律地整理，我们就会得到一组有规律的数据。例如，将某建筑企业的 2000—2015 年的产值按照年度进行整理，如果每年的产值都同比增加，则我们就认为该企业的生产规模是逐年递增的。整理数据的目的不只是看出那些显而易见的统计规律，更重要的是，对整理后的数据进行分析，推断出那些隐藏的和难以证明因果关系的规律。

统计学（statistics）是关于数据的科学，它所研究的是有关数据收集、整理、分析和依据数据推断的一类方法。统计研究需要收集的是来自各个领域的信息，并将这些信息变成数据；整理则是将数据用表、图、甚至数学公式等形式展示出来；分析是指选择一定的统计工具和方法研究数据，推断则是将数据的研究结果转变成对我们有用的信息的过程。

1.1.2 建筑统计的概念

(1) 建筑业、建筑工程与建筑产品

在国民经济活动的各行各业中，从事工程建设的行业统称为建筑业。按照工程建设的专业类别，建筑业又进一步划分为“土木工程建筑业”“线路、管道和设备安装业”及“装饰装修业”三大类。在这三大类中，土木建筑工程业包括从事公路、铁路、矿山、桥梁、隧道、堤坝、码头、房屋建筑等相关的建设活动，还包括专门从事土木建筑物的改建、加固、修缮和拆除等活动内容。线路、管道和设备安装业包括从事电力、通信线路、石油、燃气、自来水、给水、排水、供热、污水处理等管道系统的建设和各类机械设备与装置的安装等活动内容。装饰装修业则指从事对建筑物的内外装修和装饰的施工安装活动，包括车、船、飞机等运输工具的装饰装修活动。从建筑业的分类不难看出，建筑业具有产业关联度强、劳动密集度高、从业人员数量多、就业容量大等特点。

建筑工程指通过对各类房屋建筑物及附属设施的建造活动和与其配套的线路、管道、设备的安装活动所形成的工程实体。建筑工程概念既指房屋建筑物及附属设施等工程实体，又包括为工程实体所进行的规划、勘察、设计和施工、竣工等各项技术与管理工作，还包括与工程实体配套的线路、管道、设备的安装和建造过程中所耗的材料、设备与物品等。建筑工程是建筑业一部分，除具备建筑业的一般特点外，还具有产品固定、造价高、工期长、工程实体外观与结构多样等特点。

在建筑业各类活动过程中生产和完成的产品或成果称为建筑产品，它包括各种用途的房屋构筑物、各类机械设备装置的安装调试与维护、纳入建筑施工活动的非标准设备等。建筑工程所指的工程实体就是建筑工程产品，它是建筑产品中很重要的一部分。建筑产品的特点是产品固定、体量大，施工生产流动、不确定因素多，生产周期长、人工占比高等。

(2) 建筑统计的概念

建筑业、建筑工程和建筑产品的特点决定了建筑领域中存在着大量的随机现象。例如，由于多部门多行业的关联度强，所以部门或行业间甚至是不同工种间的配合与协调的默契程度就是不确定现象，建筑工程项目立项的风险是随机现象，投标时选择的报价与建设单位的期望是需要预测的，施工材料的选择与市场当时的供给价格是紧密相关的，施工工期是否受到天气变化的影响是难以预料的，施工安全事故的发生是不确定的等。与统计学一样，建筑业与建筑工程的各种随机现象也都是通过数据表现出来的，我们也可以通过对相应数据的收集、整理、分析和推断预测风险、计算期望、浮动材料计价、关注天气变化等。可以说，建筑领域的数据是建筑统计的基础、统计学的原理和方法则是建筑统计研究的主要工具。因此，建筑统计是关于建筑工程领域的数据的科学，是关于建筑工程领域的数据的收集、整理、分析并进行统计推断的一门应用学科。

建筑统计是以统计学的原理和方法为工具对建筑工程领域的数据进行统计分析和推断的。在运用各种方法进行研究、分析和推断并得出结论后，还要运用建筑工程自身的规律为这些结论赋予实际的意义。一般来说，建筑统计所介绍的一些方法，大多是统计学已经确认的。随着建筑统计研究的深入，实践中将会提出并补充更多处理数据的新问题、新方法，这些新问题、新方法还能为统计学提供新的内容，促进统计学向更宽广的领域发展。

（3）建筑企业产品实物工程量

建筑企业产品是建筑工程的主要内容。建筑产品的实物工程量是指建筑业企业在一定时间内完成的，用专业要求的或自然形成的计量单位表示的各种建筑工程的数量。

表 1.1　主要建筑产品实物工程量的名称和计量单位

序号	工程名称	计量单位	序号	工程名称	计量单位
1	石方工程	m^3	16	室内外采暖工程	m/台
2	砌筑工程	m^3	17	动力配线工程	km/台
3	打桩工程	根/m^3 或根/t	18	非生产用管道工程	km
4	土方工程	m^3	19	机械设备安装工程	t/台
5	混凝土工程	m^3	20	非标准设备制作	台
6	抹灰工程	m^2	21	铁路铺轨	km
7	金属结构工程	t	22	公路工程	m^2/km
8	油漆工程	m^2	23	露天剥离量	m^3
9	装饰工程	m^2	24	送（输）电线路	km
10	屋面工程	m^2	25	石油钻井进尺	m
11	地面工程	m^2	26	矿山掘进	m/m^2
12	工业管道敷设工程	km	27	发电机安装	km
13	道路工程	km/m^2	28	发电锅炉安装	t/h
14	通风工程	m^2/台	29	变电容量	kVA
15	电缆敷设工程	km	30	工业窑炉砌筑工程	m^3

由于统计应用的基础是数据，数据的计算离不开计量单位和工程数量，所以，了解计算建筑业产品实物工程量计算所要求的基本计量单位是必要的。但是，建筑产品的实物量种类太多，依照国家建筑业主管部门的规定，主要的实物量种类有 30 种。表 1.1 列出了 30 种主要建筑产品的实物工程量的名称和计量单位，供读者在学习和应用中参考。

（4）建筑企业的分类

建筑工程的各项生产任务是由各种类建筑业企业共同完成的。建筑业企业，又称建筑企业，是为社会提供建筑产品或劳务的经济组织，是建筑统计应用的基本调查单位。根据企业的经营内容、生产能力和经济类型的不同，建筑企业主要按照经济类型、生产能力和企业资质分类。

1）按照承包工程能力的不同分类：按照承包工程的能力，建筑业企业分为工程总承包企业、施工承包企业和专项承包企业。工程总承包企业指能为建筑工程提供勘察设计、施工管理、材料设备采购、工程技术开发应用、工程建设咨询监理等全过程服务的劳动和智力综合的密集型企业。施工承包企业指专门从事建筑工程项目施工承包和施工管理的企业。这类企业数量大、门类多，大多是劳动密集型企业，也是建筑业企业的骨干力量。专项承包企业指从事建筑工程施工专项分包活动的劳务性企业，它只能为总承包企业和施工承包企业提供各个不同的专业工种施工的劳务，一般不单独承包工程。这类企业数量多、规模大小不一，属于典型的劳动密集型企业。

2）按照经济类型分类：按照经济类型，建筑业企业可划分为国有、集体、私有、股份制、外商投资、中国港澳台投资企业和其他形式的企业等。

3）按照专业类别不同分类：按照专业类别的不同，建筑业企业包括综合性企业、专业土木建筑企业、房屋建筑企业、机械设备安装企业、矿山建设企业、机械化施工企业、其他专业施工企业等。综合性企业指主要从事房屋建筑工程和专业土木工程建筑施工，并且兼做其他专业工程施工的企业；专业土木工程企业指专门从事公路、桥梁、铁路、港口、水利、市政、给水排水及道路施工的企业；房屋建筑企业指专门从事房屋建筑工程施工的企业；机械设备安装企业指专门从事机械设备安装工程施工的企业；矿山建设企业指专门从事矿山剥离和掘进工程施工的企业或单位；机械化施工企业指专门从事或承包机械施工工程的，或以机械施工为主体的施工工程的企业或单位。

4）按照企业资质分类：企业资质指国家建筑业主管部门为分层次分等级全面管理建筑业企业制定的一种分类方法。按照 2001 年 7 月 1 日起正式施行的《建筑业企业资质等级标准》，房屋建筑工程施工总承包企业资质划分为特级、一级、二级、三级；各专业承包企业的资质等级标准也继续按照一级、二级等划分。例如，专业从事地基与基础工程、土方工程、钢结构工程、建筑装饰装修工程、高耸构筑物工程、建筑幕墙工程等工程施工的专业承包企业资质等级标准均划分为一级、二级、三级；预拌商品混凝土和混凝土预制构件专业的企业资质等级标准划分为二级、三级等。

1.2 建筑统计的特点与作用

1.2.1 建筑统计的特点

（1）统计对象的多样性

由于多数建筑产品的生产周期比较长，所以，建筑统计的研究对象不仅有成品，还有阶段性产品和半成品。建筑工程的建设不像许多工业的生产那样，可以在较短的时间内出成品。对于大多数建筑工程而言，工期长、环节多，阶段性产品、半成品安装加工内容多，隐蔽的部分对整个产品的影响大是它的主要特征。因此，建筑统计的对象不仅是一般意义上的人力、财力、物力，还有围绕工程管理的各个环节的阶段性产品和半成品进行的统计、分析和研究。

（2）多部门多产业间的关联性

多部门多机构发生关系是建筑工程施工的一个主要特点。建筑工程统计是围绕建筑工程日常生产经营管理活动，从数量上描述和分析建筑业和建筑产品的基本情况及其发展趋势的数量特征的综合性工作。为了全面、完整地反映建筑业或建筑产品的情况，建筑统计应把关联度较高的行业或部门或工种职业间的关系作为统计描述和研究的重点。

（3）质量与安全统计的重要性

“安全第一”“质量为本”是建筑业企业的生存之本。由于建筑工程质量与国家经济运行和人民群众生命财产安全休戚相关，建筑施工安全事故又是重特大安全事故多发的重点领域，所以，质量与安全管理是建筑工程管理的重中之重的内容，也是建筑统计研究的重点内容。因为建筑工程的质量管理和安全管理具有影响因素多、隐蔽内容多、工种和专业的交接环节多、涉及的单位部门多等特点，所以，建筑统计需要通过对影响因素的数据分析，对隐蔽内容的规律分析，对各环节的关联分析以及对多部门多单位的数量关系分析，发现那些影响工程质量和安全事故发生的重点因素，并且研究和分析出提高工程质量或避免施工安全事故发生的统计规律。

1.2.2　建筑统计的作用

任何一个建筑工程项目，从立项、规划到施工、运营，都会遇到大量的数据问题。这些数据尽管拥有大量的信息，它们却以分散且凌乱的形式呈现在人们面前，难以被直接利用。对于收集到的数据，只有经过统计整理、计算、分析和推断，才能从中提取有价值的信息，这样的信息可成为决策的依据，还可以帮助我们发现那些建筑领域中出现的不确定现象的特征和规律。显然，建筑统计在建筑业和建筑产品管理的定量研究中具有重要作用。

建筑统计应用的作用主要体现在以下 4 个方面。

（1）为制定建筑业和建筑企业的发展战略提供定量分析结论

建筑企业，无论规模大小，都需要制定近期或长远发展战略。制定发展战略一方面需要及时了解地区的政治经济发展变化趋势和建筑行业的发展趋势；另一方面还要分析企业自身经过多年发展形成的模式、趋势、优势和劣势。所有这些都是通过数据反映出来的，都需要收集整理可靠的数据，并对数据进行统计分析、预测和推断。

（2）直观清晰地展示企业或建筑工程项目的概况

利用统计方法可以简化繁杂的数据，比如，用图表展示数据就能起到直观清晰的作用。通过对特定工程项目的统计，可直观地用数据呈现出建筑工程项目的投资、房屋面积、施工进度要求、项目产值、质量要求等内容；通过对特定建筑企业的统计，可清晰地用数据描绘出企业的资质、规模、质优工程数量、年产值趋势、安全事故数量、财务状况、技术人才状况等指标。即使是某个特定的领域，也需要依靠数据展示。例如，企业建筑机械设备的统计，就是通过机械设备数量，以及各个设备的能力、完好情况、利用程度、设备维修与保养的次数与时间等数据展示出来的。

（3）研究建筑工程项目中各种因素之间的相关关系

在建筑领域，各种现象之间都可能有相互联系、相互制约的关系。如建筑业的发展与国家基础建设投资规模之间，建筑施工安全事故的发生与职业技能教育之间，建筑工程质量与施工人员的技术等级之间，建筑工程项目的工期与施工项目部人员的素质之间等，都存在着一定的关系。建筑统计的相关分析，能够帮助我们从建筑领域的各种现象的数量角度去探索两种或多种现象间存在着什么样的关系以及相应关系的密切程度。

（4）通过统计推断实时掌握行业或企业状况

在建筑业和建筑工程领域，许多变量的数据量是很大的，例如，某省建筑业产业工人的数量、某时期全国建筑工地的数量、建筑工程质量管理中需要检测的点数、某种构件的数量等。考察这类变量时，我们很难甚至是不可能把所分析的随机现象中的每一个个体都进行研究，只能从整体中抽取一部分个体组成样本作为研究对象，通过对样本的特征的分析，推断并预测样本所代表的整体的特征。例如，要对某地区进行一次在建建筑工程的质量检查和检测，管理部门没有那么多的人力、物力对全部的工程项目检查一遍，也无法对每一项工程的所有需要检测的部位进行点位检测。此时，可采用随机抽样的方法，选取具有代表性的若干个个体，并对每一个选中的个体，依照质量管理理论设定的基础检测点数和点位进行具体的检测检查。用什么方法抽取个体？抽取多大数量的个体作为样本更有代表性？用局部估计推断全局的把握性有多大？只有通过基于统计学理论和建筑工程管理相关理论的要求进行统计估计和推测，才能得出有效的、较为准确的结论。因此，为了实时掌握建筑业、建筑企业的工作状况，采取随机抽样并对有效样本进行统计推断的方法是一个以统计学理论为基础的快速且有效的途径。

1.3 建筑统计应用中的几个基础统计概念

1.3.1 变量

在统计应用中，常用变量和随机变量表示某个或某些具有一定特征的数量。变量与常量对应，不变的数量标志称为常量，变量则是可变的数量标志，它包括由可变的数量标志构造的各种指标。如“某市商品房销售数量”“某省施工安全事故数量”“某市施工安全事故数量在全省数量中的比例”“某建筑施工企业具有技师及以上技术等级资格的工人数量”等都是变量。变量的具体取值称为变量值，数据实际上就是统计变量的取值。比如，某市商品房销售数量可以是3000套、4500套、15套等，某省施工安全事故数量可以是20起、30起、12起等。概率统计中的变量也称随机变量，一般用英文大写字母 X、Y、Z……表示。

1.3.2 总体、个体与样本

我们把对某一问题的研究对象的全体称为总体，又称母体，构成总体的每个基本单元称为个体。例如，某市全部的建筑施工企业就是一个由多个企业构成的总体，其中每一个企业就是一个个体；某个总承包特级企业的产业工人就是一由许多个工人组成的总体，其中每一个工人就是一个个体。

构成总体的个体既有相同的品质属性，又具备数量上差异性。这里的品质属性包括以品质命名的个体名称和个体的数量单位。一般情况下，组成总体的个体间须具有某种共同的品质属性。例如，研究某市所有的建筑施工企业组成的总体时，对每一个个体而言，企业的资质、规模、技术人员数量、机械设备数量等都是品质属性，资质都可以用一级、二级、三级等表示，规模都可以用万元或百万元表示，技术人员数量都可以用人、百人甚至千人表示，它们的差异性主要体现在数据的数量上。例如，在某市所有的建筑施工企业组成的总体中，每一个施工企业在建筑业总产值、产业工人数量、安全事故数量等方面都有差异。

在实际问题中，我们关心的往往是研究对象的某个数值指标，因此也可以把每个研究对象的这个数值指标看作个体，把它们的全体看作总体。例如，山东省每一个建筑施工企业的技师数量是个体，它们的全体便构成了一个总体。

从总体中抽取一部分个体的办法称为抽样，每次抽样抽取的一部分个体组成的集合称为样本；样本中包含的个体的数目称为样本容量，样本容量常用 n、m 等字母表示。抽样的目的是根据样本提供的信息推断总体的特征。例如，从一批节能灯产品中随机地抽取100个，这100个节能灯就构成了一个样本，能否根据这100个节能灯的平均使用寿命推断这批节能灯的使用寿命就是建筑统计所要研究的任务之一。

总体、个体和样本都可以是研究对象的数值指标，也就是说，总体、个体和样本都是由一系列数据组成的，因此，总体、个体和样本都可以用变量表示。经常地，用大写英文字母 X、Y、Z……表示总体，用 X_1、X_2、X_3…… 带下标的大写英文字母表示个体和样本。

1.3.3　频次与频率

在随机现象中，我们常常把可能发生或可能不发生的事情称为随机事件，简称事件。频次是指某一个事件在某一类别中出现的数目，又称频数。频率是频次在类别总数量中的占比。例如，为考核某市建筑施工企业的建筑工地管理水平，设“省级优良工地”为一指标，则对于所有的建筑工地而言，“省级优良工地数量”在明确结果以前就是一随机事件。设该市共有 80 个建筑工地，其中有 20 个被省里评为优良工地，则 20 就是“省级优良工地数量”这一事件的频次。且 $\frac{20}{80}=0.25$ 就是优良工地这一事件的频率。

1.3.4　统计量与参数

统计量是用来描述样本的各种特征的概括性量数，它是根据样本数据计算出来的量。这里之所以用量数一词，是因为统计量既是数字又是数据特征的一种度量。由于样本数据是变量值，所以，统计量又是一种样本函数。最常用常见的统计量有样本平均数、样本标准差、样本相关系数等。样本平均数是描述一组样本数据集中趋势的一种统计指标；样本标准差描述的是一组样本数据与其平均值的离散程度；相关系数是某一事物的两种因素之间的关系的统计指标等。这些常用统计量通常都用相对统一的英文字母表示，例如，样本平均值常用 $\bar{x}$ 表示，样本标准差常用 s 表示，样本相关系数常用 r 表示等。

参数又称总体参数。它是描述总体数据特征的概括性量数，它是我们期望了解的总体的某种特征值。最常用常见的参数有总体均值、总体标准差、总体相关系数等。总体参数常用希腊字母表示，例如，总体均值常用符号 μ 表示，总体标准差常用 σ 表示，总体相关系数常用 ρ 表示等。

容易看出，样本的常用统计量与常见的总体参数总是对应的，这是因为总体参数是一个未知的常数。例如，我们不知道或很难求出某省所有建筑业产业工人的平均年龄，很难知道一个城市所有家庭收入的差异程度等，正因为如此，所以才要进行抽样，通过计算样本的统计量来估计总体的参数。

思考题

1. 建筑业、建筑工程和建筑产品的特点是什么？
2. 建筑统计的作用体现在哪些方面？

第二章　建筑统计数据的收集与初步整理

2.1　统计数据收集的基本问题

2.1.1　统计数据调查的意义

统计数据的收集是一个根据统计分析的目的、通过采用科学的方法、有计划、有组织地收集统计信息的工作过程。数据的收集包括两个基本内容，一是对原始信息或初始数据进行收集；二是对已经经过加工整理的资料和信息进行收集。例如，某施工项目部成员的基本情况、某建筑工地的基本信息都是第一类。又如，从《中国统计年鉴》《中国建筑业年鉴》等出版物中查找的有关信息和数据属于第二类。

统计调查指对原始信息或数据进行积累和收集的工作过程，它是整个统计分析和推断的基础环节。由于整个统计数据的整理、分析和推断是在统计调查的基础上进行的，所以，统计调查的质量高低会直接影响到整个统计工作成果的优劣，甚至影响到人们对客观事物的正确判断和认识，也就是说统计调查必须做到准确、及时和尽可能的全面。只有准确，才能保证收集到的信息客观和实事求是，保证如实反映分析对象的情况。只有及时才能提高统计数据使用的价值，才能提高数据作为整体工作的重要环节的效率。全面指统计资料无遗漏，让统计数据尽可能地展示研究对象的全貌，不完整的信息势必影响数据汇总、加工整理的质量，降低决策者的统计推断能力。

2.1.2　统计数据调查的基本内容

统计数据调查的基本内容主要包括以下“三个结合”。

（1）统计报表调查与专项调查相结合

统计报表是指按照各级政府或行业主管部门规定的调查要求（一般是表格形式）、以原始记录为依据填报的统计报表，它是自下而上逐步完成的一种数据调查方式。经常地，统计报表是对一个阶段的全面工作的信息的收集，它所调查的信息全面准确但耗时耗力，所以，为了研究某些行业的特殊问题和专门社会现象，行业管理部门和大型建筑业企业常常组织专项调查，如建筑工地普查、施工安全管理专项调查、农民工技能水平调查等。

（2）阶段性调查与问题性调查相结合

管理的内容主要体现在管理过程中，建筑工程也不例外。一个建筑工程项目从竞标到竣工验收由若干个阶段组成，每一个阶段都需要进行一次阶段性的总结以便部署新阶段的任务，因此，在每一个阶段完成过程中，都会产生诸如生产指标完成数量、机械设备台班数量、原材料使用数量等各种相关信息和数据，这些阶段性数据不仅是过程总结的基础，还可通过分析这类数据发现施工与管理过程中存在的问题。

（3）经常性调查和数据积累相结合

经常性调查指对调查对象以发生的时间为标志进行的经常性的、连续不断的调查和数据记录。例如，建筑项目部的资料员就需要以建筑工地为对象对施工进度、材料消耗数量和安全隐患等情况进行经常性调查，而且每次调查都需要将调查情况进行实情登记，尤其是数据类信息，调查记录的必要性就更大。数据积累指进行调查的人员不断地收集和积累与经常性调查内容相关的信息和数据。例如，建筑工程项目部的资料统计人员为了给项目部负责人提供有说服力的实情报告和问题解决方案，资料统计人员应该注意积累和整理连续多次记录的信息，需要了解与建筑工地信息相关的其他工地的进度控制、质量安全控制、成本控制等方面的数据，以便项目部负责人员进行纵横比较，对建筑工地进行总体把握，且遇到问题时及时依据经验和数据找到解决方案等。

做好建筑管理数据的调查工作，必须制订好数据调查的方案。制订调查方案的基本步骤包括，明确调查的目的和任务，确定调查的对象和范围，清楚调查的内容，对调查的时间与地点要做到心中有数。最为重要的是，设计和制订实用的调查表格，表格既要满足当次的调查与信息收集，更要方便与历史数据的连接和积累。在数据调查的整个过程中，都必须按照如下几个方面的要求来完成数据的收集工作。第一，明确信息用途；第二，力求保证信息的真实可靠性；第三，对已经收集到的信息必须认真核查，若发现有遗漏或差错，应及时修正。

2.2　数据分组与统计图表

个体所具有的本质属性或特征称为标志，例如，建筑产业工人的性别、年龄、专业工种、技能等级，建筑企业的资质、年利润、员工规模等。所谓统计分组是根据分析研究的目的任务、和统计分析所用的统计方法的需要，将总体或样本按照一定的标志分为若干个组成部分，这些组成部分称作统计分组，也称统计分类。统计分组是对资料进行归纳、整理、简化、概括的第一步，也是进一步分析数据的基础。

2.2.1　统计分组的方法

统计数据的分组标志多种多样，有按照形式划分的，也有按照标志数量多少划分的。常见的统计分组方法有品质标志分组、数量标志分组和复合分组 3 种方法。

1）品质标志分组：是按照研究对象的品质标志进行分组。它是管理者在品质标志的变异范围内划定各组界限，将总体或样本划分为若干个性质不同的组别的一种分组方法。例如，将建筑企业职工按照性别分成男性和女性两组；将建筑业企业按照承包工程能力的不同分为工程总承包企业、施工承包企业和专项承包企业，将房屋建筑施工总承包企业按照资质划分为特级、一级、二级、三级等。

2）数量标志分组：是以研究对象的数值大小为标志进行的分组。数量标志分组指对总体或样本按照数量上的差异进行分组的一种方法。经常地，数量标志分组可以按照数值大小排列顺序。例如，将建筑业从业人员按照年龄、工龄分组，将建筑业企业按照产值分组，将施工企业各个项目部按照年利润分组等。

3）复合分组方法：是指对研究对象按照两个或两个以上的标志进行层叠分组。也就是说，先按照一个标志分组组成第一层次，然后再按照另一个标志在第一层次基础上分组组成第一层次的子层次即第二层次。同理，还可继续分组，得到第三层次、第四层次等。例如，建筑施工企业的技术工人可以先按照工种分为土建类工种工人、机械设备安装类工种工人、建筑装饰类工种工人和电子电气类工种工人，然后，在此品质标志分组的基础上，每个工种又可按照年龄段进行数量标志分组，例如，分为青年组、中年组、壮年组等。

对每个数量标志的年龄段，还可继续按照品质属性分组，例如，按照性别分为男性、女性等。复合分组需要注意的是分组层次不宜过多，这是因为复合分组的组别数量会依照层次成倍增加，组别数量过多，不仅显得繁杂，而且不利于说明问题。究竟分多少层次，既要考虑研究的需要，还要考虑进一步统计分析的可能性。

2.2.2 统计表

数据分类后，所得的各种数量结果通称为统计指标。统计表是用来表明统计指标与被说明的事物之间的数量关系的表格，它是表达统计信息的一种重要形式。通过统计表，我们可以将大量数据的分类结果清晰、概括直观地显示出来。形式上，统计表由标题、横行、纵栏和单元格数字等要素组成。标题分总标题和栏目标题，栏目标题又由纵栏标题和横行标题组成。总标题是统计表的名称，也是表格内容的简称，一般放在统计表的上端中央位置。纵栏标题在统计表内的顶端按行排列，横行标题一般在表的左侧按列分布。

从内容上看，统计表包括主词和宾词两部分。主词是统计表要说明的对象及其组成部分，通常在表的左栏；宾词指主词的一系列指标，通常在表的右侧。按照主词是否分类和分类的程度，统计表又分为简单表、分组表或复合分组表。

简单表指主词不经过任何分组的统计表。一般情况下，它的主词是总体单位名称或时间名称的罗列。例如，表 2.1、表 2.2 就是简单表。

表 2.1 2011 年山东省建筑业安全管理主要指标统计

指标	单位	数量
建筑业产值	亿元	6482.9
劳动生产率	万元/人	21.08
从业人员数量	万人	307.56
示范工地数量	个	111
省级安全文明小区数量	个	32
施工安全事故死亡人数	人	19
农民工基础技能培训数量	万人	35

表 2.2　山东省建筑业施工安全事故起数与两类相关培训数量统计

年份	施工安全事故起数/起	特殊工种作业培训数量/人	农民工基础技能培训数量/人
2001	49	3604	57400
2002	37	14726	63700
2003	38	14668	59500
2004	31	22600	120000
2005	28	25900	136000
2006	19	29000	160000
2007	24	38546	390000

分组表又称复合分组表，它指主词按照一个或多个标志进行分层次的统计表。表 2.3 就是将主词班组进一步分层到焊接工人 A、B、C 等的分组表。

表 2.3　两个焊接班组焊接质量调查统计表

班组	工人	抽检点数	不合格点数	个体不合格率/%	占班组总点数比/%	班组占比/%
焊接1组	A	20	2	10	11.11	52.94
	B	20	4	20	22.22	
	C	20	12	60	66.67	
焊接2组	D	15	1	6.67	6.25	47.06
	E	15	3	20	18.75	
	F	15	10	66.67	62.5	
	G	15	2	13.33	12.5	
合计		120	34		28.33	100

表 2.3 显示，在抽检总点数相同的前提下，焊接二组的不合格率占比较高，个体而言，一组的工人 C 和二组的工人 F 不合格率较高，他们的焊接质量直接影响了各自班组的总体质量水平。

2.2.3　变量数列

一般情况下，任一个统计问题，经过以标志为基础的统计分组，便可得到一个统计表格。针对表格中所列出的项目，我们要进行相应的统计调查；通过统计调查，我们会得到大量的数据，再将数据依照标志分组格式进行数据的统计分组。对每一层次的每一组的每一标志的数据，它出现的个数或重复次数称为频数或频次，频数与总频数之比为频率，频数与相应的组内总频数之比为组中频率。依照统计表格所列的项目，在计算了所有频数或频次的数据后，形成的数列称分配数列，简称数列。将调查和计算出的数据按照表格要求填入相应的单元格中，就完成了一个统计表格的绘制。见表 2.2、表 2.3。

根据分组标志的性质不同，数列又分为品质数列和数量数列，数量数列也称变量数列。品质数列有的很简单，有的很复杂。复杂的品质数列需要参照国家统一的分类标准或分类目录进行整理。变量数列又分为单项式变量数列和组距式变量数列两种。单变量数列是指每组数据只用一个变量值表示。如表 2.2 的各列，每一列都对应一个变量值；组距式变量数列指每个数列中每个组是用两个变量值组成的一段区间，例 2.1 就是一组距式变量数列的实例。

2.2.4　统计图

统计图是显示数据的一种直观形象的方法，常见的统计图有直方图、折线图和曲线图等。

（1）直方图与柱形图

直方图与柱形图又称质量分布图。它是根据从生产过程中收集来的质量数据分布情况，画成以组间距为底边，以频数比上组间距为高度的一系列连接起来的直方形矩形图。由于在多数计算机软件中，柱形图的画法简单、快捷，而且，它和直方图的分布格局类似，所以，经常地，也用柱形图来替代直方图观察和分析数据。和直方图一样，柱形图也是以组间距为底边，以频数比上组间距为高，连接各个底边与高形成的若干个直方形矩形图。

绘制柱形图的步骤如下：

第一步，收集当前管理过程中抽检的数据。

第二步，收集好数据后，将数据分组。分组的方法是，首先找出最小值和最大值，并选取略小于最小值的数 a 和略大于最大值的数 b 组成区间 (a,b)，然后，将区间分成 7～15 个左闭右开的小区间（多数情况下选择等分区间）。小区间的距离称为组间距。

第三步，在每个小区间内，求出落在小区间内的数据的个数即频数，再求出每个小区间上的频数与组间距的比值。

第四步，以组间距为底边以比值为高描绘出柱形图即可。

例 2.1 陈述了一般情况下柱形图的描绘过程。

【例 2.1】　判断建筑工程中混凝土的质量状况主要依据混凝土的抗压强度数据。而且，混凝土质量状况是否稳定还要看抗压强度数据的分布是否正态。考察数据分布是否正态的依据主要是直方图或柱形图。表 2.4 是某在建工程 10 组混凝土试块的抗压强度数据 50 个。试绘制混凝土质量状况的频率分布的直方图，并利用 Excel 绘制出柱形图。

第一步，将收集到的数据列成表 2.4。

表 2.4　混凝土强度施工质量分析数据整理表　　单位：N/mm^2

序号	抗压强度数据					最大值	最小值
1	39.8	37.7	33.8	31.5	36.1	39.8	31.5
2	37.2	38.0	33.1	39.0	36.0	39.0	33.1
3	35.8	35.2	31.8	37.1	34.0	37.1	31.8
4	39.9	34.3	33.2	40.4	41.2	41.2	33.2
5	39.2	35.4	34.4	38.1	40.3	40.3	34.4
6	42.3	37.5	35.5	39.3	37.3	42.3	35.5
7	35.9	42.4	41.8	36.3	36.2	42.4	35.9
8	46.2	37.6	38.3	39.7	38.0	46.2	37.6
9	36.4	38.3	43.4	38.2	38.0	43.4	36.4
10	44.4	42.0	37.9	38.4	39.5	44.4	37.9

第二步，根据表 2.4 提供的数据，找出最大值 46.2 和最小值 31.5，并以（30.5，46.5）为区间，将该区间划分成 8 个等分的左闭右开的小区间。

第三步，在每个小区间内，分别求出它们的频数、组间距和频数与组间距的比值，得到表 2.5。

表 2.5　混凝土强度质量分布数据计算表

抗压强度的数据分组	中点	频数	组间距	频数/组间距
30.5－32.5－	31.5	2	2.0	1
32.5－34.5－	33.5	6	2.0	3
34.5－36.5－	35.5	10	2.0	5
36.5－38.5－	37.5	15	2.0	7.5
38.5－40.5－	39.5	9	2.0	4.5
40.5－42.5－	41.5	5	2.0	2.5
42.5－44.5－	43.5	2	2.0	1
44.5－46.5－	45.5	1	2.0	0.5

依据表 2.5 提供的数据，以抗压强度的分组数据为横轴、以频数与组间距的比值为纵轴，绘制出混凝土质量状况直方图。

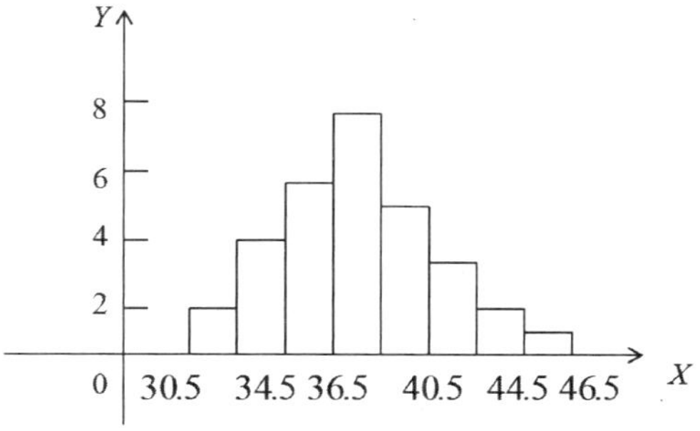

图 2.1　某工程混凝土质量数据分布直方图

在 Office 的 Excel 软件中，首先，输入表 2.5；其次，选中表 2.5 的第 1 列和第 5 列；最后，依次选择命令【插入】—【柱形图】—【二维柱形图】，即可得到如图 2.2 形式的柱形图。

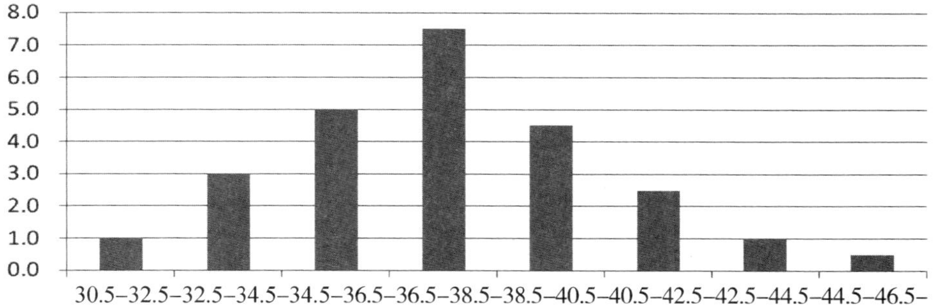

图 2.2　某工程混凝土强度质量分布柱形图

（2）折线图

折线图主要用于观察数据的分布和趋势。画折线图时，首先需要描出折线连接点。折线连接点的画法是：确定横轴点 x，对每一个横轴点 x，求出研究对象的纵轴点 y，然后，在平面直角坐标系中，描出确定的坐标点 (x_1, y_1)，(x_2, y_2)，…，就得到折线图。例如，例 2.1 的折线图的画法是，首先，确定数据分布的小区间；其次，选择每个小区间的中点作为横轴值；再次，仍然将每个小区间的频数与组间距之比为对应横轴点的纵轴值，并且，以（横轴值，纵轴值）为坐标点在平面直角坐标系上标识出来，将所有点标识出来以后，最后，连接各个点即得到折线图，如图 2.3 所示。

例如，在表 2.4 所示的例子中，依据表 2.5 计算出的数据，可得到以（中点，频数/组间距）为坐标点的 8 个点：（31.5，1），（33.5，3），（35.5，5），（37.5，7.5），（39.5，4.5），（41.5，2.5），（43.5，1），（45.5，0.5）。将这 8 个坐标点连接起来（两端可依据实际情况向下画延伸线），就可得到某在建工程混凝土质量状况的分布折线图。

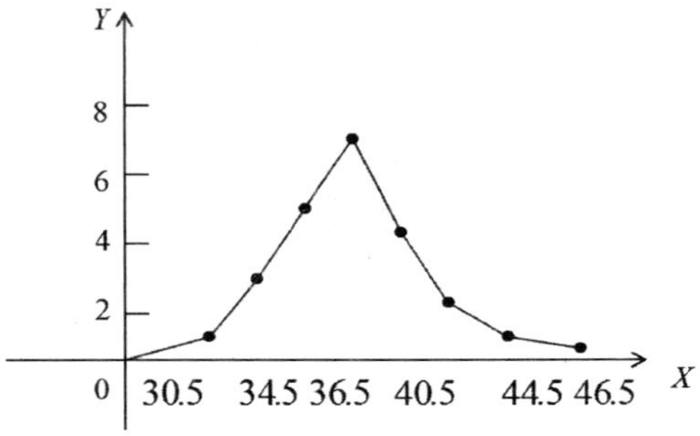

图 2.3　某工程混凝土质量数据分布折线图

在观察抽检数据的频数的分布趋势时，折线图具有很好的直观性。趋势折线图的画法和一般折线图的画法一致，也是先求坐标点，再描点得到折线图。经常地，我们更喜欢采用 Excel 软件描绘出趋势折线图。

【例 2.2】　山东省建筑业主管部门为了提高山东省建筑业的施工安全管理水平，开展了多项以安全为主要内容的主题培训活动，主要包括农民工基础技能培训、安全管理人员培训和特种作业人员培训 3 种。表 2.6 列出了 2001 年到 2012 年山东省面向建筑业企业开展的 3 种以安全教育为主题的教育培训活动的培训数量。试以表中数据为基础用 Excel 回答下列问题：

1）做出山东省建筑施工安全事故起数的 2001 年到 2012 年度的趋势折线图；

2）做出施工安全事故起数、安全管理人员培训数量、特种作业人员培训数量 3 个变量的趋势对比折线图。

解：1）依据表 2.6 的第一列、第二列数据，以年度为横轴，以施工安全事故起数为纵轴。用 Excel 工具，首先，输入表 2.6 的数据；其次，选中表 2.6 的第二列，最后，依次单击【插入】【折线图】【二维折线图】。

表 2.6　山东省建筑业施工安全事故数与部分培训数量统计表

年度	施工安全事故起数/起	农民工基础技能培训/万人	安全管理人员培训数/千人	特种作业人员培训数/千人
2001	49	5.74	9.81	3.604
2002	37	6.37	8.664	14.726
2003	38	5.95	18.9	14.668
2004	31	12	12.2	22.6
2005	28	13.6	12.2	25.9
2006	19	16	22.35	29
2007	24	39	22.53	38.546

续表

年度	施工安全事故起数/起	农民工基础技能培训/万人	安全管理人员培训数/千人	特种作业人员培训数/千人
2008	19	34	34.61	39.164
2009	18	36	25.58	37
2010	17	37	23.83	23.537
2011	14	35	21.22	35
2012	10	30	23.35	34

最后，Excel 会自动弹出折线图，如图 2.4 所示。

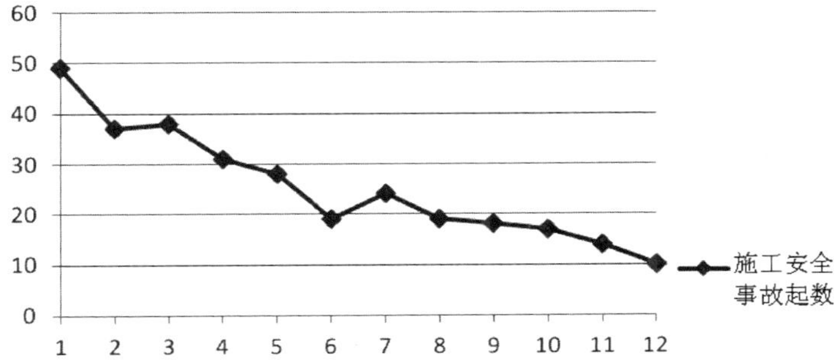

图 2.4　施工安全事故起数随年度趋势折线图

其中 **1** 代表 **2001** 年，**2** 代表 **2002** 年等。

2）折线图的优势之一是通过对比折线图观察不同变量的趋势的变化，观察若干个变量间的相互影响。在表 2.6 中，选择第 2、第 4、第 5 列数据，依次单击【插入】【折线图】【二维折线图】，易得 3 个变量指标的趋势对比折线图，如图 2.5 所示。

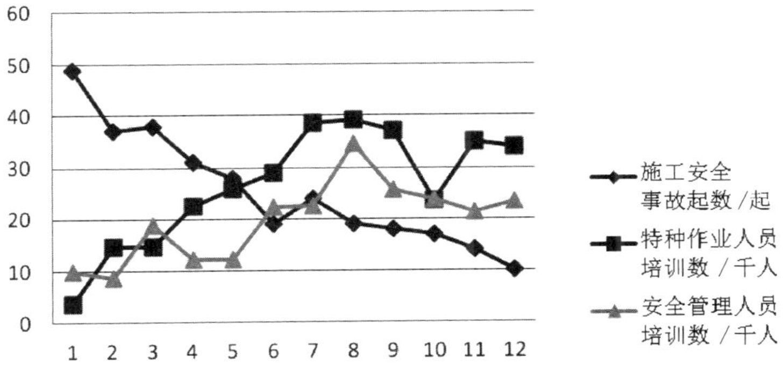

图 2.5　3 个变量指标的趋势折线对比图

其中横轴的 1 代表 2001 年，2 代表 2002 年等。

通过图 2.5，不难看出，从大的趋势上看，两类培训规模的趋势折线是比较一致的，而施工安全事故数量则是随着两类培训数量的增加持续减少的。这也从另一个方面显示出了趋势折线图的作用。

（3）曲线图

如果数据量很大，且组距很小，折线图便可近似地被描绘成一条光滑的曲线。曲线图反映的是数据分布的规律和趋势，有时，也可根据实际经验描绘出正常情况的标准曲线，以便用曲线图进行标准模式与实际情况的比较。

1）趋势曲线：某种随机现象随着时间变化的趋势，一个变量随着另一个或多个变量发展变化的趋势，统称为趋势曲线。一般地，趋势曲线从形式上呈现的是直角坐标系上的连续光滑的曲线。

最简单的趋势曲线是研究对象的数据随时间发展变化的趋势。描绘这类趋势曲线时，首先要按照时间顺序或自变量大小顺序将数据整理成表格形式，然后，以时间或自变量为横坐标、以研究对象的数据为纵坐标，描绘出相应的坐标点，最后，在平面直角坐标系中，将坐标点用光滑的曲线连接起来即得趋势曲线图。表 2.7 是山东省建筑业 2001—2010 年施工安全事故数量与建筑业劳动生产率数据统计表，图 2.6 是相应的趋势曲线图。

表 2.7　山东省建筑业安全事故数量与劳动生产率统计表

年度	2001	2002	2003	2004	2005
施工安全事故起数	49	37	38	31	28
建筑业劳动生产率/(万元/人)	5.45	6.28	7.07	8.24	10.04
年度	2006	2007	2008	2009	2010
施工安全事故起数	19	18	19	18	17
建筑业劳动生产率/(万元/人)	9.89	14.97	12.8	14.97	15.94

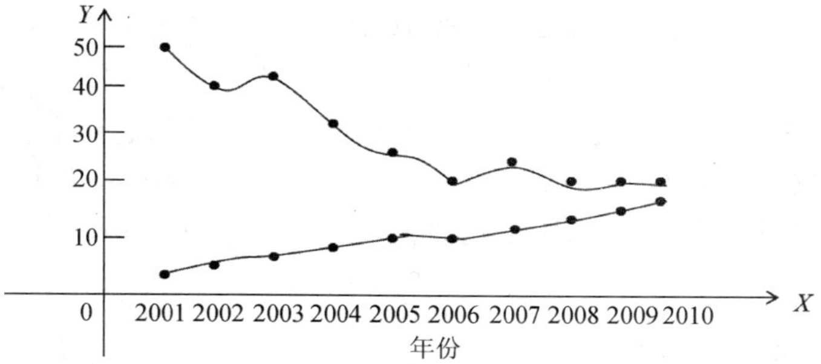

图 2.6　山东省施工安全事故与建筑业劳动生产率趋势图

2）S 形曲线图：S 形曲线图源自 S 曲线比较法，是工程进度控制中一种常用的通过计划进度与实际进度比较进行管理的方法。S 曲线比较法的基本过程是，首先，在平面直角坐标系上，以横坐标表示时间、以纵坐标表示累计完成的任务量，绘制出一条按计划时间累计完成的 S 形曲线；然后，在工程项目的实施过程中，设置一部分检查时间点，仍然以时间为横坐标，以在检查点收集到的实际累计完成的任务量为纵坐标，描绘出一条光滑的实际进度 S 形曲线。图 2.7 就是某建筑工程项目的 S 形曲线实际与计划比较图。

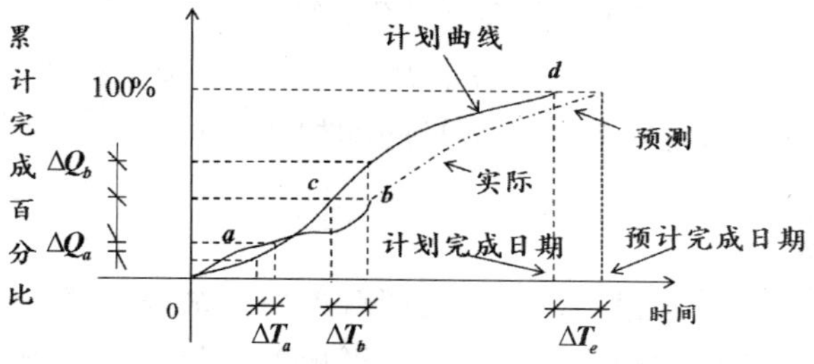

图 2.7　某建筑工程项目 S 形曲线计划与实际比较图

思考题

1. 统计数据的调查包括哪些基本内容？

2. 叙述常见的统计分组方法。

3. 选择一个上市的建筑业企业（如中国建筑 601668），以近期的某一个月为时间段，用 Excel 做出其该月股票市场每日收盘价格的折线图。

第三章　发展水平与速度的平均算法

数据的收集与整理是建筑统计分析的基础，而且，在经过分组、列表、绘图等初步整理后，我们只能看到数据分布的大概面貌，要想进一步分析数据，还必须计算出描述一组数据的特征量，包括集中量数、差异量数、相关量数等。本章主要介绍集中量数的计算及其在建筑管理领域中的应用。

集中量数是一组数据的一般水平或集中趋势的统计量，它反映的是频数分布中大量数据向某一点集中的情况。例如，如果要比较不同项目部技能人才的技能水平，则需要计算各项目部技能人才的平均水平值，然后，对平均值进行相应的统计比较和分析才能获得令人信服的结论。又如，在比较两个建筑公司管理人员的收入水平时，按照个人对个人的方式进行两个公司管理人员的收入金额的比较是很难得出明确的结论的。如果计算出两个公司管理人员的平均收入值，然后对两个平均收入数值进行比较就很容易得出简单明确且令人信服的结论。这里的平均收入就是某公司管理人员的收入水平的集中趋势或一般水平。或者说，该公司的大多数管理人员的收入金额在平均收入的附近。

集中量数一般应用于两种情形。一是描述统计对象的一般水平；二是进行不同的统计对象间的一般水平的比较。常用的集中量数有算术平均数、调和平均数、几何平均数、众数和中位数等。

3.1　平均发展水平与建筑业劳动生产率的计算

发展水平指研究对象在不同时间点所达到的规模或水平，衡量建筑企业发展水平的主要指标包括从业员数量、收入水平、产值规模及劳动生产率等。通过发展水平指标，我们不仅可以比较清晰地看到一个企业或一个地区的建筑业在一定时期内的成长性，还可以通过研究各生产要素之间的关系发现行业或企业在发展过程中存在的问题。一般地，发展水平指平均发展水平，平均发展水平的计算则以简单算术平均数和加权算术平均数的计算公式为基础。

3.1.1　算术平均数

在各种各样的平均值中，应用最广的平均指标是算术平均数，常用 M（Mean）标记。它是某个总体或样本数据的总和与其数据个数的比的结果。计算公式为：

$$\text{算术平均数}=\frac{\text{变量值总和}}{\text{变量值个数}}$$

实际工作中，根据信息类别和数量的不同，算术平均数又分为简单算术平均数和加权算术平均数。

一般情况下，如果信息中的数据未经整理，则用简单算术平均数计算平均指标。设一总体为变量 X，并设 $x_1, x_2, \cdots, x_n$ 为它的一个以 n 为样本容量的样本，记 $\bar{X}$ 为样本的算术平均数，则其计算公式为：

$$\bar{X}=\frac{x_1+x_2+\cdots+x_n}{n}=\frac{\sum_{x} x}{n}$$

例如，某项目部经理要计算属下 11 名管理人员的月平均收入，统计时，各管理人员填报的年收入依次为 22 万元、27 万元、22 万元、16 万元、11 万元、10.5 万元、12 万元、11 万元、15 万元、15 万元、15 万元。若设年收入的平均值为 $\bar{X}$，则他们的年收入平均数为：

$$\bar{X}=\frac{\sum_{x} x}{n}=\frac{22+27+22+16+11+10.5+12+11+15+15+15}{11}=\frac{176.5}{11}=16.0455\text{（万元）}$$

然后，再将平均年收入平均到 12 个月，即得月平均值：$\frac{16.0455}{12}=1.3371$（万元）

一般情况下，总体平均数常用希腊字母 μ 表示，而样本平均值常用 $\bar{X}$ 表示。

对于已经分组并统计了重复次数的数据，可采用加权算术平均数的方法计算平均值。设一总体的数据分成 m 组，各组数据依次为 $x_1, x_2, \cdots, x_m$，每个数据出现的频数依次为 $f_1, f_2, \cdots, f_m$，则加权算术平均数的计算公式为：

$$\mu=\frac{x_1 f_1+x_2 f_2+\cdots+x_m f_m}{f_1+f_2+\cdots+f_m}=\frac{\sum_{m} x f}{n}$$

或 $\mu=x_1 \frac{f_1}{f_1+f_2+\cdots+f_m}+x_2 \frac{f_2}{f_1+f_2+\cdots+f_m}+\cdots+x_m \frac{f_m}{f_1+f_2+\cdots+f_m}=\frac{\sum_{x} x f}{\sum f}$

式中，f 表示总体或样本观测值在数据中出现的频数；f_i 是第 i 个数据的权重。显然，上述两个公式是可以互相转化的。

经常地，数据量比较大且重复数据比较多时，将总量为 n 的数据按照不重复数据重新排列，得到不重复的 m 个数据 $x_1, x_2, \cdots, x_m$，每个数据重复的次数即频数为它的权数，这样整理的数据的算术平均数的计算量会明显降低。

当总体的数据单位不同时，需要依照单位对数据进行分组，这时，每组重复的数量就是各组的权数。

例如，在某企业的起重机数量统计表中，起重机台数就是权数。

起重重量/t	起重机台数/台	可起重总量
x	f	xf
20	2	40

续表

起重重量/t	起重机台数/台	可起重总量
16	5	80
10	3	30
8	2	16
合计	12	166

平均每台起重机的起重重量为：$\bar{x}=\dfrac{\sum_x xf}{\sum f}=\dfrac{166}{12}=13.83$ (t)

上述计算说明，加权算术平均数的计算不仅依赖于数据本身，更依赖于不同观测值重复的次数即频数；也就是说，权重大的对平均数的影响更大一些。而且，不是在所有情况下频数都可以用来作为权数的。权数选择的前提是：依照权数对数据分组后，各组数据值与相应权数的乘积之和等于所有数据值的总和。

3.1.2 平均发展水平的计算

发展水平指某个变量以时间为参照点的观测值的总和。它反映的是变量在不同时间点所达到的规模或水平。例如，某企业工资水平，某地区的建筑业产值水平，劳动生产率水平等。平均发展水平以简单算术平均数和加权算术平均数的计算公式为基础、以时间为参照点进行计算，其计算公式又和算术平均数的计算不完全相同，具体计算方法如下。

(1) 根据时期计算的平均发展水平

所谓时期是指某一时间段，例如，年、月、周等都是时期。以时期为参照系的平均发展水平反映的是研究对象在各个不同时期发展的平均结果。若设 $\bar{d}$ 为总体的平均发展水平，d_i 为第 i 时期的发展水平，则依照简单算术平均数的计算公式，n 个时期的平均发展水平 $\bar{d}$ 的计算公式如下：

$$\bar{d}=\frac{d_1+d_2+\cdots+d_n}{n}=\frac{\sum_i d_i}{n}$$

其中，n 表示时期的项数。由公式容易看出，时期的选择要前后一致。

【例 3.1】 表 3.1 是按照年度整理的山东省建筑业产值及从业人员的数据，请根据表 3.1 提供的数据计算山东省 2001—2014 年建筑业产值和从业人员的平均年发展水平(小数点保留到两位)。

表 3.1 按照年度整理的山东省建筑业产值及从业人员数据表

年度	建筑业产值/亿元	平均从业人员/人	劳动生产率/(万元/人)
2000	820.52	1719400	4.77
2001	986.49	1810700	5.45
2002	1153.24	1835600	6.28
2003	1485.89	2101100	7.07
2004	1969.01	2389100	8.24

续表

年度	建筑业产值/亿元	平均从业人员/人	劳动生产率/(万元/人)
2005	2509.17	2498100	10.04
2006	2791.81	2823000	9.89
2007	3289.5	2884000	11.41
2008	3842.52	3002400	12.80
2009	4579.15	3059900	14.97
2010	5496.59	3448800	15.94
2011	6482.9	3075600	21.08
2012	7281.33	2702600	26.94
2013	8467.67	3050100	27.76
2014	9313.45	3324900	28.01

注：数据来源《山东统计信息网》http://www.stats-sd.gov.cn/col

解：根据平均发展水平计算公式和表 3.1 中的数据，

$$\text{山东省建筑业年平均完成产值} = \frac{820.52 + 986.49 + \cdots + 9313.45}{15} = 4031.28(\text{亿元})$$

$$\text{山东省建筑业年平均从业人员} = \frac{1719400 + 1810700 + \cdots + 3324900}{15} \approx 2648353(\text{人})$$

（2）根据时点计算的平均发展水平

以时点为参照点求发展水平不同于以时期为参照系的解法。首先，它要求计算每两个时点之间的平均发展水平，然后，再对各时间段的平均水平进行再平均，最后才得到总的平均发展水平。以时点为参照点的平均发展水平分为绝对时点间隔和相对时点间隔发展水平两种。绝对时点间隔指需要计算的各项的时点间隔是相等的，它的计算公式如下：

$$\bar{d} = \frac{\dfrac{d_0 + d_1}{2} + \dfrac{d_1 + d_2}{2} + \cdots + \dfrac{d_{n-1} + d_n}{2}}{n} = \frac{\dfrac{1}{2}d_0 + d_1 + d_2 + \cdots + d_{n-1} + \dfrac{1}{2}d_n}{n}$$

例如，在例 3.1 中，若要根据绝对时点间隔计算山东省建筑业 2000—2014 年 15 年的年平均完成产值，则将数据代入上述公式，可得计算结果为 3693.484 亿元。通过计算此例也可看出，当需要计算的项数很多时，对两边的端点值分别除以 2，也就是说，降低了 d_0 和 d_n 对结果的影响。

在收集数据时，我们会经常碰到时间间隔不相等的的情况，此时，需要计算相对时点间隔的发展水平，其方法是以持续不断的间隔长度为权重对各个时点的水平计算加权算术平均数。根据加权算术平均数计算的相对时点间隔的平均发展水平的计算公式为：

$$\bar{d} = \frac{\dfrac{d_0 + d_1}{2}t_1 + \dfrac{d_1 + d_2}{2}t_2 + \cdots + \dfrac{d_{m-1} + d_m}{2}t_m}{t_1 + t_2 + \cdots + t_m} = \frac{\sum_{i=1}^{m}(\dfrac{d_{i-1} + d_i}{2})}{\sum_{i=1}^{m} t_i}$$

其中，t_i 是从 $i-1$ 到 i 两点之间的时间间隔长度。

【例 3.2】　建筑业的特点是人员的流动性强。某施工企业的某项目部一年内进行了 6 次用工人数统计，具体数据见表 3.2，求该项目部全年的平均用工人数。

表 3.2　某施工企业项目部一年内的用工数据表

时点	1月1日	4月1日	6月1日	9月1日	10月1日	12月31日
人数	93	155	187	221	203	194

解：由表 3.2 提供的数据，权重按照月计：$t_1=3, t_2=2, t_3=3, t_4=1, t_5=3$

$$\bar{d}=\frac{\frac{93+155}{2}\times 3+\frac{155+187}{2}\times 2+\frac{187+221}{2}\times 3+\frac{221+203}{2}\times 1+\frac{203+194}{2}\times 3}{3+2+3+1+3}\approx 178(\text{人})$$

因此，该项目部全年的平均用工人数约为 178 人。

（3）根据条件计算的平均发展水平

经常地，我们需要计算实际变量与计划或规划目标的差距，此时，就需要以计划或规划目标为参照系计算研究对象的发展水平。由于这类问题是通过两个密切联系的变量对比形成的，所以，以某个变量为条件的平均发展水平的计算方法是，首先，计算两个变量的平均发展水平；然后，求出这两个发展水平的比值，结果就是以分母为参照系的分子的平均发展水平。这种平均发展水平又称一个因素条件下的另一个因素的平均发展水平，简称条件发展水平，具体计算公式为：

$$\bar{d}_{\frac{a}{b}}=\frac{\frac{\sum a}{n}}{\frac{\sum b}{n}}=\frac{\sum a}{\sum b}=\frac{\bar{a}}{\bar{b}}$$

【例 3.3】　某施工企业 2015 年前三季度所属 A、B、C 三个项目部生产情况见表 3.3。由于事前没有统一规定格式，所以报表中除面积统一按照 m^2统计外，计划竣工和实际竣工内容有按照面积计算的，也有按照比例统计的。试根据表 3.3 提供的数据计算各项目部前 9 个月的季度平均计划完成程度。

表 3.3　某施工企业三个项目部前三季度生产情况统计表

项目部	指标名称	1—3 月	4—6 月	7—9 月	合计
A 项目部	实际竣工面积	1100	1500	1500	4100
	计划竣工面积	1000	1450	1360	3810
B 项目部	计划竣工面积	1000	1800	1600	4400
	实际完成比例/%	102	103	105	
C 项目部	实际竣工面积	1500	1000	1600	4100
	实际完成比例/%	108	92	103	

解：A 项目部前 9 个月的季度平均计划完成程度：

$$\bar{d}_{\frac{a}{b}}=\frac{\sum a}{\sum b}=\frac{1100+1500+1500}{1000+1450+1360}\times 100\%=\frac{4100}{3810}=107.6\%$$

B 项目部：依据数据，首先计算 B 项目部的实际竣工面积：

$1000\times 102\%+1800\times 103\%+1600\times 105\%=4554$，然后套公式计算平均完成程度：

$$\bar{d}_{\frac{a}{b}}=\frac{\sum a}{\sum b}=\frac{4554}{4400}\times 100\%=103.5\%$$

C项目部：按照同样的过程，首先计算计划竣工面积，然后套公式计算平均完成程度：计划竣工面积为：

$$\frac{1500}{108\%}+\frac{1000}{92\%}+\frac{160}{103\%}=4029.24$$

计划完成程度为：

$$\bar{d}_{\frac{a}{b}}=\frac{\sum a}{\sum b}=\frac{4100}{4029}\times 100\%=101.8\%$$

3.1.3　建筑业劳动生产率的概念

劳动生产率指劳动者在一定时间内生产社会产品的能力，建筑业劳动生产率指建筑业从业人员在单位时间内制造或创造建筑产品的能力，是建筑业和建筑业企业发展水平的最重要的标志之一。劳动生产率的一般统计计算公式为：

$$劳动生产率=\frac{产品产量}{劳动消耗量}$$

建筑业劳动生产率的产品产量指一定时期内的实物工程量、竣工面积数量、总产值、产值增加值等数量指标，劳动消耗量则是通过一定时期内的建筑企业从业人员数量或建筑安装从业人员数量等指标计算的。时间和时期方面，建筑业劳动生产率的统计口径常为年、季、月、工日和工时。

建筑业劳动生产率的计算方法主要有三种：一是依据建筑工程竣工面积计算的劳动生产率；二是按照产值规模计算的全员劳动生产率；三是按照工人的不同劳动时间为单位计算的劳动生产率。其中，最常用的是按照产值规模计算的劳动生产率。

依据建筑工程竣工面积统计的劳动生产率的计算公式为：

$$年人均建筑工程竣工面积=\frac{年内完成的建筑工程竣工面积之和}{平均人数}$$

按照建筑工程价值计算的建筑业全员劳动生产率的基本计算公式为：

$$建筑业全员劳动生产率=\frac{报告期建筑业总产值}{报告期全部从业人员的平均人数}$$

以工人的不同劳动时间为基数计算的劳动生产率的公式为：

年(月、季)劳动生产率＝时劳动生产率×平均工作日长度×年(月、季)平均工作日数

其中，时劳动生产率又称工时劳动生产率，

$$时劳动生产率=\frac{产品数量}{实际作业工时}$$

平均工作日长度指平均每日的实际作业工时数。

【例3.4】　某施工队，某月完成砌筑任务3354m^2，已知该队该月瓦工人数平均100人，实际作业2500工日，实际作业工时数17200工时，试计算该施工队瓦工的月劳动生产率。

解：月劳动生产率＝时劳动生产率×平均工作日长度×月平均工作日

$$时劳动生产率=\frac{完成任务量}{实际作业工时}=\frac{3354}{17200}=0.195(m^2/时)$$

$$平均工作日长度=\frac{实际作业工时数}{实际作业工日数}=\frac{17200}{2500}=6.88(工时/日)$$

$$平均工作日=\frac{实际作业工日数}{平均作业人数}=\frac{2500}{100}=25(日)$$

劳动生产率＝时劳动生产率×平均工作日长度×月平均工作日

＝0.195×6.88×25＝33.54（m^2/人）

由于大多数建筑业企业除承担可以按照面积计算的建筑工程任务外，还承担着一些无法按照面积计算的生产任务，因此，按照建筑工程竣工面积计算的劳动生产率难以全面反映施工企业的劳动生产水平。通过上述例子还可以看出，以工人的不同劳动时间为基数的劳动生产率适合单个工种的或阶段性、小规模建筑工程的劳动生产水平的评估，而且，它容易受到计量单位不统一、工程进度不一致等多种因素的影响。因此，一般情况下，常见常用的劳动生产率是通过建筑工程的价值量即产值或增加值计算的建筑业全员劳动生产率。

3.1.4 建筑业全员劳动生产率的计算

如上所述，建筑业全员劳动生产率的计算公式为：

$$建筑业全员劳动生产率=\frac{报告期建筑业总产值}{报告期全部从业人员的平均人数}$$

它是以建筑工程价值量为依据以全部从业人员数量为基数计算的劳动生产率，是全面反映建筑业或建筑业企业劳动生产水平的重要指标。

（1）报告期建筑业总产值计算的说明

建筑业总产值是以货币方式表现出的建筑安装企业和单位建筑生产活动的总量指标，是反映建筑业生产规模、发展速度和经营成效的重要标志。它包括建筑工程产值、设备安装工程产值、房屋构筑物修理产值和非标准设备制造产值 4 项。计算建筑业总产值时，首先，要分别计算出各项的产值；然后，把它们加起来即可。建筑业总产值的计算公式如下：

建筑业总产值＝建筑工程产值＋设备安装工程产值＋房屋、构筑物修理产值＋

非标准设备制造产值

说明：计算各项产值时，首先，需要各个施工部门或单位提供由财务、造价、计量等方面的专业人员统计出的实际完成的工程量；然后，再依照国家或地方统计部门或行业统计部门规定的指导性意见与统计公式进行计算。

例如，计算第一项建筑工程产值时，首先，要明确计算该项目的范围：它包括了列入建筑工程预算内的各种工程的价值，如各种房屋价值、各类设备的基础、支柱等工程与各种窑炉的砌筑与金属结构工程的价值、原有建筑物拆除及场地平整的价值等。然后，依据专业人员提供的预算价格、间接费率、税率等指标，套用国家统计局规定的建筑工程产值的计算公式就可得到第一项的建筑工程产值的结果：

$$报告期建筑工程产值=\sum(实际完成的工程量\times预算价格)\times$$
$$(1+间接费率)\times(1+计划利润率)\times(1+税率)$$

因此，计算各项产值时，一要依靠项目部统计出实际完成的工程量数据；二要依靠专业人员获取计算公式中需要的各种价格费率税率等指标；三要查阅上级主管部门提供的产值计算指导公式。

由于上述各个项目产值的计算涉及不同部门不同专业领域的工程量的统计，涉及市场价格及费率税率的调整，所以，统计人员在具体计算建筑业产值时，首先需要从各个专业部门收集到上述公式中涉及的4项内容的最后结果；然后，再依照公式把它们简单相加就可以了。

（2）平均人数的计算

人员的流动性是建筑业的主要特征之一，因此，计算平均人数是十分必要的一项统计工作。平均人数指报告期内平均每天拥有的从业人数。常用平均人数有月平均人数、季平均人数和年平均人数，国家统计局规定的指标多用“从业人员年平均人数”。下面是以月为基数的月、季、年平均人数的计算公式：

$$\text{月平均人数} = \frac{\text{报告月内每天实有人数之和}}{\text{报告月日历天数}}$$

$$\text{季平均人数} = \frac{\text{报告季度内各月平均人数之和}}{3}$$

$$\text{年平均人数} = \frac{\text{报告年内各月平均人数之和}}{12}$$

【例 3.5】　某建筑企业的某项目部9月每日实有人数统计表见表3.4，试计算它的月平均人数。

表 3.4　某项目部 9 月每日实有人数统计表

日期	天数/日	每日实有人数/人	人数合计/人
1—5日	5	450	2250
6—15日	10	470	4700
16—20日	5	500	2500
21—25日	5	520	2600
26—30日	5	470	2350
合计	30		14400

解：依据表3.4提供的数据和月平均人数计算公式：

$$9\text{月月平均人数} = \frac{14400}{30} = 480\text{（人）}$$

【例 3.6】　某建筑企业的某项目部2015年度月季从业人员的平均人数统计见表3.5，试计算2015年度全部从业人员的年平均人数。

表 3.5　某建筑企业某项目部 2015 年度月季年平均人数统计表

月份与季度	天数/日	每月平均人数/人	季度平均人数/人
1月	31	320	
2月	28	240	
3月	31	375	
一季度	90	935	312
4月	30	515	
5月	31	545	
6月	30	450	
二季度	91	1510	503
7月	31	430	

续表

月份与季度	天数/日	每月平均人数/人	季度平均人数/人
8 月	31	465	
9 月	30	480	
三季度	92	1375	458
10 月	31	550	
11 月	30	530	
12 月	31	510	
四季度	92	1590	530
合计	365	合计人数：5410	年度平均人数：451

解：依据表 3.5 提供的数据：

$$2015\text{ 年年平均人数} = \frac{320 + 240 + 375 + \cdots + 530 + 510}{12} = \frac{5410}{12} = 451(\text{人})$$

$$\text{或：}2015\text{ 年年平均人数} = \frac{312 + 503 + 458 + 530}{4} = \frac{1803}{4} = 451(\text{人})$$

其中，计算结果均按照小数位四舍五入最后取整数得出。

(3) 期末人数的统计

平均人数的特点是它的时期性，但是，统计上需要经常反映某一个时点上的人数。时期说明人数总是变化的，为了得到时期的数据，我们不仅要为每日的变化忙碌，还不得不用平均指标来反映这种不确定信息的模糊稳定性。时点就不一样了，时点的特点是信息在某一时点是确定的，而且，为了得到这种确定的时点信息，我们无须花费太多的精力去统计变化的信息。"期末人数"就是较为典型的时点信息。对一个企业或建筑业来讲，报告期的期末人数说明了企业本期人数变动的结果，也反映了下期可供使用的劳动力数量。经常地，建筑业企业从业人员的期末人数统计是通过编制从业人员人数增减变动平衡表来计算的。例如，为了统计期末人数，掌握企业 2013 年度从业人员增加和减少的总体数量，某企业的统计人员编制了 2013 年度该企业从业人员的增减平衡表，见表 3.6。

表 3.6　2013 年度某建筑企业从业人员增减平衡表

(一) 年初从业人员	560	(三) 本年度减少的从业人员	34
(二) 本年度增加人员	244	1. 离退休人数	11
1. 新增农民工人数	175	2. 离职人数	7
2. 来自城镇的从业人员	35	3. 开除除名和辞退人数	6
3. 复员转业军人	3	4. 调出人数	5
4. 大中专技校毕业生	17	5. 其他	5
5. 停薪留职人员	3		
6. 调入人员	8		
7. 其他	3	(四) 期末人数统计	770

依据表 3.6，显然，期末人数＝（一）＋（二）－（三）

【例 3.7】　表 3.1 是按照年度整理的山东省建筑业产值及从业人员数据表，请说明每年度的建筑业全员劳动生产率的计算公式和步骤，单位是万元/人。并按照年度的全员劳动生产率计算 2000—2014 年的平均劳动生产率。

解：首先，将表的第一列的总产值换算成万元，然后套用全员劳动生产率的计算公式为：

$$\text{年度建筑业全员劳动生产率} = \frac{\text{年度建筑业总产值}}{\text{年度建筑业全部从业人员的平均人数}}$$

例如，2000 年度的建筑业产值为 820.52 亿元，换算成 8205200 万元，然后，套用上述公式，即

$$2000\text{ 年度建筑业全员劳动生产率} = \frac{8205200}{1719400} = 4.77(\text{万元 / 人})$$

其中，小数点保留 2 位。同理，计算 2001—2014 年度的全员劳动生产率。

然后，用算术平均值计算 2000—2014 年的年度全员劳动生产率的平均值：

$$\text{年劳动生产率平均值} = \frac{4.77 + 5.45 + 6.28 + \cdots + 28.01}{15} = 14.04(\text{万元 / 人})$$

3.2　平均发展速度

衡量建筑业或建筑业企业运行的绩效，除要观察产值规模、员工收入水平、劳动生产率等发展水平的指标外，还要关注发展水平的运行速度，即水平平均发展的速度。平均速度指研究对象各个时期环比速度的平均数，它包括平均发展速度和平均增长速度。平均发展速度反映的是研究对象逐期发展的平均速度，平均增长速度则反映了研究对象逐期递增的平均速度。平均发展速度是国民经济建设成就的一个重要的概括指标，它既是比较不同时期、不同地区、不同企业的发展状况的重要指标，更是编制行业和企业中长期计划的重要依据。

3.2.1　几何平均数

平均速度是一种不同于平均水平的平均指标，其计算的基础是几何平均数。几何平均数是 n 个数据连乘积的 n 次方根，常记作 M_G：

$$M_G = \sqrt[n]{x_1 \cdot x_2 \cdot \cdots \cdot x_n} = \sqrt[n]{\prod_{i=1}^{n} x_i}$$

当数据量很大时，由于连乘积的计算比较困难，所以，经常地，对该公式左右两边取对数：

$$\lg M_G = \frac{1}{n}(\lg x_1 + \lg x_2 + \cdots + \lg x_n) = \frac{\sum_{i=1}^{n} \lg x_i}{n}$$

由于这一公式与算术平均值的计算公式在形式上是一致的，所以，将几何平均数视为平均数的一种变形是很自然的事情。

统计学理论认为，几何平均数可用于计算比率或速度的平均。当已知的变量值是比率（百分比等）或速度的形式时，采用几何平均数计算平均比率或平均速度更为合理。另外，几何平均数不仅适用于平均速度的计算，而且，被平均的若干个速度值的连乘积等于总的速度。

几何平均数主要适用于计算某种比率的平均数，例如，计算合格率、进步率、增长率、增长速度的平均数等。由于不同时期的增长率、合格率或增减速度的基数是不同的，所以，用算术平均数计算比率的增长程度是无意义的，选用几何平均数就比较合理。世界各国都用几何平均数计算各种经济指标的平均发展速度。

与算术平均数相比，几何平均数也有它的缺点，一是数据中的极端值会影响到几何平均数的代表性；二是数据中不能出现零和负数。

【例 3.8】 一位投资者持有一种股票，2010 年年底，该股票市值为 10 万元，2011—2014 年的收益率分别为 4.5%，2.7%，24.5%，3.9%，求这位投资者在这 4 年的本利总和，并求他的该股票资产价值的年平均增长速度（计算精确到元，四舍五入）。

解：设初始点为 $y_0 = 100000$，各年的本利总和分别为：y_1, y_2, y_3, y_4，

则：$y_0 = 10$（万元）；$y_1 = 10(1+4.5\%) = 10\times104.5\% = 10.45$（万元）

$y_2 = 10(1+4.5\%)(1+2.7\%) = 10.45\times(1+2.7\%) = 10.45\times102.7\% = 10.7322$（万元）

$y_3 = 10(1+4.5\%)(1+2.7\%)(1+24.5\%) = 10.7322\times124.5\% = 13.3616$(万元)

$y_4 = 10(1+4.5\%)(1+2.7\%)(1+24.5\%)(1+3.9\%) = 13.3616\times103.9\% = 13.8827$(万元)

由于每年的增长基数都不一样，所以，实际计算时，应以计算环比增长速度为基础，它是比率数 $\frac{y_1}{y_0} = 104.5\%, \frac{y_2}{y_1} = 102.7\%, \frac{y_3}{y_2} = 124.5\%, \frac{y_4}{y_3} = 103.9\%$

所以，平均年发展速度为：$M_G = \sqrt[4]{1.045\times1.027\times1.245\times1.039} = 108.55\%$

年均增长速度为 $M_G - 1 = 8.55\%$

3.2.2 发展速度

观察一个企业或者行业发展的快慢程度，主要看它在某个观察的时期的平均发展速度，这个观察的时期简称为观察期。平均发展速度是发展速度的平均值，发展速度是表现研究对象发展程度的相对指标，是观察期观察时点的水平与基期水平相比的结果。其中基期是研究对象的观察期的初始时点，又称基础时期，基期水平则是研究对象在观察期的初始时点即基期的数值。例如，某企业 2000 年完成产值 10 亿元，相对于 2000 年，2015 年增长了 3 倍，则 2000 年年底就是一个基期，2000 年的 10 亿元就是基期水平。

设有 n 个数据，$y_i(i=1,2,\cdots,n)$ 表示第 i 期的发展水平，y_0 表示基期水平，则发展速度的通用计算公式为：

$$发展速度 = \frac{观察期的观察时点水平}{基期水平} = \frac{y_i}{y_0}\ (i=1,2,\cdots,n)$$

发展速度是典型的比率数，常用百分数表示。当比值较大时，也用倍数和翻番等数值来形容。

基期是一个相对的时点数。不同的速度描述可采用不同的基期，常见的有环比发展速度和定基发展速度。环比发展速度是观察期的某一期（时点）的发展水平与前一期发展水平相比的结果，它反映的是研究对象在前后两期的变化。设 $y_i(i=1,2,\cdots,n)$ 是第 i 期的发展水平，则

$$环比发展速度 = \frac{y_i}{y_{i-1}}, i = 1,2,\cdots,n$$

显然，计算观察期的平均环比发展速度时，必须已知前一期的水平值。例如，设观察期为 n 个时点，水平值依次为 $y_1, y_2, \cdots, y_i, \cdots, y_n (i = 1,2,\cdots,n)$，若求观察期的发展速度，必须已知 y_0 的发展水平，才能求解出 y_1 水平的发展速度。

定基发展速度是当前水平与某一固定基期水平对比的结果，它反映了研究对象在较长时期内的发展速度。设 $y_i (i = 1,2,\cdots,n)$ 是第 i 期的发展水平，$y_{基}$ 为一固定的基期水平，则定基发展速度为：

$$定基发展速度 = \frac{y_i}{y_{基}}, i = 1,2,\cdots,n$$

若令 $y_{基} = y_1$，则显然，$\frac{y_2}{y_1} \cdot \frac{y_3}{y_2} \cdot \cdots \cdot \frac{y_i}{y_{i-1}} = \frac{y_i}{y_1}, i = 1,2,\cdots,n$，即一定时期的定基发展速度等于相应时期的环比发展速度的连乘积。若设 y_i 是当前发展水平，$y_{基}$是去年同时期的发展水平，则相应的定基发展速度就是年同比发展速度。

3.2.3　增长速度

增长速度又称增减速度，它是增减量与基期水平之比。它反映的是研究对象当前水平相对于基期水平的增减程度。它的计算的基本公式为：

$$增长速度 = \frac{增减量}{基期水平} = \frac{观察时点水平 - 基期水平}{基期水平} = 发展速度 - 1$$

和发展速度一样，依照不同的基期水平，增长速度又包括环比增长速度和定基增长速度。根据发展速度与增长速度之间的关系，容易得到它们的计算公式

$$环比增长速度 = \frac{逐期增长量}{前一期水平} = \frac{y_i - y_{i-1}}{y_{i-1}} = \frac{y_i}{y_{i-1}} - 1 = 环比发展速度 - 1$$

$i = 1,2,\cdots,n$

$$定基增长速度 = \frac{累计增长量}{固定基期水平} = \frac{y_i - y_0}{y_0} = \frac{y_i}{y_0} - 1 = 定基发展速度 - 1$$

$i = 1,2,\cdots,n$

3.2.4　平均发展速度和平均增长速度

平均速度研究的都是各个时期环比速度的平均程度，其中，平均发展速度反映的是研究对象逐期发展的平均速度，平均增长速度则反映了研究对象逐期递增（累积）的平均速度。因此，计算平均发展速度和平均增长速度使用的数据都是环比速度值。

平均发展速度计算的理论假设是：观察期内，研究对象的数量的发展总速度就是平均发展速度，它等于各个时期环比发展速度的连乘积。

设观察期为 $i = 1,2,\cdots,n$，初始数值 y_0，$y_1, y_2, \cdots, y_n$ 依次为相应观察期发展水平，记 $x_{总} = \frac{y_n}{y_0}$ 为观察期总的发展速度，设 $x_1, x_2, \cdots, x_n$ 为逐年环比增长速度，$z_1, z_2, \cdots, z_n$ 为逐年环比发展速度，则由 $x_1 = \frac{y_1 - y_0}{y_0} = \frac{y_1}{y_0} - 1 = z_1 - 1$，$x_2 = \frac{y_2}{y_1} - 1 = z_2 - 1$，…，

$x_n = \frac{y_n}{y_{n-1}} - 1 = z_n - 1$

$$x_{总} = \frac{y_n}{y_0} = \frac{y_1}{y_0} \cdot \frac{y_2}{y_1} \cdot \frac{y_3}{y_2} \cdot \cdots \cdot \frac{y_{n-1}}{y_{n-2}} \cdot \frac{y_n}{y_{n-1}} = (1+x_1)(1+x_2)\cdots(1+x_n),$$

$y_1 = y_0(1+x_1)$，$y_2 = y_0(1+x_1)(1+x_2)$，…，

$y_n = y_0(1+x_1)(1+x_2)\cdots(1+x_n)$

各环比发展速度的平均值即平均环比发展速度为 $\bar{z}$，设 $\bar{x}$ 为平均环比增长速度，即环比增长速度的算术平均值。假设每年的环比增长速度都相同，且它们都等于平均增长速度，即 $\bar{x} = x_i, i = 1,2,\cdots,n$，此时，

$y_n = y_0(1+\bar{x})(1+\bar{x})\cdots(1+\bar{x}) = y_0(1+\bar{x})^n$，

对比上述两式，得：

$(1+x_1)(1+x_2)\cdots(1+x_n) = (1+\bar{x})^n$，$\bar{x} = \sqrt[n]{(1+x_1)(1+x_2)\cdots(1+x_n)} - 1$

由于平均增长速度＝平均发展速度－1，所以，设 $\bar{z}$ 为平均环比发展速度，则：

$$\bar{z} = \sqrt[n]{(1+x_1)(1+x_2)\cdots(1+x_n)} = \sqrt[n]{z_1 \cdot z_2 \cdot \cdots \cdot z_n}$$

由于环比发展速度是发展速度的一种，所以，平均环比发展速度又称为平均发展速度。而且，依据发展速度和增长速度的关系，只要求出了平均发展速度，便可求出平均增长速度。

上述推导也说明，当各比率数据差别不是太大时，算术平均和几何平均的结果相差不大，但是，各比率数据相差较大时，它们的差别就很明显了。

【例 3.9】 表 3.7 是依据表 3.1 提供的数据整理的 2000—2014 年的山东省建筑业总产值的数据统计表，试依据环比发展速度、环比增长速度、定基发展速度与定基增长速度的计算公式，计算出的 2001—2014 年的每一年的两种发展速度和两种增长速度，并将计算结果和表 3.7 的数据一起列成统计表。其中，观察期为 2001—2014 年，计算定基发展速度和定基增长速度时的固定基期为 2000 年（小数点后保留两位，四舍五入）。

请根据表 3.7 的数据计算 2000—2014 年的平均发展速度和平均增长速度。

表 3.7　2000—2014 年山东省建筑业总产值数据统计表

年度	建筑业产值/亿元	年度	建筑业产值/亿元	年度	建筑业产值/亿元
2000	820.52	2005	2509.17	2010	5496.59
2001	986.49	2006	2791.81	2011	6482.9
2002	1153.24	2007	3289.5	2012	7281.33
2003	1485.89	2008	3842.52	2013	8467.67
2004	1969.01	2009	4579.15	2014	9313.45

解：设 2000—2014 年的建筑业产值分别为 $y_0, y_1, \cdots, y_{14}$，则依据相应公式：

$$2001\text{年环比发展速度} = \frac{y_1}{y_0} = \frac{986.49}{820.52} = 1.20$$

$$2002\text{年环比发展速度} = \frac{y_2}{y_1} = \frac{1153.24}{986.49} = 1.17$$

$$2001\text{年环比增长速度} = 2001\text{年环比发展速度} - 1 = 1.20 - 1 = 0.20$$

2002 年环比增长速度 = 2002 年环比发展速度 − 1 = 1.17 − 1 = 0.17

由题设，两种定基速度的固定基期为 2000 年，即定基水平为 820.52 亿元。

$$2001\text{ 年的定基发展速度} = \frac{y_1}{y_0} = \frac{986.49}{820.52} = 1.20$$

$$2002\text{ 年的定基发展速度} = \frac{y_2}{y_0} = \frac{1153.24}{820.52} = 1.41$$

2001 年定基增长速度 = 2001 年定基发展速度 − 1 = 1.20 − 1 = 0.20

2002 年定基增长速度 = 2002 年定基发展速度 − 1 = 1.41 − 1 = 0.41

同理，计算 2003—2014 年度的环比速度，并将各年度的两种发展速度和增长速度列成表 3.8。

表 3.8　2000—2014 年山东省建筑业产值的发展速度和增长速度

年度	建筑业产值/亿元	环比发展速度	定基发展速度	环比增长速度	定基增长速度
2000	820.52		定基水平		定基水平
2001	986.49	1.20	1.20	0.20	0.20
2002	1153.24	1.17	1.41	0.17	0.41
2003	1485.89	1.29	1.81	0.29	0.81
2004	1969.01	1.33	2.40	0.33	1.40
2005	2509.17	1.27	3.06	0.27	2.06
2006	2791.81	1.11	3.40	0.11	2.40
2007	3289.5	1.18	4.01	0.18	3.01
2008	3842.52	1.17	4.68	0.17	3.68
2009	4579.15	1.19	5.58	0.19	4.58
2010	5496.59	1.20	6.70	0.20	5.70
2011	6482.9	1.18	7.90	0.18	6.90
2012	7281.33	1.12	8.87	0.12	7.87
2013	8467.67	1.16	10.32	0.16	9.32
2014	9313.45	1.10	11.35	0.10	10.35

【例 3.10】　依据例题 3.9 的数据和计算结果，计算观察期的平均发展速度和平均增长速度。

解：由题设，观察期：2001—2014 年；由平均发展速度的计算公式，即平均发展速度是各期环比发展速度的连乘积的方根。

$$G = \sqrt[14]{120\% \times 117\% \times 129\% \times \cdots \times 110\%} = 102.003\%$$

$$\text{平均增长速度} = (102.003 - 100) \times 100\% = 2.003\%$$

【例 3.11】　某建筑装饰工地的某个分项（局部）工程需要 4 个施工班组依次流水作业才能完成。依据历史数据，已知 4 个施工班组的施工优良率分别为 90%、92%、89%和 95%，试求 4 个班组的平均作业优良率。

解：因为各施工班组是流水作业，所以，各班组的优良率的乘积等于该局部工程的总优良率。所以，运用几何平均数计算各班组平均施工优良率。

$$G = \sqrt[4]{90\% \times 92\% \times 89\% \times 95\%} = 91.47\%$$

【例 3.12】 某项目部 2010—2014 年每年完成的产值依次为 380 万元、450 万元、570 万元、620 万元、690 万元，见表 3.9，现以 2010 年产值为定基水平，求该项目部的 2011—2014 年的年产值的平均增长率。

表 3.9 某项目部 2010—2014 年完成产值统计表

年份	2010	2011	2012	2013	2014
完成产值/万元	380	450	570	620	690
年增长率	1	1.184211	1.266667	1.087719	1.112903

解：定基水平：380 万元，观察期：2011—2014 年，

$$G=\sqrt[4]{118.42\%\times 126.67\%\times 108.77\%\times 111.29\%}=116.08\%$$

年均发展速度为 116.08%，年平均增长速度即年均增长率为

$$(116.08-100)\times 100\%=16.08\%。$$

答：该项目部 2011—2014 年完成产值的年增长率为 16.08%

思考题

1. 如何计算建筑业全员劳动生产率？通过某地区的统计信息网（例如，山东统计信息网），收集该地区的计算建筑业全员劳动生产率所需要的数据，计算该地区近 10 年的建筑业的全员劳动生产率的平均值。

2. 几何平均数主要用于哪些方面的平均值的计算？设某建筑企业 2011 年完成产值 10×10^4 万元，2012—2015 年，该企业的年产值增长率分别为 4.5%、5.7%、24.5%、3.5%，求该企业在这 4 年的产值总和，并求该企业年完成产值的平均增长速度。

3. 分析环比发展速度和环比增长速度的关系。依据表 3.1 提供的数据，以 2000 年的数据为初始值和定基水平，计算山东省建筑业年平均从业人数的 2011—2014 年的环比发展速度、环比增长速度、定基发展速度、定基增长速度。

第四章　建筑机械设备的能力与建筑材料的指数管理

4.1　建筑机械设备的能力管理

机械设备能力是企业参与市场竞争的主要实力标志，建筑机械设备数量的增加、能力的提高为加快施工进度、降低工程成本、全面提高企业经济效益提供了强有力的物质支撑。机械设备的统计与数据分析是建筑机械设备管理工作中掌握数据、分析问题、制定计划把握机会的主要依据，是对机械设备进行科学管理的基础工具之一。建筑机械设备统计管理的主要指标包括了机械设备数量、能力、机械装备程度、完好程度等统计基础指标和机械设备能力指数、机械设备使用百分比等统计分析指标。

4.1.1　机械设备的数量指标

反映机械设备规模的数量指标包括实有台数和平均台数。实有台数指施工企业在某一时点的机械设备在册的实有台数，由于时点通常选在报告期期末，所以，实有台数经常称为期末设备实有台数。其计算公式为：

$$\text{期末设备实有台数} = \text{期初设备实有台数} + \text{本期增加台数} - \text{本期减少台数}$$

平均台数是报告期内每天平均拥有的机械设备台数，它的计算公式为：

$$\text{报告期机械平均台数} = \frac{\text{报告期内每日拥有机械台数之和}}{\text{报告期日历天数}}$$

月度机械平均台数，也可用两个时点台数之和再平均的方法，其计算公式为：

$$\text{月度机械平均台数} = \frac{\text{月初实有台数} + \text{月末实有台数}}{2}$$

【例 4.1】　某施工企业 6 月 1 日有 10 台卷扬机，6 月 11 日增加 5 台，6 月 26 日调走 8 台，试计算 6 月末实有台数和 6 月平均台数。

解：6 月末实有台数＝10＋5－8＝7（台）

$$6\text{ 月卷扬机平均台数} = \frac{10 \times 10 + 15 \times 15 + 7 \times 5}{30} = 12(\text{台})$$

4.1.2　机械设备的能力指标

机械设备能力指各种机械能够承担工程量的能力，它是依据机械工作的容量、承载能力、单位时间的生产力或动力部分的功率来计算的。单台机械设备的设计能力数据多数都可在机械设备的出厂说明书中查到，即使有少量的查不到的，也要以机械设备主管机关批准的查定能力为准。机械设备能力是建筑业企业参与市场竞争的主要指标之一，通常情况下，机械设备能力的基础指标包含机械设备的总能力、平均能力和生产能力等，年增长率与能力指数等则是建筑机械设备的分析指标。

机械设备的总能力指建筑企业在一定时点上所拥有的各类机械能力的和，它反映的是各类机械承担生产任务的总能力。其计算公式为：

$$\text{某种机械总能力} = \sum(\text{某种机械的单台设计能力} \times \text{该种设备台数})$$

机械总能力实际上是建筑机械设备在某个时点上的能力，若要计算机械设备在一段时期（例如报告期）的平均能力，则需要求出报告期内平均每天所拥有同种或同类机械设备的能力之和，然后除以报告期日历天数即可。

$$\text{机械设备平均能力} = \frac{\text{报告期内每日拥有的机械设备实有能力之和}}{\text{报告期日历天数}}$$

为了减少计算量，也有以月平均能力为单位的计算公式，即季度平均能力是本季度3个月的平均能力和的1/3，年平均能力是本年度12个月的平均能力的1/12。

$$\text{机械设备季平均能力} = \frac{\text{报告季内 3 个月的机械设备平均能力之和}}{3}$$

$$\text{机械设备年平均能力} = \frac{\text{报告年内 12 个月的机械设备平均能力之和}}{12}$$

【例 4.2】 2011 年年末，某建筑业企业实际拥有的起重机械数量及其能力见表 4.1,试计算该企业 2011 年起重机械总能力。

表 4.1　某建筑企业 2011 年起重机械能力统计表

机械设备名称	单台设计能力/t	数量	总能力
履带式起重机	15	2	30
塔式起重机（10t）	10	5	50
塔式起重机（8t）	8	3	24
汽车式起重机（50t）	50	1	50
汽车式起重机（20t）	20	2	40
汽车式起重机（10t）	10	3	30
汽车式起重机（8t）	8	5	40

解：由表 4.1 提供的数据，依据某种机械计算公式：

$$\begin{aligned}\text{2011 年起重机械总能力} &= \sum(\text{起重机械单台设计能力} \times \text{该种设备台数}) \\ &= 15\times2+10\times5+8\times3+50\times1+20\times2+10\times3+8\times5 \\ &= 264(\text{t})\end{aligned}$$

【例 4.3】 某施工队 2010 年卷扬机械增减情况见表 4.2。

表 4.2　某施工队 2010 年卷扬机数量变化情况统计表

增减日期	机械设备名称	单台设计能力	增减数量	变动原因
1 月 1 日	卷扬机（2t）	2t	5	原有
10 月 5 日	卷扬机（5t）	5t	3	购入
12 月 20 日	卷扬机（2t）	2t	−1	调出

试计算该队 10 月、11 月、12 月、第四季度与全年的卷扬机的平均能力。

解：计算 10 月平均能力时，首先计算每日能力。根据变动情况，月初即 10 月 1 日原有 5 台 2t 的卷扬机，变动时间是 10 月 5 日，因此，10 月成了 4 天＋27 天两部分，第一段 4 天，每日能力 10t，共计 40t；第二段后 27 天，每日能力＝前段无变化能力＋变化能力，即

$$10+15=25\ (t)$$

第二步，用每日能力和区间长度的乘积求出区间实有能力。最后，套用月度平均能力计算公式求出 10 月平均能力。

$$10\text{月卷扬机平均能力}=[2\times5\times4+(2\times5+5\times3)\times27]\times\frac{1}{31}=\frac{715}{31}=23.06$$

类似地，求出 11 月、12 月的平均能力。3 个月的平均能力计算过程和结果见表 4.3。

表 4.3　某施工队卷扬机 10—12 月平均能力计算表

变动日期	名称	单台设计能力/t	数量/台	每日能力/t	计算区间	区间长度/天	实有总能力累计
10 月 1 日	卷扬机	2	5	10	10.1～10.4	4	40
10 月 5 日	卷扬机	5	3	25	10.5～10.31	27	715
					10 月平均能力	31	23.06452
11 月 1 日	卷扬机		无变动	25	11.1～11.30	30	750
					11 月平均能力	30	25
12 月 1 日	卷扬机		无变动	25	12.1～12.19	19	475
12 月 20 日	卷扬机	2	－1	23	12.20～12.31	12	751
					12 月平均能力	31	24.22581

$$\text{四季度卷扬机平均能力}=(23.06+25+24.23)\times\frac{1}{3}=24.1$$

$$1\text{月平均能力}=(2\times5)\times31\times\frac{1}{31}=10(t),2\text{月平均能力}=(2\times5)\times29\times\frac{1}{29}=10(t)$$

依次计算出 1—9 月，每个月的卷扬机的平均能力均为 10t。依照季度机械设备能力计算公式，第 1 季度、第 2 季度、第 3 季度卷扬机的季度平均能力均为 10t，因此，

$$\text{施工队全年的卷扬机平均能力}=(10+10+10+24.1)\times\frac{1}{4}=13.53$$

4.1.3　机械设备能力的利用率指标

机械设备的能力是建筑机械设备在单位时间完成实物工程量的能力。为了发挥机械设备的能力，经常地，需要计算机械设备的能力利用情况即机械设备利用率。机械台班利用率指报告期内平均每台班完成的实际产量与定额产量的比。

$$\text{机械台班利用率}=\frac{\text{报告期某种机械平均每台班实际产量}}{\text{报告期该种机械台班定额产量}}\times100\%$$

1）台班与台时：机械设备的能力利用情况是按照台班或台时计算的。台班由“台”和“班”组成，台是机械设备单位，班是白班、夜班、加班的班，是一个完整的工作时间段，班时是班的单位，8 小时工作制背景下，一个班时就是 8 小时。台班与台时都是

工程机械专用的单位，台班指机械或设备工作一个班时发挥的效能，台时指一台机械在一天中工作的时间。8 小时工作制时，一个机械一天工作 8 小时就是一个台班也是 8 个台时，此时，“1 台班＝8 台时”。照此计算，若每天一班制，工作 2d，就是 2 个台班 16 个台时。

2）定额产量：又称理论单产，是机械设备在充分利用情况下，单位时间内能够完成的最大工作量。其计算公式为：

$$报告期该种机械台班定额产量 = 机械设计能力 \times 生产效率$$

其中，生产效率指理论上的单位时间的工作量，例如，m^3/h。

3）平均每台班实际产量：它指机械设备在一定条件下，在单位时间内实际完成的工作量。其计算公式为

$$报告期机械平均每台班实际产量 = \frac{报告期某种机械实际完成工作量}{报告期该种机械实作台班数}$$

由于台班是按照台日计算的，所以，机械设备只要参加了施工生产活动，不论一天运转了几个小时，都算作一个实作台日。也就是说，按日算的台班是比较粗略的，更细致的有台时计算方法，尤其是对于配有固定专业司机的大中型机械设备，需要进一步计算机械台时利用率。

$$机械台时利用率 = \frac{报告期某种机械平均每台时实际产量}{报告期该种机械台时定额产量} \times 100\%$$

【例 4.4】 某企业某年 3 月有一台 WY－160 国产单斗挖掘机，斗容量为 $1.6m^3$，生产效率为 $280m^3/h$，现已知该挖掘机 3 月实作台班 23 个，实际台时数 161，全月完成的土方工程量为 $32000m^3$，假设实行一班制，试计算机械台时和机械台班的能力利用率。

解：依据机械台班利用率公式，先求分母，再求分子。

由台时产量 $280m^3/h$，乘以一天 8h 就是台班定额产量，即

$$挖掘机台时定额产量 = 280（m^3/台时）$$

$$挖掘机台班定额产量 = 280 \times 8 = 2240（m^3/台班）$$

$$平均每台班实际产量 = \frac{报告期实际完成工作量}{报告期实作台班数} = \frac{32000}{23} = 1391.30$$

$$平均每台时实际产量 = \frac{报告期实际完成工作量}{报告期实际台时数} = \frac{32000}{161} = 198.76$$

$$台时能力利用率 = \frac{平均每台时实际产量}{台时定额产量} = \frac{198.76}{280} \times 100\% = 70.99\%$$

$$台班能力利用率 = \frac{平均每台班实际产量}{台班定额产量} = \frac{1391.304}{2240} \times 100\% = 62.11\%$$

70.99%，说明机械利用状况未达到定额水平（理论水平），它离定额水平还差 29.01%。从平均意义上讲，机械的平均台时也未达到每天 8h，实际上，$\frac{161}{23} = 7(h)$，说明实际上机械每日的台时为 7h。

4.2 建筑材料统计的基础指标

由于建筑材料是施工生产活动的主要生产要素之一，而且，一般地，材料费在建筑

工程造价中占有超过60%以上的比重，因此，对建筑材料和能源消费进行统计管理，对控制建筑工程成本、节能减排、提高施工效率具有十分重要的意义。

建筑材料的内容多且杂，所以，建筑材料要实施分类管理。一般情况下，按照建筑材料在施工生产中所发挥的不同作用，建筑材料分为主要材料，周转性材料，构件与配件，低值易耗品等。主要材料指一次性消耗且价值相对较大的材料，如钢铁、水泥、木材、砖等；周转性材料指可以多次使用的但又不构成工程实体的工具性材料，如钢模板、脚手架、挡土板等；结构件与配件材料指经由材料加工而成的并通过安装后能构成工程实体的加工件和维修机械设备所需要的零配件等，如钢构件、木构件、活塞、轴承等；低值易耗品是单位价值较低或使用周期在一年以内的材料，如劳动工具、管理用具、玻璃器皿、清洁用具等。

4.2.1　建筑材料收入量的统计

材料收入量又称进货量，是企业在报告期内实际收到的材料的数量。它反映了企业在一定时期内采购和供应材料的规模与水平，并且，以本企业验收且已到达，能随时为施工生产所取用为准。因此，材料收入量的计划完成状况是影响施工进度和工程质量的直接因素。在建筑统计中，常用材料收入品种计划完成率来计算和分析各种材料的进货情况以及完成程度，其计算公式如下：

$$材料收入价值计划完成率=\frac{完成进货计划的材料价值}{列入进货计划的材料价值}\times 100\%$$

$$材料收入品种计划完成率=\frac{完成进货计划的材料品种数}{列入进货计划的材料品种数}\times 100\%$$

其中，价值完成率是将各种材料按照其采购价格统一计算成元或万元以后进行对比计算的。品种完成率则要以完成计划的品种数量为单位进行计算。

【例4.5】　表4.4是某建筑企业某年某季度的一部分建筑材料的采购供应计划完成情况表。

表4.4　某建筑公司材料供应计划完成情况表

材料名称与规格	计量单位	单价/元	计划供应		实际收入		计划完成程度/%
			数量	价值/元	数量	价值/元	
水泥	t	447.21	860	384600.6	1020	456154.2	118.6
红砖	千块	230.9	2400	554160	2100	484890	87.5
石灰	t	190.36	450	85662	400	76144	88.9
中砂	m^3	28.37	3000	85110	4100	116317	136.7
碎石	m^3	69.2	4500	311400	5900	408280	131.1
瓦片	千块	219.52	114	25025.28	115	25244.8	100.9
瓦筒	千块	99.67	60	5980.2	58	5780.86	96.7
玻璃棉砖	m^2	23.14	4600	106444	4800	111072	104.3
合计				1558382.08		1683882.86	108.05

试根据表4.4的数据计算表中所列建筑材料的收入价值计划完成率和收入品种计划完成率。

解：材料收入价值计划完成率 $= \dfrac{1683882.86}{1558382.08} \times 100\% = 108.05\%$

材料收入品种计划完成率 $= \dfrac{\text{完成计划的品种数}}{\text{列入计划的品种数}} \times 100\% = \dfrac{5}{8} \times 100\% = 62.5\%$

4.2.2 材料消耗量的统计

建筑材料的消耗过程是建筑产品生产过程的主要内容，合理使用、降低消耗对减少成本提高效益意义重大。也就是说，统计建筑材料的消耗量可为建筑施工降耗增效提供数据支持。统计建筑材料的消耗量，主要是通过比对合格建筑产品或建筑工程的实际消耗量与消耗定额进行的，这种比对能够反映建筑材料节约或浪费的程度。

建筑材料消耗定额指在合理与节约的原则下，完成一定数量的建筑产品或建筑工程必须耗用的材料数量标准。它可用于考核建筑工程使用材料是否节约，它是降耗增效的基本标准和依据，也是做好经济核算提高生产管理水平的主要手段。通过消耗定额指标，我们容易考察建筑材料消耗过程的数量，容易统计材料消耗定额的完成程度。通过这些统计基础指标，我们能够计算出合格建筑工程材料实际单耗占消耗定额的比重，还能够计算出建筑材料节约或超耗的绝对数量。正是因为消耗定额如此重要，所以，我们常常将定额完成程度命名为“定额指数”。并用定额指数来检查建筑工程施工过程中某种材料的消耗定额情况。

建筑材料消耗定额完成程度的统计计算公式如下：

$$\text{材料消耗定额完成程度} = \frac{\text{合格建筑产品材料实际单耗}}{\text{消耗定额}} \times 100\%$$

建筑材料超耗或节约的绝对数量的计算公式为：

$$\text{建筑材料节约或超耗数量} = |\text{合格建筑产品材料实际单耗} - \text{消耗定额}| = |A - B|$$

其中 $A \leqslant B$ 说明节约了材料消耗，$A > B$ 说明了建筑材料超耗。

由于工程类别不同时，建筑材料的消耗量也会不同，因此建筑材料的消耗定额指数依据工程组成类别的不同而有所区别：

1）一种材料用于一个分部分项工程：

定额指数 $= \dfrac{\text{某种材料实际消耗量}}{\text{定额消耗量}} \times 100\%$，或定额指数 $= \dfrac{\text{某种材料的实际单耗}}{\text{定额单耗}} \times 100\%$

2）一种材料用于多个分部分项工程：

$$\text{定额指数} = \frac{\sum \text{各分部分项工程某种材料的实际消耗总量}}{\sum(\text{各分项工程某种材料的消耗定额} \times \text{对应实际完成的工作量})} \times 100\%$$

3）多种材料用于一项工程：

$$\text{定额指数} = \frac{\sum(\text{某种材料的实耗量} \times \text{相应材料预算单价})}{\sum(\text{各种材料的定额消耗量} \times \text{相应材料预算单价})} \times 100\%$$

当我们谈论一个小区、一个学校或一个工厂的建设时，我们实际上是在谈论一个建设项目。显然，建设项目是由一个个单项工程组成的，像一个学校的建设项目，就是由教学楼、办公楼、锅炉房等组成的。单项工程可划分为若干个单位工程，单位工程指有独立设计能够独立组织施工的工程，例如，土建工程，电器工程，给水排水工程等。单位工程又可划分为若干个分部工程，分部工程还可继续划分为若干个分项工程。其中，分部工程是按照工程部位、设备种类或使用材料类别划分的，例如，基础工程、砖石工程、混凝土工程等；分项工程是按照不同施工方法、不同材料或不同规格划分的。我们通常意义上的建筑工程实际上就是以上所述的各种类工程的通称。

指数概念及其计算方法将在下一节中详细描述。

【例 4.6】 某砌砖工程，每立方米定额消耗砖 514 块，实际已完成砌砖 500m^3，用砖 250000 块，试计算材料消耗定额完成程度和单位工程定额指数。

解：材料实际单耗：(250000/500) =500 (块/m^3),

消耗定额：514 (块/m^3)

$$材料消耗定额完成程度 = \frac{500}{514} \times 100\% = 97.28\%$$

$$单位工程定额指数 = \frac{500}{514} \times 100\% = 97.28\%$$

【例 4.7】 在某工程的某个分项工程中，红砖、水泥、粗砂的消耗数据见表 4.5，求其定额指数。

表 4.5 某建筑工程材料单耗统计表

工程名称	工程量		材料		材料单耗		预算单价/元
	单位	数量	名称	单位	实耗	定额	
砖外墙	m^3	815	红砖	块	510	533.5	0.109
			水泥	kg	48	51.87	0.23
			生石灰	kg	12	13.34	0.063
砖烟囱	m^3	240	红砖	块	600	609	0.109
			水泥	kg	53	54.39	0.23
			生石灰	kg	12	13.99	0.063

解：该题属于多种材料用于两个分项工程，其计算公式为：

$$定额指数 = \frac{\sum(某种材料的实耗量 \times 相应材料预算单价)}{\sum(各种材料的定额消耗量 \times 相应材料预算单价)} \times 100\%$$

由于题目给出的是单耗，例如，红砖给出的是 510 (块/m^3)，所以，材料消耗量等于单耗乘以工程数量。分子是实际消耗价值的和，其计算公式为：

$$\begin{aligned} 实际消耗价值 &= \sum(实际单耗 \times 预算单价 \times 工程量) \\ &= 510 \times 0.109 \times 815 + 48 \times 0.23 \times 815 + 12 \times 0.063 \times 815 + \\ &\quad 600 \times 0.109 \times 240 + 53 \times 0.23 \times 240 + 12 \times 0.063 \times 240 \\ &= 73722.63(元) \end{aligned}$$

同理，计算分母即定额消耗价值为 76946.74 元，依据定额指数计算公式：

$$定额指数 = \frac{实际消耗价值总和}{定额消耗价值总和} \times 100\% = 95.81\%$$

以上计算过程也可在类似 Excel 的表格软件中完成。表 4.6 是该题的表格计算过程和结果。

表 4.6　某建筑工程材料单耗与定额指数计算表

<table>
<tr><th rowspan="2">工程名称</th><th colspan="2">工程量</th><th colspan="2">材料</th><th colspan="2">材料单耗</th><th rowspan="2">预算单价/元</th><th colspan="2">材料价值/元</th></tr>
<tr><th>单位</th><th>数量</th><th>名称</th><th>单位</th><th>实际</th><th>定额</th><th>实耗价值</th><th>定额消耗价值</th></tr>
<tr><td rowspan="3">砖外墙</td><td rowspan="3">m^3</td><td rowspan="3">815</td><td>红砖</td><td>块</td><td>510</td><td>533.5</td><td>0.109</td><td>45305.85</td><td>47393.4725</td></tr>
<tr><td>水泥</td><td>kg</td><td>48</td><td>51.87</td><td>0.23</td><td>8997.6</td><td>9723.0315</td></tr>
<tr><td>生石灰</td><td>kg</td><td>12</td><td>13.34</td><td>0.063</td><td>616.14</td><td>684.9423</td></tr>
<tr><td rowspan="3">砖烟囱</td><td rowspan="3">m^3</td><td rowspan="3">240</td><td>红砖</td><td>块</td><td>600</td><td>609</td><td>0.109</td><td>15696</td><td>15931.44</td></tr>
<tr><td>水泥</td><td>kg</td><td>53</td><td>54.39</td><td>0.23</td><td>2925.6</td><td>3002.328</td></tr>
<tr><td>生石灰</td><td>kg</td><td>12</td><td>13.99</td><td>0.063</td><td>181.44</td><td>211.5288</td></tr>
<tr><td colspan="6">实耗价值=实际单耗×预算单价×工程量数量</td><td></td><td>合计</td><td>73722.63</td><td>76946.74</td></tr>
<tr><td colspan="6">定额消耗价值=定额单耗×预算单价×工程量数量</td><td colspan="3">定额指数=实耗价值/定额消耗价值</td><td>95.81%</td></tr>
</table>

4.3　建筑材料与建筑设备的简单指数计算

4.3.1　指数概念的提出

前面的多个例题都涉及价值的比较问题。例如，例 4.5 求解的建筑材料的采购供应完成率实际上是建筑材料的实际收入价值量与计划供应价值量的比。为什么不用建筑材料自身的计量单位，而要将它们都转换成价值量后才进行比较呢？首先，由于 8 种材料的计量单位不一样，所以，仅依据各个建筑材料自身的数量只能考察其中任意一种建筑材料的完成率。进一步讲，在 8 种材料中，中砂的计划完成程度最大，超出计划 36.7%，红砖的计划完成程度最小，即红砖实际收入只完成了计划的 87.5%，比计划采购数量减少了 12.5%。但是，这只是其中红砖和中砂各自的完成率，我们期望的是，有一个数据能表达 8 种材料的总体完成率。由于各材料的计量单位是不一样的，“千块”与“m^3”是不能简单相加的。其次，为了能够相加，可以先将各种建材的供应和收入量分别乘以该建材的价格，使其转换为价值量即供应价值和收入价值，该例中，价值的计量单位都是“元”，也就是说，转换以后，由于所有材料的计量单位都一致了，所以，价值量可以相加并可以进行 8 种材料的综合对比了。在统计学中，这种数据转换并综合加总的处理方式称为相对数方法或指数方法。

相对数是两个有联系的数值的比，它从数量上反映两种现象之间的对比关系。其中数值有两种表现形式：无名数和复名数。无名数是一种抽象化指标，多以系数、倍数、百分数或千分数表示。复名数是相对指标，主要用来表明事物的密度、强度和普遍程度等。例如，劳动生产率即人均创造价值用“万元/人”表示，人口密度用“人/km^2”表示等。

统计学中，指数（index）又称统计指数，是统计分析中反映研究对象在不同时间点变动的相对数。用统计指数可以分析很多社会经济问题。例如，通过生产指数可以反映经济增长的实际水平，通过材料价格指数可以说明市场价格的动态规律及其对建筑工程成本的影响。作为一种对比性的分析指标，统计指数具有相对数的形式，通常表现为百分数。它表明，若把作为对比基准的水平（基数）视为100%，则所要考察的现象水平相当于在基数基础上提高或降低的数量。因此，在统计指数的计算过程中，我们总会提到基期与报告期的数据的对比。报告期指提供报表的时点，指当前研究的时期即当前期，它是针对基期而言的。基期指一个开始的时期或指一个作为基准的时期。由于报告期和基期是相对的，所以，基期与报告期的名称也是多种多样的。例如，将基期和报告期称为基期和计算期，或称为基期和观察期、预算期和结算期、计划期和实算期等。

设2000年为基期（基数年），基期的材料价格水平可视为100%，若报告期为2001年，2001年材料价格指数为107%，这就表示，报告期2001年材料价格的水平相当于基期的107%，或者说，2001年的价格上涨了7%。因此，统计指数是对研究对象进行比较分析的一种相对比率。多数情况下，指数是不同时间点的现象水平的对比，它表明研究对象在时间上的变动情况，此外，指数还可以是不同空间的现象水平的对比，如不同国家，不同企业间的水平对比，指数还可以是现象的实际水平与计划水平的对比，例如，在表4.1中，我们就能看到建筑材料的实际收入与计划采购价值量的对比。

4.3.2 统计指数的分类

1）根据指数所考察的对象的范围的不同，统计指数又分为“个体指数”和“总指数”。

①个体指数是反映个别现象或个别项目的数量对比关系的指数。例如，建筑材料消耗量指数或房地产价格指数等。个体指数就是一般的相对数，是考察期水平与基期水平的对比。

②总指数指由不同个体组成的总体的复杂现象的水平的数量对比关系的指数。例如，一个工地的所有建筑材料的消耗量或价格指数，一个建筑企业每年完成的所有产值和成本指数等。

根据计算时是否加权，总指数还可继续分为“简单指数”和“加权指数”。简单指数是用简单平均方法计算的总指数，加权指数则是用加权的方法计算的总指数。根据总指数的计算形式的不同，加权指数又可继续划分为“综合指数”和“平均指数”。加权综合指数是先将研究对象加总，然后通过对比得到的总指数；加权平均指数是先对比计算研究对象的个体指数，然后，将个体指数进行平均得到的总指数。显然，简单指数、加权指数、综合指数、平均指数都只是总指数的一种计算方法。

2）根据指数化指标的不同，统计指数还可分为“数量指标指数”“质量指标指数”和“总值指数”。

①指数化指标：在指数中，我们将反映数量变化或对比关系的那个变量的指标称为指数化指标。例如，房价指数的指数化指标是房屋销售的“价格”，房屋销售量指数的指数化指标是房屋的“销售面积”，成本指数的指数化指标是“单位产品成本”等。指数化指标还可分为数量指标和质量指标。若一个指数化指标表现为总量或绝对数的形式，例如，销售量，库存量等，则这样的指标称为数量指标。若一个指数化指标表现为

平均数或比率的形式，例如，百分比、生产率、机械设备完好率等，则这类指数化指标称为质量指标。

②数量指标指数与质量指标指数：数量指标和质量指标对应的指数称为数量指标指数和质量指标指数。一般情况下，如果一个指数的指数化指标具有总量或绝对数的形式，则称这样的指标为数量指标，对应的指数称为数量指标指数。例如，建筑材料消耗量指数、施工企业完成的产值指数、工业产品的产量指数等。如果一个指数表现为平均数或百分数的形式，则称其为质量指标，对应的指数称为质量指标指数。例如，建筑材料的价格指数、施工过程的单位成本指数、建筑业或建筑工程劳动生产率指数等。

③总值指数：若一个指数化指标表现为产值、增加值这样的价值量的形式时，我们称之为价值指标。如果一个指数的指数化指标是价值量指标，则称这个指数为总值指数。总值指数反映的是价值量的变动，是观察期价值量与基期价值量的比值。通常地，这个价值量表现为一个数量指标与一个质量指标的乘积。例如，计划供应的建筑材料价值就是相应建材的数量与其价格的乘积。建筑材料指数反映的就是建筑材料价值量的对比规律，它既不是数量指标指数，又不是质量指标指数，通常将这类指数单独列为一类，称为“总值指数”。

3）根据指数的对比特点，指数还可分为“动态指数”与“静态指数”。

①动态指数：如果一个指数是同类现象的水平在不同时间点上进行比较的结果，则称这个指数为动态指数。由于动态指数反映的是研究对象在时间上的变化过程和程度，所以动态指数又称时间指数。常见的建筑材料价格指数、股票价格指数、工业生产指数等，都属于动态指数。

②静态指数：如果一个指数是同类现象水平在不同空间（如国家、省、企业）上进行比较的结果，或者是在计划与实际水平之间上进行比较的结果，则称这样的指数为静态指数。静态指数又是空间指数和计划完成程度指数的统称。产品成本计划完成指数、主要建材消耗价值指数等都是静态指数。

个体指数比较简单，但它是总指数计算的基础，在建筑统计应用中，我们主要关注简单指数、加权综合指数和加权平均指数的计算方法。

4.3.3 简单指数的编制方法

用简单平均的方式计算总指数的方法称为简单指数法。用简单指数法编制的指数称为简单指数，其中，如果简单指数是个体指数的简单算数平均数，则称其为简单算术平均数指数。简单算术平均数指数的计算公式为：

$$\bar{k}_p = \frac{1}{n}\sum \frac{p_1}{p_0}$$

式中，$\bar{k}_p$ 是研究对象的总指数，p_0 和 p_1 分别是个体在基期和观察期的水平值，$\frac{p_1}{p_0}$ 是总指数包含的个体指数，n 是总指数包含的个体的数量。

类似地，如果简单指数是个体指数的简单调和平均数，则称为简单调和平均数指数，如果简单指数是个体指数的简单几何平均数，则称为简单几何平均数指数。简单调和平均数指数与简单几何平均数指数的计算公式依次为：

$$\bar{k}_p = \frac{n}{\sum \frac{1}{\frac{p_1}{p_0}}}；\bar{k}_p = \sqrt[n]{\prod \frac{p_1}{p_0}}$$

三种简单指数的计算公式告诉我们，计算简单指数时，需要先计算个体指数，然后依据公式求其平均数即可。由于简单指数的结果多是百分数的形式，所以，用简单平均数计算简单指数时，个体指数的单位也常用百分数。

【例 4.8】 表 4.7 是某市 2010 年和 2011 年几种主要建筑材料的价格表。试根据表 4.7 的数据计算出价格的简单算术平均数指数、简单几何平均数指数和简单调和平均数指数。

表 4.7　个体价格指数计算例题表

名称	计量单位	建材价格/元		个体价格指数/%
		基期 p_0	计算期 p_1	
钢材	t	4220	4805	113.863
木材	m^3	2200	2400	109.091
水泥	t	599	519	86.644
玻璃	重量箱	77	65	84.416
玻璃	m^2	110	75	68.182
铝材	t	16500	17200	104.242

由表 4.7 的数据，首先，计算出个体价格指数 $\frac{p_1}{p_0}$，得到表 4.7 最右边一列的数据。

$$\sum \frac{p_1}{p_0} = 113.863\% + 109.091\% + 86.644\% + 84.416\% + 68.182\% + 104.242\% = 566.438\%$$

$$\sum \frac{1}{\frac{p_1}{p_0}} = \frac{1}{113.863\%} + \frac{1}{109.091\%} + \frac{1}{86.644\%} + \frac{1}{84.416\%} + \frac{1}{68.182\%} + \frac{1}{104.242\%} = 6.56\%$$

$$\prod \frac{p_1}{p_0} = 113.863\% \times 109,091\% \times 86.644\% \times 84.416\% \times 68.182\% \times 104.242\% = 64.54\%$$

将以上个体指数的计算结果代入各种简单指数的计算公式即可得到相应的简单指数：

简单算术平均数指数：$\bar{k}_p = \frac{1}{n}\sum \frac{p_1}{p_0} = \frac{1}{6} \times 566.438\% = 94.406\%$

简单调和平均数指数：$\bar{k}_p = \frac{n}{\sum \frac{1}{\frac{p_1}{p_0}}} = \frac{6}{6.56\%} = 91.5\%$

简单几何平均数指数：$\bar{k}_p = \sqrt[n]{\prod \frac{p_1}{p_0}} = \sqrt[6]{64.54\%} = 92.96\%$

【例 4.9】 通常情况下，一个企业机械设备总能力水平的年增长率是这个企业成长优良的主要标志。表 4.8 是某建筑企业 2010—2011 年起重机械个体能力指数统计表，试求该企业起重机械总能力的简单算数平均数指数和简单几何平均数指数。

表 4.8　某建筑企业 2010—2011 年起重机械能力指数统计

机械设备名称	单台能力/t	数量/台		总能力		机械设备个体能力指数/%
		基期 p_0	计算期 p_1	基期 q_0	计算期 q_1	
履带式起重机	15	2	2	30	30	100.00
塔式起重机（10t）	10	3	5	30	50	166.67
塔式起重机（8t）	8	2	3	16	24	150.00
汽车式起重机（50t）	50	1	1	50	50	100.00
汽车式起重机（20t）	20	1	2	20	40	200.00
汽车式起重机（10t）	10	2	3	20	30	150.00
汽车式起重机（8t）	8	3	5	24	40	166.67

注：基期为 2010 年年末，计算期为 2011 年年末。

解：首先，由表 4.8 计算出个体价格指数 $\frac{p_1}{p_0}$，得到表 4.8 最右边一列的起重机械个体能力指数。

简单算术平均数指数：$\bar{k}_p = \frac{1}{n}\sum\frac{p_1}{p_0} = \frac{1}{7}\times 1033.33\% = 147.62\%$

简单几何平均数指数：$\bar{k}_p = \sqrt[n]{\prod\frac{p_1}{p_0}} = \sqrt[7]{1250\times 10^{12}} = 143.45\%$

如果继续分析第一个例子，我们就会看到简单指数的一个较明显的不足。即简单指数无法反映价格在多个因素影响下的变化程度。如果只考虑价格因素，那么，哪种材料价格高，哪种材料的价格对价格变化的影响就大，但是，简单指数并没有考虑各种建材的消耗量的大小对价格变动产生的影响。比如，铝材单价对所有建材的价格总量的影响很大，但是对于建筑材料的消耗量而言，它所占的比重又太小，简单指数难以反映这样的实际情况。因此，实际问题中，简单指数采用的不多，常用的是综合指数。

4.4　价值量的总值指数与加权综合指数

4.4.1　总值指数与加权综合指数方法

加权指数指通过加权方法计算的指数。依据采用的权数的不同，加权指数又分为加权综合指数、加权平均指数等。

加权综合指数是通过两个综合的变量的比较形成的指数。编制加权综合指数的方法称为综合指数法。所谓综合是指形成指数的数据量在两个以上，当两个以上的不同数量单位的数据量同时出现时，加权综合指数法首先要解决的问题就是不同数量单位的数据量的加总问题，解决加总问题的方法之一就是同度量法。统计学中，将原来不能直接相加的项转换到可以相加的项的方法称为同度量法。例如，为了反映建筑工程中多种建筑材料的综合消耗量，就需要编制消耗量总指数。由于不同建筑材料的计量单位不一样，不能直接加总对比，若要加总，就必须将各种材料的消耗量分别乘以该种材料的价格，将它们转化为价值量即消耗的货币价值数，由于价值量的单位都是钱币单位，所以，统一到价值量后，加总和对比就是顺理成章的事情了。

同度量任务完成后，可直接计算总值指数，价值量的总值指数的计算公式为：

$$I = \frac{\sum p_1 q_1}{\sum p_0 q_0}$$

同度量法除具有同度量的作用以外，还对计入总指数的不同项具有加权作用，因此，同度量项又称权数。例如，在对建筑材料的同度量过程中，我们采用的是“材料数量乘以相应价格”的“ $\sum p_i q_i$ ”模式，在这个价值量表达式中，p 可看作 q 的权数，q 也可看作 p 的权数。

综合指数法只解决加总问题是不够的，在上面提到的例子中，价值量的比值反映的是价格和消耗量的综合变动程度，并没有反映出在综合基础上价格或消耗量各自的变化程度。如果我们想根据综合价值量求出综合价格指数，就必须在基期和报告期间保持消耗量不变。也就是说，如果我们期望求出某一个权数的综合指标指数，就必须将另一个指标固定在同一时期。或者说，某个指标的综合指标指数是指在其他指标保持不变的情况下的综合指数。这里的同一时期，可以是基期、计划期、报告期、定额编制期或某一特定时期。例如，编制表 4.6 的 3 种建筑材料的消耗量总指数，目的是观察实际消耗量与定额消耗量之间差距的变化程度。此时，只要将作为权数的价格固定在同一时期，例如，表 4.6 就是固定在了预算价格上即固定在了定额编制时期，就相当于忽略了价格因素在预算时期到计算期的影响作用。对于表 4.6 而言，由于价格固定，即由于分子、分母的价值量采用同一时期的价格，所以，分子、分母的消耗价值量比值即求出的定额指数实际上就是 3 种建筑材料的综合消耗量指数。

4.4.2　拉氏指数与帕氏指数

拉氏指数，又称拉斯贝尔指数，是最重要的加权综合指数公式之一，它的制定者是德国经济统计学家拉斯贝尔（E. Laspeyres，1864）。它是把权数固定在基期计算指数的公式，因此，又称拉氏指数为“基期加权综合指数”，常简记为 L. 计算公式为

$$L_p = \frac{\sum p_1 q_0}{\sum p_0 q_0},\ L_q = \frac{\sum q_1 p_0}{\sum q_0 p_0}$$

如果把权数固定在报告期，则称固定在报告期的加权综合指数，又称帕氏指数。帕氏指数是 1874 年德国经济统计学家帕舍（H. Paasche，1874）提出的一种指数计算方法。由于帕舍指数将同度量因素固定在报告期水平上，所以，又称帕舍指数为“报告期加权综合指数”，简记为 H，相应的综合指数计算公式为：

$$H_p = \frac{\sum p_1 q_1}{\sum p_0 q_1},\ H_q = \frac{\sum q_1 p_1}{\sum q_0 p_1}$$

4.4.3　加权平均指数

加权平均指数是加权综合指数计算的另一种形式，它是以某一时期的价值量为权数通过对个体指数加权平均计算得出的指数。以价格指数为例，加权平均价格指数的计算方法依据所用权数时期不同而有差别。当使用基期的建材消耗价值量 $p_0 q_0$ 为权数时，一组建材的价格综合指数通常采用下式计算：

$$I_p = \frac{\sum \frac{p_1}{p_0} p_0 q_0}{\sum p_0 q_0}$$

当使用报告期的消耗价值量为 $p_1 q_1$ 时，一组建材的价格综合指数通常采用如下公式计算：

$$I_p = \frac{\sum p_1 q_1}{\sum \frac{1}{\frac{p_1}{p_0}} p_1 q_1}$$

在平均数的计算中，有一种平均数叫加权调和平均数。设权数变量 M 依次取值为 m_1，$m_2,\cdots,m_n$，变量 X 依次取值为 $x_1,x_2,\cdots,x_n$，则 $x_1,x_2,\cdots,x_n$ 的加权调和平均数的计算公式为：

$$I = \frac{m_1 + m_2 + \cdots + m_k}{\frac{m_1}{x_1} + \frac{m_2}{x_2} + \cdots + \frac{m_k}{x_k}} = \frac{\sum_i m_i}{\sum_i \frac{1}{x_i} m_i} = \frac{\sum M}{\sum \frac{1}{X} M}$$

当取 $M = p_1 q_1$，$X = \frac{p_1}{p_0}$ 时，综合价格指数 I_p 就是加权调和平均数。

实际上，当个体指数与总值权数之间存在一一对应关系时，基期加权的算术平均指数恒等于拉氏指数，报告期加权的平均指数恒等于帕氏指数，即

$$I_p = \frac{\sum \frac{p_1}{p_0} p_0 q_0}{\sum p_0 q_0} = \frac{\sum p_1 q_0}{\sum p_0 q_0} = L_p \text{；} I_p = \frac{\sum p_1 q_1}{\sum \frac{1}{\frac{p_1}{p_0}} p_1 q_1} = \frac{\sum p_1 q_1}{\sum p_0 q_1} = H_p$$

因此，加权平均指数可以看成是综合指数的变形。一般情况下，计算了拉氏指数和帕氏指数后，就不需要再计算加权平均指数了。但是，在编制指数的实践中，为了简化指数编制工作，常将相对权数独立看待，最常用的办法是将权数固定起来，例如，下列指数就是常见的固定权数的计算公式：

$$I_p = \sum \frac{p_1}{p_0} w_c \text{，或 } I_p = \frac{\sum \frac{p_1}{p_0} w_c}{100} \text{，}$$

式中，w_c 是固定的相对权数，它可以是小数，也可以是百分数，称这样的指数为“固定加权平均指数”。对于综合指数而言，固定权数的确定依赖于我们对个体指标的综合分析，这里，不再赘述。

【例 4.10】 某建筑企业所属 3 个施工项目部 2010—2011 年 6 种主要建筑材料价格及其消耗量统计数据见表 4.9。

表 4.9 某建筑企业所属 3 个项目部主要建筑材料消耗量统计表

建材名称	计量单位	建材价格/元		消耗量	
		预算期 p_0	报告期 p_1	预算期 q_0	报告期 q_1
钢材	t	4220	4805	1975	2316
木材	m^3	2200	2400	1575	1882
水泥	t	599	519	12345	12758

续表

建材名称	计量单位	建材价格/元		消耗量	
		预算期 p_0	报告期 p_1	预算期 q_0	报告期 q_1
玻璃	重量箱	77	65	1700	2426
玻璃	m^2	110	75	5567	6872
铝材	t	16500	17200	310	450

注：基期为 2010 年，报告期为 2011 年。

试根据表中数据计算报告期的建筑材料消耗价值量的总值指数、拉氏建材消耗指数和帕氏建材消耗指数。

解：总值指数的计算：

首先，分别计算预算期与报告期的个体建材消耗价值量 p_0q_0 与 p_1q_1，将计算结果列成表 4.10 的形式。

然后，计算预算期和报告期的价值量总和计入表格 4.12 中。

最后，代入总值指数计算公式得出主要建筑材料消耗价值总值指数，计算过程可用 Excel 表格计算公式快速实现。

表 4.10　某建筑企业所属 3 个项目部主要建筑材料消耗价值量总值指数计算表

建材名称	计量单位	建材价格/元		消耗量		耗材价值/万元	
		预算期 p_0	报告期 p_1	预算期 q_0	报告期 q_1	预算期 p_0q_0	报告期 p_1q_1
钢材	t	4220	4805	1975	2316	833.45	1112.838
木材	m^3	2200	2400	1575	1882	346.5	451.68
水泥	t	599	519	12345	12758	739.4655	662.1402
玻璃	重量箱	77	65	1700	2426	13.09	15.769
玻璃	m^2	110	75	5567	6872	61.237	51.54
铝材	t	16500	17200	310	450	511.5	774
					合计	2505.2425	3067.9672

注：基期为 2010 年，报告期为 2011 年。

$$\text{主要建材消耗价值总值指数}=\frac{\sum p_1q_1}{\sum p_0q_0}=\frac{3067.97}{2505.24}\times 100\%=122.46\%$$

下面，按照类似的步骤，计算拉氏指数和帕氏指数

首先，固定建材价格为预算期即基期价格，然后代入拉氏指数计算公式求出主要建材消耗价值量的拉氏指数：

$$\text{主要建材消耗价值的拉氏指数 } L_q=\frac{\sum q_1p_0}{\sum q_0p_0}=\frac{2992.37}{2505.24}\times 100\%=119.44\%$$

表 4.11　某建筑企业所属 3 个项目部主要建筑材料消耗价值量拉氏指数计算表

建材名称	计量单位	建材价格/元		消耗量		耗材价值/万元	
		预算期 p_0	报告期 p_1	预算期 q_0	报告期 q_1	预算期 p_0q_0	报告期 p_0q_1
钢材	t	4220	4805	1975	2316	833.45	977.352
木材	m^3	2200	2400	1575	1882	346.5	414.04
水泥	t	599	519	12345	12758	739.4655	764.2042
玻璃	重量箱	77	65	1700	2426	13.09	18.6802

续表

建材名称	计量单位	建材价格/元		消耗量		耗材价值/万元	
		预算期 p_0	报告期 p_1	预算期 q_0	报告期 q_1	预算期 p_0q_0	报告期 p_0q_1
玻璃	m^2	110	75	5567	6872	61.237	75.592
铝材	t	16500	17200	310	450	511.5	742.5
					合计	2505.2425	2992.3684

注：基期为2010年，报告期为2011年。

首先，固定建材价格为报告期价格，然后代入帕氏指数计算公式求出主要建材消耗价值量的帕氏指数：

$$\text{主要建材消耗价值的帕氏指数 } H_q=\frac{\sum q_1p_1}{\sum q_0p_1}=\frac{3067.97}{1553.70}\times 100\%=120.14\%$$

表 4.12　某建筑企业所属3个项目部主要建筑材料消耗价值量帕氏指数计算表

建材名称	计量单位	建材价格/元		消耗量		耗材价值/万元	
		预算期 p_0	报告期 p_1	预算期 q_0	报告期 q_1	预算期 p_1q_0	报告期 p_1q_1
钢材	t	4220	4805	1975	2316	948.9875	1112.838
木材	m^3	2200	2400	1575	1882	378	451.68
水泥	t	599	519	12345	12758	640.7055	662.1402
玻璃	重量箱	77	65	1700	2426	11.05	15.769
玻璃	m^2	110	75	5567	6872	41.7525	51.54
铝材	t	16500	17200	310	450	533.2	774
					合计	2553.6955	3067.9672

注：基期为2010年，报告期为2011年。

由于拉氏指数以基期价格为权数，消除了价格变动对消耗价值指数的影响，所以不同时期的消耗量价值指数具有可比性，但是，它也有不足。尽管这一指数可以单纯地反映消耗量价值的变动水平，但无法反映出建筑材料消耗结构的变化。帕氏指数因为以报告期价格为权数，虽然它不能消除权数变动对消耗量价值指数的影响，但它可以同时反映出消耗量价值和消耗量结构的变化，具有较明确的经济意义，因此，实际问题中，常采用帕氏指数公式计算消耗量价格指数。

思考题

1. 某专业施工队2014年拥有的汽车式起重机数量变化见表4.13，试计算该队10月、11月、12月、第四季度与全年拥有的汽车式起重机的平均能力。

表 4.13　某专业施工队2014年汽车式起重机数量变化情况统计表

增减日期	机械设备名称	单台设计能力	增减数量	变动原因
1月1日	汽车式起重机（20t）	20t	5	原有
10月5日	汽车式起重机（10t）	10t	3	购入
12月20日	汽车式起重机（20t）	20t	—1	调出

2. 某建筑企业2015年强制式混凝土搅拌机数量变动情况见表4.14。

表 4.14　某土建企业 2015 年强制式混凝土搅拌机变动登记表

增减日期	机械设备名称	出料容量/L	增减数量/台	变动原因
1 月 1 日	JS500 混凝土搅拌机	500	4	上年结转
	JS750 混凝土搅拌机	750	8	
	JS1000 混凝土搅拌机	1000	6	
2 月 1 日	JS500 混凝土搅拌机	500	2	购入
8 月 1 日	JS750 混凝土搅拌机	750	－1	报废
	JS1000 混凝土搅拌机	1000	－3	调出
10 月 1 日	JS750 混凝土搅拌机	750	2	购入

试计算：(1) 年末强制式混凝土搅拌机实有台数；

(2) 年末强制式混凝土搅拌机总能力；

(3) 年内强制式混凝土搅拌机的平均能力。

3. 某单项建筑工程的砖基础、砖外墙、暖气沟 3 个分项工程用砖数量统计见表 4.15。

表 4.15　某工地 3 个分项工程的用砖数量统计表

分项工程名称	单位	完成工程量	定额单耗/块	实耗量/块
砖基础	m^3	500	514	250000
外墙	m^3	800	523	462600
暖气沟墙	m^3	700	539	390000

试根据表 4.15 提供的数据，计算 3 个分项工程的红砖定额指数，并计算其节约或超耗情况。

4. 什么是同度量法，同度量法的作用是什么？

5. 调查并收集 1～2 个建筑业企业的建筑工程项目的 3～6 种主要建材（如钢材、木材、水泥、玻璃和铝材）的 2014 年年初到 2016 年年末的价格和消耗量数据，并以 2014 年初为预算期或基期，以 2015 年年末或 2016 年年末为报告期，计算报告期的主要建筑材料消耗价值量的总值指数、拉氏主要建筑材料消耗指数和帕氏主要建材消耗指数。

第五章 建筑工程施工进度管理中的数据统计

在建筑工程的项目管理中，工期管理是重要组成部分。科学地控制工期，能减少企业的人员、资金和设备投入，提高工作效率和经济效益。建筑施工企业若要保证工期顺利进行，必须科学地编制施工进度计划表，对施工人员、技术、设备等进行科学有效地管理，才能达到预期效果。

科学地编制施工进度计划是保证工期的前提和基础，它依赖于我们选择的施工组织方式和施工进度表达方法。最常见的施工组织方式包括依次施工、平行施工和流水施工等，应用最广泛最流行的施工进度表达方式有横道图和网络图，其中，横道图又是最基础的进度控制方法。横道图又称甘特图或条状图，是以图示的方法将施工活动的顺序与持续、衔接时间形象地描绘成图表的一种有效的施工进度管理方法。网络图是以网络形式编制的进度计划图表，它既可以根据收集的实际进度信息，编制、比较和分析进度计划，又可以利用网络中的整体与个体的布局进行工期可靠性分析，并优化和控制工期与成本。无论是横道图还是网络图，它们都能直观便利地告诉管理者任务计划在什么时候进行，后面还有哪些工作要做，当前的工作是提前、滞后还是正常进行等内容。由于我们重点关注的是进度管理过程中的数据，所以，本章重点研究的是以横道图为背景的建筑工程施工进度管理中的数据计算和统计分析方法。

5.1 施工组织方式与横道图

5.1.1 3种常见的施工组织方式

任何一个建筑工程都是由若干个施工过程组成的，每一个施工过程都可以组织一个或多个施工队伍进行施工，我们称这样的施工队伍为施工队、施工班或施工组。如何组织各施工队伍的先后顺序和搭接方式，是组织施工的基本问题之一。通常，组织施工有依次施工、平行施工和流水施工3种方式。现通过例5.1说明3种施工组织方式的不同。

【例5.1】 有4幢相同的建筑物，编号依次为甲、乙、丙、丁。它们的基础施工均包括挖土方、做垫层、砖基础和回填土4个过程，各幢建筑物各个施工过程的施工天数均为5天，各施工过程的施工专业队伍人数依次为10人、8人、22人、5人，现用横道图说明3种施工组织方式的具体内容和在工期管理方面的特点。

1）依次施工：若将建筑工程项目的整个建造过程分解成若干个施工过程，则依次施工指按照一定的施工顺序，前一个施工过程完成后，后一个施工过程才开始的施工组织方式。它是一种最基本最原始的施工组织方式。观察图 5.1 中的“依次施工”栏目的内容，它描绘的就是例 5.1 的基础工程的“依次施工”组织方式横道图。当工程规模较小、工期较宽裕时，依次施工是常用的也是比较适用的施工组织方式。它在工期方面的缺点是，计划工期较长，若采用若干个不同的专业班组施工，容易产生窝工现象。

序号	项目编号	施工过程	施工天数	施工人数	施工进度																										
					5	10	15	20	25	30	35	40	45	50	55	60	65	70	75	80	5	10	15	20	5	10	15	20	25	30	35
1	甲	挖土方	5	10	—																—				—						
		做垫层	5	8		—																—				—					
		砖基层	5	22			—																—				—				
		回填土	5	5				—																—				—			
1	乙	挖土方	5	10					—												—					—					
		做垫层	5	8						—												—					—				
		砖基础	5	22							—												—					—			
		回填土	5	5								—												—					—		
1	丙	挖土方	5	10									—								—						—				
		做垫层	5	8										—								—						—			
		砖基础	5	22											—								—						—		
		回填土	5	5												—								—						—	
1	丁	挖土方	5	10													—				—							—			
		做垫层	5	8														—				—							—		
		砖基础	5	22															—				—							—	
		回填土	5	5																—				—							—
施工组织方式					依次施工																平行施工				流水施工						

图 5.1　施工组织方式对比分析图

2）平行施工：设整体工程项目由若干个相对独立的个体工程项目组成，每一个个体项目的建造过程均分解成若干个相同的施工过程，且均安排相应的施工队伍，则平行施工指不同队伍在同一时间、不同空间上进行施工，能够同时开工、同时完成的施工组织方式。观察图 5.1 的“平行施工”栏目的内容，它描绘的就是 4 幢相同建筑项目的基础工程的平行施工方式。

在工程进度管理方面，平行施工的优点是工期较短。特别适合工期要求紧迫、施工空间相对宽松、大规模建筑群施工或可分期分批施工的工程项目。缺点是只适合综合施工队伍施工，若采用专业施工队施工，则各施工队不能连续施工。而且，平行施工的现场组织与管理比较复杂，管理费用支出较大。

3）流水施工：若将工程项目的建造过程按照工艺分解为若干个施工过程，按照作业空间在平面上划分为若干个施工段，在竖向上划分为若干个施工层，则流水施工指若干个专业施工队伍在建造过程中按照一定的施工顺序，依次从一个施工区段转到另一个施工区段，像流水一样连续不断的均衡施工的施工组织方式。观察图 5.1 的“流水施工”栏目的内容，它描绘的就是 4 幢相同建筑项目的基础工程的流水施工横道图。

流水作业的特点：一是合理充分地利用了操作空间，工期较短；二是各施工队伍能连续作业，能达到消除或减少窝工的目的；三是有利于专业化生产设备和技术的投入，保证工程质量；四是现场易于进行施工组织和管理，为文明施工和科学管理创造有利条件。

总之，流水施工兼顾了依次施工和平行施工的优点，是 3 种组织方式中比较合理、可行的组织方式，也是目前建筑工程施工管理中普遍采用的施工组织方式。

5.1.2 流水施工进度计划的横道图

横道图是施工现场管理者工期管理的常用方法。它的左边是按照施工的先后顺序排列的施工过程，右半部分是施工进度。施工进度用水平线表示施工的持续时间，线段上经常要标注施工内容或施工对象。由于施工内容包含的字数较多，经常地，用数字符号代表施工内容或施工对象，如图 5.2 所示。在描绘横道图前，必须确定几个流水参数，它们是工作面、施工过程、施工段、施工队的数目，以及流水节拍和流水步距的大小等。以下是横道图中需要了解的一些参数和概念。

1）工作面：工作面指各专业工种的工人施工时必须具备的活动空间，它依据相应工种的安全施工技术规程和产量定额确定。例如，砌砖墙时，每个技工的工作面要求达到 $8.5m^2$，安装门窗时，要求每人的工作面达到 $11m^2$ 以上。多数施工管理教材都有主要工种工作面的参考数据，需要时可以查阅相关资料。

2）施工过程的划分：将准备建设的工程项目，按照施工工艺要求、工程量的大小、以及施工队伍的组成等内容，划分为若干个施工过程。施工过程数目常记作 n。

3）施工段：将建筑工程项目在组织流水施工时所划分的施工区段称为施工段。包括平面上的施工段数和垂直方向的施工层数。施工段数常被标识为 m。划分施工段的目的，是保证不同的施工班组在不同的施工段上同时进行施工，并使各施工队伍按照一定的时间间隔转移到另一个施工段进行连续施工。在多层建筑施工中，为了保证各专业施工队伍能连续施工，必须满足施工段数不小于施工过程数，即 $m \geqslant n$ 。

4）流水节拍：流水节拍是专业施工队在一个施工段上施工所需要的时间。流水节拍的节拍值一般取整数。施工队伍数量常用 b 表示，流水节拍常记作 t。

5）施工搭接与平行搭接：组织流水施工时，为缩短工期，在同一施工段上，不等前一施工过程施工完，后一施工过程就投入施工，相邻两个施工过程进行连续施工称为施工搭接，若相邻两个施工过程同时在同一施工段上施工则称为平行搭接，平行搭接的工作时间称为平行搭接时间，常用 $C_{i,i+1}$ 表示。平行搭接以工艺顺序先后为依据，前一段施工完成，留出相应足够的工作面，后一段紧接着开始施工。例如，主体结构施工阶段，梁板支模完成一部分后，可以提前进行钢筋绑扎工作。组织流水施工时，不同的施工过程尽可能组织平行搭接施工。

6）流水步距：流水步距是相邻两个施工过程先后进入流水组织的时间间隔，常记为 K。在组织流水施工时，一般地，根据施工过程数目 n 确定流水步距数目。横道图中的流水节拍、流水步距等数据的单位常用天表示，记作 d。

7）间歇时间：由于工艺或管理上的要求，相邻两个施工过程在时间上不能衔接施工而要留出必要的等待时间，这个等待时间即为间歇时间。由于材料性质或施工工艺要求所需等待的间歇时间称为技术间歇时间。例如，楼板混凝土浇筑后需要养护一段时间才能进行后道工序作业，养护的时间就是技术上要求的间歇时间。由于组织管理方面的需要，安排的等待时间称为组织间歇时间。

8）流水工期：流水工期是指第一个施工队投入施工开始，到最后一个施工队完成流水施工为止的整个持续时间。因为一个工程项目常由若干个流水组构成，所以，流水工期并不是工程项目的总工期。

9）流水施工的基本方式：流水施工的基本方式包括全等节拍流水、成倍节拍流水和分别流水三种。前两种属于有节奏流水方式，分别流水则属于无节奏流水。全等节拍流水又称固定节拍流水，它是各个施工过程的流水节拍全部相等的流水施工组织方式。成倍节拍流水指各专业施工队在各施工段上的流水节拍相等，不同施工过程之间的流水节拍不全相等，且各施工过程的流水节拍均为最小流水节拍的整数倍的流水施工方式。分别流水是组织流水施工的各个施工过程在各施工段的流水节拍均不相同的一种流水施工方式。

【例 5.2】　现有一个二层现浇钢筋混凝土结构的建筑工程项目，它的主体工程由支设模版、绑扎钢筋和浇筑混凝土 3 个施工过程组成，现按照 4 个施工段，每个施工段上的施工过程均为 5d 的要求，施工管理者设计出施工进度计划横道图如图 5.2 所示。试回答下列问题：

①多层施工时，施工过程数与施工段数的比较原则是什么？图 5.2 显示的施工过程数与施工段数是否符合这一原则？

②该图描述的流水节拍是多少？

③该图显示的流水步距是多少？

④横道图显示的流水工期是多少天？

⑤流水施工有哪 3 种基本方式，本例属于哪种方式？

施工层	施工过程	施工进度/d									
		5	10	15	20	25	30	35	40	45	50
一层	支设模板	①	②	③	④						
	绑扎钢筋		①	②	③	④					
	浇混凝土			①	②	③	④				
二层	支设模板					①	②	③	④		
	绑扎钢筋						①	②	③	④	
	浇混凝土							①	②	③	④

图 5.2　某建筑工程流水作业施工组织图

答：①在多层建筑施工中，要想保证各专业施工队能连续施工，必须满足施工段数不小于施工过程数即 $m \geqslant n$ 的要求。图 5.2 的施工过程数为 3，施工段数为 4，符合这一要求。

②由图示，流水节拍为 $t = 5$d。

③由图示，该进度计划的各个施工过程的流水节拍相等，即属于全等节拍，因此全等节拍的流水步距等于流水节拍，$K = t = 5$d。

④横道图显示流水工期为 50d。

⑤流水施工的基本方式包括全等节拍流水、成倍节拍流水和分别流水 3 种。本例属于全等节拍流水。

5.1.3 流水施工基本方式中有关数据的统计计算

（1）常用符号

m ——施工段数；

n ——施工过程数；

r ——施工层数目；

t_i ——流水节拍；

T ——流水工期；

T_n ——流水施工中最后一个施工队（或施工过程）总的工作持续时间；

K ——流水步距；

$\sum K_{i,i+1}$ ——流水施工中各流水步距之和；

b_i ——第 i 个施工过程的施工队数目；

$\sum b_i$ ——总施工队数目；

$\sum Z_1$ ——一个施工层内各施工过程之间的技术间歇和组织间歇时间之和；

Z_2 ——相邻施工层间技术间歇与组织间歇时间之和。

$\sum C$ ——在同一个施工层中相邻施工过程之间搭接时间之和。

（2）流水节拍的计算

通常，节拍值根据每个施工过程的工期要求确定，或根据每个施工段的工程量计算。例如，设第 i 个施工段的流水节拍为 t_i ，则依据施工段工程量计算节拍值的公式为：

$$t_i = \frac{\text{施工段 } i \text{ 所需要的劳动量或机械台班量}}{\text{施工段 } i \text{ 需要的专业施工队的人数或机械台数} \times \text{段 } i \text{ 的专业工作队的工作班次}}$$

再如，对于某些规定日期内必须完成的工程，通常需要根据工期要求倒推进度，并按照下述公式计算流水节拍：

$$t_i = \frac{\text{施工过程的工作持续时间}}{\text{施工过程的施工段数}}$$

（3）全等节拍流水施工中的相关项目的计算

施工段的计算：$m \geqslant n + \frac{\sum Z_1}{K} + \frac{Z_2}{K}$ ；

流水步距的计算：全等节拍流水采用等节奏等步距施工，即 $K = t$ ；

流水的总工期为：$T = (rm + n - 1)K + \sum Z_1 - \sum C$ 。

（4）成倍节拍流水施工中的相关项目的计算

流水步距的计算：成倍节拍流水的流水步距彼此相等，等于各施工过程流水节拍的最大公约数，记作 K_b ，$K_b =$ 流水节拍的最大公约数。

第 i 施工过程的施工队数：$b_i = \frac{t_i}{k_b}$ ；

施工段的计算：$m \geqslant \sum b_i + \frac{\sum Z_1}{K_b} + \frac{Z_2}{K_b} - \frac{\sum C}{K_b}$（一般情况下，取正整数）；

流水的总工期为：$T = (rm + \sum b_i - 1)K_b + \sum Z_1 - \sum C$ 。

(5) 分别流水施工中的相关项目的计算

施工队伍数：施工队伍总数等于施工过程数。

分别流水的流水工期为：

$$T=\sum K+T_n+\sum Z_1-\sum C$$

流水步距的计算：分别流水中各相邻施工队间的流水步距，常采用“上三角形”方法计算，上三角形指将相关数据排列成上三角形矩阵的形式，它是上三角矩阵的变型。上三角矩阵是对角线下方全部为零的方阵，而上三角形形式上类似上三角矩阵，但它未必是方阵，例如，图 5.3 的 (a)、(b)、(c) 都是上三角形数据排列方式，其中图 5.3 (c) 是典型的流水步距的累加数列的排列方式。

$$\begin{pmatrix} a & b & c \\ 0 & d & e \\ 0 & 0 & f \end{pmatrix} \quad \begin{pmatrix} a_1 & a_2 & a_3 & a_4 \\ 0 & b_1 & b_2 & b_3 \\ 0 & 0 & c_1 & c_2 \end{pmatrix} \quad \begin{pmatrix} a_1 & a_2 & a_3 & a_4 & 0 & 0 & 0 \\ 0 & b_1 & b_2 & b_3 & b_4 & 0 & 0 \\ 0 & 0 & c_1 & c_2 & c_3 & c_4 & 0 \\ 0 & 0 & 0 & d_1 & d_2 & d_3 & d_4 \end{pmatrix}$$

(a)　　(b)　　(c)

图 5.3

“上三角形”法是“节拍累加数列错位相减取大差”法的简称，其计算步骤如下：

第一，对每一施工过程的各施工段的流水节拍依次累加得到累加数列；

第二，按照施工顺序，将相邻两个累加数列的后一个向后移动一位，依次排列成类似矩阵中的上三角形形式；

第三，进行从上至下的依次两行数值的相减；

第四，求出每两行相减结果中的数值最大者，这个最大值就是两个施工过程之间的流水步距。

“上三角形法”可通过列表显示出流水步距的计算步骤，具体过程见表 5.1。

【例 5.3】 某单层建筑有甲、乙、丙 3 个施工过程，每个过程分为 4 个施工段，各施工过程在各个施工段上的流水节拍依次为，甲：3、4、2、3 (d)，乙：2、3、3、2 (d)，丙：2、2、3、2 (d)。要求甲施工后间歇 3 天乙队才能施工，且允许乙队与丙队之间搭接 1 天，试计算各相邻施工过程间的流水步距和流水工期。

解：①由上三角形法列表计算流水步距：

首先，对甲、乙、丙 3 个施工过程在各个施工段上的流水节拍进行累加计算，得到累加后的节拍数列，甲：3、7、9、12 (d)，乙：2、5、8、10 (d)，丙：2、4、7、9 (d)。

然后，将累加后各个施工过程的节拍数按照上三角形形式排列，并依照“节拍累加数列错位相减取大差”法列表进行计算，见表 5.1。

表 5.1　分别流水的流水步距计算的上三角形法

甲的节拍累加数列	按照上三角形形式排列	3	7	9	12			求差值最大值	流水步距
乙的节拍累加数列			2	5	8	10			
丙的节拍累加数列				2	4	7	9		
甲乙数列差值	甲-乙	3	5	4	4	−10		5	$K_{甲乙}=5d$
乙丙数列差值	乙-丙		2	3	4	3	−9	4	$K_{乙丙}=4d$

②由已知，则由流水工期公式

$$T=\sum K+T_n+\sum Z_1-\sum C$$

流水步距之和：

$$\sum K=5+4=9$$

最后一个施工队即丙队的持续时间为

$$T_n=2+2+3+2=9$$

同一个施工层的间歇时间和

$$\sum Z_1=3$$

在同一个施工层中相邻施工过程之间搭接时间之和

$$\sum C=1$$

最后将它们代入流水工期公式得到流水工期结果

$$T=\sum K+T_n+\sum Z_1-\sum C=(5+4)+9+3-1=20$$

【例 5.4】 某项工程共有两个施工层，施工过程分为甲、乙、丙 3 个，每个施工过程配备一个施工队，流水节拍定为 2 天，要求第一层施工后间歇 1 天以上方可进行第二层的施工，根据这些要求绘制出流水施工进度计划表如图 5.4 所示。试根据横道图和题设条件回答下列问题：

①在流水施工的三种基本方式中，它属于哪一种？

②计算流水步距 K；

③根据施工段公式计算流水施工段数目；

④计算流水工期。

施工过程	施工进度/d												
	2	4	6	8	10	12	14	16	18	20	22	24	26
甲	Ⅰ－1	Ⅰ－2	Ⅰ－3	Ⅰ－4	Ⅰ－5	Ⅱ－1	Ⅱ－2	Ⅱ－3	Ⅱ－4	Ⅱ－5			
乙	$K=2$	$Z_1=2$	Ⅰ－1	Ⅰ－2	Ⅰ－3	Ⅰ－4	Ⅰ－5	Ⅱ－1	Ⅱ－2	Ⅱ－3	Ⅱ－4	Ⅱ－5	
丙			$K=2$	Ⅰ－1	Ⅰ－2	Ⅰ－3	Ⅰ－4	Ⅰ－5	Ⅱ－1	Ⅱ－2	Ⅱ－3	Ⅱ－4	Ⅱ－5

图 5.4 某两层工程全等节拍流水施工进度表

解：①它属于全等节拍流水。

② $K=t=2\text{d}$

③施工过程数 $n=3$，由图示楼层内施工过程间歇时间总和 $Z_1=2\text{d}$，楼层间间歇时间 $Z_2=1\text{d}$，各施工过程间无搭接时间，即 $C=0$，则：

$$m\geqslant n+\frac{Z_1}{K}+\frac{Z_2}{K}-\frac{C}{K}=3+\frac{2}{2}+\frac{1}{2}-0=4.5(\text{段})\text{，取 5 段}。$$

由于取 5 段，所以，绘制横道图时，层间间歇实为 2d。

④计算流水工期：

$$T=(rm+n-1)K+\text{各施工层内相邻施工过程间的间歇时间总和}-\text{搭接时间总和}$$
$$=(2\times5+3-1)2+2-0=26$$

【例 5.5】 某构件预制工程有扎筋、支模、浇筑混凝土 3 个施工过程，分两层浇筑。依据经验，各施工过程的流水节拍确定为 $t_{筋}=4\ \mathrm{d}$，$t_{模}=4\ \mathrm{d}$，$t_{混}=2\ \mathrm{d}$。该施工要求底层构件混凝土浇筑后，养护 2d，才能进行第二层施工，该项目只有层间工艺间歇，无施工过程间歇，且层内各施工过程间无搭接时间，图 5.5 是该工程的施工进度计划横道图。

施工过程	施工队	施工进度/d															
		2	4	6	8	10	12	14	16	18	20	22	24	26	28	30	32
扎筋	1	一、1		一、3		一、5		二、1		二、3		二、5					
	2		一、2		一、4		一、6		二、2		二、4		二、6				
支模	1			一、1		一、3		一、5		二、1		二、3		二、5			
	2				一、2		一、4		一、6		二、2		二、4		二、6		
浇筑混凝土						一、1	一、2	一、3	一、4	一、5	一、6	二、1	二、2	二、3	二、4	二、5	二、6

图 5.5　成倍节拍流水施工进度表

试解答下列问题：①计算流水步距；②确定各施工队组数；③用公式计算每层的施工段数目；④计算流水工期。

解：①本题是成倍节拍流水，其流水步距彼此相等，等于各施工过程流水节拍的最大公约数，由已知，流水节拍分别为 4d、4d、2d，最大公约数为 2，所以，流水步距为

$$K_b=K=2$$

②扎筋施工队数：

$$b_{筋}=\frac{t_{筋}}{k}=\frac{4}{2}=2\,(个)$$

支模施工队数：

$$b_{模}=\frac{t_{模}}{k}=\frac{4}{2}=2\,(个)$$

浇筑混凝土施工队数：

$$b_{混}=\frac{t_{混}}{k}=\frac{2}{2}=1\,(个)；\sum b_i=2+2+1=5$$

③计算每层施工段数 m：

由已知，没有层内施工过程间歇，即 $\sum Z_1=0$；但层间工艺间歇有 2d，即 $Z_2=2\ \mathrm{d}$，且层内各施工过程间无搭接时间，即 $\sum C=0$

$$m\geqslant\sum b_i+\frac{\sum Z_1}{K_b}+\frac{Z_2}{K_b}-\frac{\sum C}{K_b}=5+\frac{0}{2}+\frac{2}{2}-\frac{0}{2}=6$$

④计算流水工期：

本题是成倍节拍流水，其流水工期计算公式为：

$$T=(m+\sum b_i-1)K_b+\sum Z_1-\sum C=(2\times6+5-1)\times2+0-0=32$$

其中施工层 $r=2$。

【例 5.6】　某建筑工程有 A、B、C、D、E 共 5 个施工过程，其平面划分 4 个施工段。各施工过程在各段上的流水节拍依次为 A：3，2，2，4；B：1，3，5，3；C：2，

1，3，5；D：4，2，3，3；E：3，4，2，1。要求 B 工作完成后需要 2d 的技术间歇时间，D 工作完成后有 1d 的组织间歇时间，A 工作与 B 工作之间有 1d 的平行搭接时间，其施工进度计划横道图如图 5.6 所示。

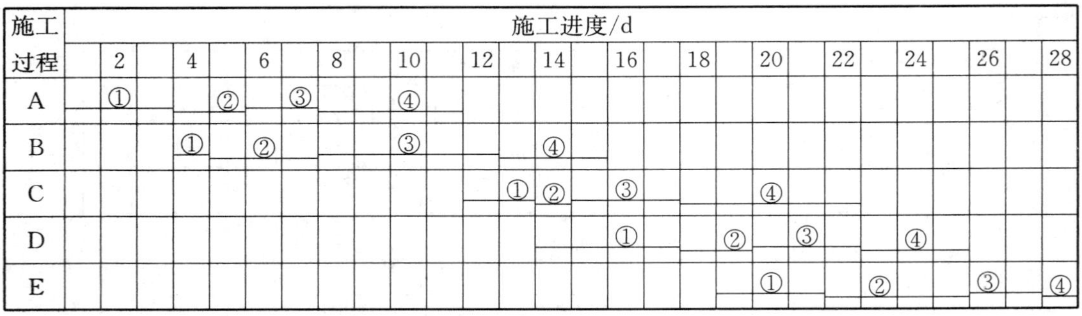

图 5.6　某项建筑工程的分别流水进度计划图

①计算各施工过程间的流水步距；

②计算流水施工工期。

解：①用“上三角形法”的列表形式计算流水步距：

表 5.2　流水步矩计算表

按照上三角形形式排列	A 节拍累加数列	3	5	7	11					求出差值的最大值	计算流水步矩
	B 节拍累加数列		1	4	9	12					
	C 节拍累加数列			2	3	6	11				
	D 节拍累加数列				4	6	9	12			
	E 节拍累加数列					3	7	9	10		
A-B	A、B 数列差值	3	4	3	2	−12				4	$K_{A,B}=4$
B-C	B、C 数列差值		1	2	6	6	−11			6	$K_{B,C}=6$
C-D	C、D 数列差值			2	−1	0	2	−12		2	$K_{C,D}=2$
D-E	D、E 数列差值				4	3	2	3	−10	4	$K_{D,E}=4$

②根据分别流水的流水工期计算公式

$$T=\sum K+T_n+\sum Z_1-\sum C$$

依据第一问计算的结果：

$$\sum K = 4+6+2+4=16$$

最后一个过程的时间总和为：

$$T_n=3+4+2+1=10$$

由已知，间歇时间总和：

$$\sum Z_1 = 2+1=3$$

平行搭接时间

$$\sum C = 1$$

$$T=\sum K+T_n+\sum Z_1-\sum C=（4+6+2+4）+10+3-1=28（d）$$

5.2　施工工期的可靠性

5.2.1　施工工期可靠性的概念

施工进度管理中，工期管理是最令人头疼的事情。为了保证实际施工进度能够按照进度计划（横道图）如期实施，除了解施工队伍的资质、签订严密的合同以外，还需要关注施工队伍在完成工期方面的相关信息，例如，通过历史数据了解施工队伍在保证施工工期方面的信誉或可靠性。

工程施工工期可靠性简称工期可靠性，又称工期可靠度，它指施工队按计划完成指定工程任务的概率。这样的概率通常是用经验概率来表达的。经验概率是人们根据若干次试验的结果，对研究对象所做的主观判断的量度。简单地说，经验概率是人们凭经验估算出的概率。一般地，只要我们考察的工程项目的数量比较多，则工期可靠度即施工队按期完成工程项目的平均可能性就可以用频率来计算。因此，工期可靠度也称为工期完成率，它是按期完成工程数量与实际统计的工程数量的比。用公式表示为：

$$\text{工期可靠度} = \text{工期完成率} = \frac{\text{按期完成的施工工程数量}}{\text{统计的施工工程数量}}$$

这一公式涉及对施工工程概念的理解。一般意义上的建筑工程是各类房屋建筑物及配套设施的统称，施工工程则是通过施工过程可完成的建筑工程。与一般意义上的建筑工程的分类一样，施工工程也分为单项工程、单位工程、分部工程和分项工程。它们之间的关系是单项工程包括若干个单位工程，单位工程又包括若干个分部工程和分项工程。其中，具有独立的设计文件，竣工后可以独立发挥生产能力或经济效益的工程，称为单项工程；虽可独立设计施工，但完工后不能独立发挥生产能力的工程称为单位工程；按照单位工程的部位、构件性质或使用设备种类划分的工程称为分部工程；分项工程是指按照不同的施工内容，用简单的施工过程就能完成的工程。

虽然建筑工程项目、单项工程、单位工程都是施工工程，但是，计算工期可靠性时，由于施工队伍的专业特征较明显，所以，专业施工队参与施工的施工工程以分部工程、分项工程为主。我们在统计工期可靠度的施工工程数量时，参与统计的施工工程主要指分部、分项工程。

5.2.2　独立施工与合作施工

（1）用频数计算的独立施工与合作施工的工期可靠度

施工工期可靠性分为独立施工工期可靠性和合作施工工期可靠性两种。当一个施工队独立承担 n 项工程时，该施工队按照工期要求完成的工程数量与承担的工程数量 n 的比就等于该施工队独立完成任务的工期可靠性。用公式表示为：

$$\text{某施工队独立施工的工期可靠度} = \frac{\text{按期完成的独立施工的工程数量}}{\text{实际统计的独立施工的工程数量}}$$

当一个施工企业包括多个施工队伍时，该企业的施工队伍独立施工的工期可靠度就等于所有施工队独立施工的工期可靠度的算术平均值，用公式表示为：

$$某企业 m 个施工队独立施工的平均工期可靠度=\frac{\sum 各个施工队的独立施工的工期可靠度}{m}$$

随着施工工艺的不断提高和施工新技术的不断涌现，现在，施工队伍的专业化程度越来越高，专业化分工也越来越细，一个专业施工队已经很难独立完成一项工程。在流水施工的进度安排中，一个包括 3 个施工过程的分项工程，可能会出现由若干个专业施工队合作完成的的现象。例如，图 5.5 所示的横道图，就是由 5 个施工队合作完成的一个构件预制工程。

合作施工的工期可靠度依然可以用历史数据的频数计算。若某施工队参与合作施工的工程有 n 项，则该队按照计划工期完成属于自己的那部分任务的工程数量与参与统计的合作施工的工程数量 n 的比，就等于该施工队合作施工的工期可靠性。

$$某施工队合作施工的工期可靠度=\frac{按工期要求完成属于该队自己任务的工程数量}{实际统计的参与流水施工的工程数量}$$

同样地，当一个施工企业包括多个施工队伍时，该企业的施工队伍合作施工的工期可靠度就等于所有施工队合作施工的工期可靠度的算术平均值，用公式表示为：

$$某企业 m 个施工队合作施工的平均工期可靠度=\frac{\sum 各个施工队的合作施工的工期可靠度}{m}$$

以上公式显示，工期可靠度实际上是两个数量的比例或百分比。由于概率就是用比例来解释的，所以，一旦通过上述公式获得了两种施工方式的工期可靠度，我们也可用比例或百分比来理解和应用工期可靠度。例如，如果我们求出某个施工队独立施工的工期可靠度为 $P=0.96$ ，那么，我们就可以认为在现在的施工过程中，该队按照工期计算的话，到期能够完成施工任务的 96%，或者说，到指定工期时，该队可能还有 4%的内容没有完成。

【例 5.7】 设某劳务公司有 5 个专业施工队，分别称为施工队 1、施工队 2、施工队 3、施工队 4、施工队 5。在过去的 6 年中，这 5 个施工队共完成可记录的独立施工的分部、分项工程有 430 个，合作施工的分部分项工程数量为 257 个。各施工队两种施工合作形式下，施工工程数量、按期完成数量见表 5.3 和表 5.4。

表 5.3 某劳务公司 5 个专业施工队两种合作方式的工期完成情况统计表

施工队伍	独立施工项目数量	按期完成独立施工工程数量	合作施工工程数量	按期完成合作施工工程数量
施工队 1	101	97	57	54
施工队 2	92	87	53	49
施工队 3	85	76	55	48
施工队 4	80	66	47	37
施工队 5	72	63	45	38
合计	430	389	257	226

试计算两种施工合作形式的平均工期可靠度以及两种施工合作形式的总平均工期完成率（计算结果保留两位小数）。

解：依据独立施工和合作施工的工期可靠度的计算公式和表 5.3 的数据

$$施工队 1 的独立施工的工期可靠度=\frac{按期完成的工程数量}{统计的施工工程数量}=\frac{97}{101}=0.96$$

$$施工队1的合作施工的工期可靠度=\frac{按期完成的工程数量}{统计的施工工程数量}=\frac{54}{57}=0.95$$

同理，可计算出施工队2、施工队3、施工队4、施工队5的平均工期可靠度，并将结果填入表格中。显然，也可利用表格计算方法直接得出结果，计算结果见表5.4和表5.5。

表5.4 某劳务公司5个施工队独立施工工期可靠性统计表

施工队伍	施工项目数量	按期完成数量	平均工期完成率
施工队1	101	97	0.96
施工队2	92	87	0.95
施工队3	85	76	0.89
施工队4	80	66	0.83
施工队5	72	63	0.88
合计	430	389	4.50
总平均工期完成率			0.90

表5.5 某劳务公司5个施工队合作施工工期可靠性统计表

施工队伍	施工工程数量	按期完成工程数量	平均工期完成率
施工队1	57	54	0.95
施工队2	53	49	0.92
施工队3	55	48	0.87
施工队4	47	37	0.79
施工队5	45	38	0.84
合计	257	226	4.38
总平均工期完成率			0.88

其中，5个施工队的总平均工期可靠度等于5个施工队的可靠度的平均值，即

$$5个队独立施工的平均工期可靠度=\frac{0.96+0.95+0.89+0.83+0.88}{5}=0.90$$

$$5个队合作施工的平均工期可靠度=\frac{0.95+0.92+0.87+0.79+0.84}{5}=0.88$$

（2）条件概率与独立施工的工期可靠度

当两个及两个以上的施工队共同承担并完成一个施工工程时，对于参与施工的每一个施工队而言，该施工工程就是他们的合作施工工程。合作施工与独立施工是不一样的，合作施工包括不同施工队之间的搭接施工，包括多个施工队的连续施工，包括共同面临资源供应紧张、建材运输通道拥挤等困难，而这些都是独立施工所没有的。

对于每一个施工队而言，只要它参与了合作施工的工程，那么，不管它是在施工过程的开始、中间、还是最后，它的工期都可称为合作施工工期。对于每个施工队而言，合作施工任务指在施工进度计划中被要求完成的属于该队自己的那部分任务，包括完成搭接准备或完成搭接任务；合作施工工期指施工队按照进度计划的截止日要求完成合作施工任务的持续时间，合作施工工期可靠度则是施工队在合作施工工期内完成合作施工任务的概率。

由于合作施工时，各施工队在开工时间、搭接时长等方面具有依赖关系，所以，合

作施工工期实际上是有条件的施工工期。也就是说，某施工队合作施工的工期可靠度是条件概率，是按照施工进度计划在合作施工工期内完成合作施工任务的条件概率。当然，依照施工顺序，任一个施工队若要在规定的计划工期时段内开工、施工和竣工，前提条件是前期施工队要保证按计划工期完成合作施工任务。如果前期施工队按计划工期完成了相应的合作施工任务，则前期施工队不会对该施工队的合作施工工期产生影响作用，或者说，该施工队的合作施工工期与前期施工队无关。也就是说，在前期施工队按照合作施工的计划工期完成了对应的合作施工任务的条件下，施工队的合作施工工期可靠度等于该施工队独立施工的工期可靠度。设 P_i(合作) 是第 i 施工队合作施工的工期可靠度，则：

$$P_i(\text{合作}) = P\,\frac{\text{第}\,i\,\text{队按计划工期完成任务}}{\text{前期施工队按计划工期完成任务}} = P_i(\text{独立})$$

这一等式说明，对任一施工队而言，在合作施工中，若前期施工队按照计划工期完成施工任务，则在此条件下施工队 i 按计划工期完成任务的条件概率等于该施工队独立施工的工期可靠度度。即

$$P_i(\text{独立}) = P\,\frac{\text{第}\,i\,\text{队按计划工期完成任务}}{\text{前期施工队按计划工期完成任务}}$$

例如，有一项施工工程，按照施工组织和工艺顺序，该工程由施工过程 1（S_1）、施工过程 2（S_2）和施工过程 3（S_3）三部分组成，现安排 3 个专业施工队，分别称为施工队 1、施工队 2、施工队 3，依次记作：D_1、D_2 和 D_3。其中，要求 D_1 完成 S_1，D_2 完成 S_2、D_3 完成 S_3，且 S_1 工作若干天后和 S_2 搭接一次，S_2 工作若干天后和 S_3 搭接一次。设 $A_i, i = 1,2,3$ 分别是 D_1、D_2、D_3 按进度计划要求在合作施工工期内完成合作施工任务，则

$$P(A_1) = P_1(\text{独立}),\ P(\frac{A_2}{A_1}) = P_2(\text{独立}),\ P(\frac{A_3}{A_1A_2}) = P_3(\text{独立})$$

(3) 全概率与合作施工的工期可靠度

合作施工时，前期施工队存在两种情况，第一种情况是前期施工队按期完成合作施工任务；第二种情况是前期施工队没有按计划工期完成合作施工任务。当第二种情况有可能发生时，施工队 2 必须等到施工队 1 完成前期施工任务后才能开始施工。因此施工队 2 合作施工的工期可靠度是两种情况都可能发生的条件下的合作施工工期可靠度。设 H_i：施工队 i 合作施工时按计划工期截止日完成了阶段工程的工期任务。由全概率公式。

$$P_2(\text{合作}) = P(H_2) = P[H_2(A_1 + \overline{A}_1)] = P(A_1H_2) + P(\overline{A}_1H_2) = P(A_1)P(\frac{H_2}{A_1}) + P(\overline{A}_1)P(\frac{H_2}{\overline{A}_1})$$

在上述例子中，$P(A_1)$ 是施工队 1 的合作施工的工期可靠度，由于施工队 1 只有后搭接没有前搭接，所以，$P(A_1) = P_1(\text{合作}) = P_1(\text{独立})$，且依据条件概率和独立施工概率的关系：$P(\frac{H_2}{A_1}) = P_2(\text{独立})$，$P(H_2)$ 是施工队 2 的合作施工的工期可靠度，$P(\frac{H_2}{\overline{A}_1})$ 是施工队 1 没有按期完成任务条件下施工队 2 按计划完成合作施工任务的概率。代入上述结果，易得施工队 2 合作施工的工期可靠度的全概率公式如下：

$$P_2(\text{合作}) = P(H_2) = P_1(\text{独立})P_2(\text{独立}) + [1 - P_1(\text{独立})]P(\frac{H_2}{\overline{A}_1})$$

对于 $P(\frac{H_2}{\bar{A}_1})$，我们用如下的例子来解释它的求解方法。

【例 5.8】 设一项施工工程包括甲、乙、丙 3 个施工过程，现有施工队 1、施工队 2、施工队 3 分别承担甲、乙、丙 3 个施工过程。已知施工队 1、施工队 2 和施工队 3 的计划工期分别是 $k_1 = 24$ 天 、$k_2 = 28$ 天 和 $k_3 = 24$ 天，且施工队 1 工作 k_{11} 天后，第 $k_{11} + 1$ 天，施工队 2 与施工队 1 进行一次平行搭接，施工队 2 工作 k_{21} 天后，第 $k_{21} + 1$ 天，施工队 3 与施工队 2 进行一次平行搭接，施工队 2 与施工队 3 从搭接开始施工，且 $k_{11} = 12$ ，$k_{21} = 15$ 。依据历史数据，3 个施工队独立施工的工期可靠度分别为 P_1(独立) = 0.92、P_2(独立) =0.95 和 P_3(独立) =0.92，试计算施工队 1 在搭接前延误工期 1 天、2 天、3 天时，施工队 2 合作施工的工期可靠度，并计算施工队 2 延误工期 5 天时，施工队 3 的合作施工的工期可靠度。

分析：$P(\frac{H_2}{\bar{A}_1})$ 是施工队 1 未按期完成搭接准备时施工队 2 依然按合作施工工期完成工期任务的概率。虽然施工队 1 未按期完成搭接准备，但是，由于它的合作施工工期可靠度是 P_1(合作) = P_1(独立)(0.92)，所以，从比例角度分析，施工队 1 实际上已经在 k_{11} 天完成了搭接前任务的 92% [P_1(合作)]，要实现顺利搭接，必须增加部分工时以完成剩余的 8% [1− P_1(独立)] 的任务，才能和施工队 2 完成搭接。设施工队 1 需要增加 x 天才能完成任务，依据比例关系，容易求出理论上的 x 值

$$x = \frac{1 - P_1(\text{独立})}{P_1(\text{独立})} \times k_{11}$$

实际问题中，增加工期时，常常以天或半天为一个计算单位，尤其是遇到两个以上的施工队合作施工时，一般以天为单位计算工期。

因此，当 $0 \leqslant x = \frac{1 - P_1(\text{独立})}{P_1(\text{独立})} \times k_{11} \leqslant 1$ 时，取 $x = 1$ ，这就意味着施工队 1 拖延了 1 天的合作施工工期，施工队 2 必须在 $k_2 - 1$ 天完成原本计划 k_2 天应该完成的任务。由已知，按照原计划，因为施工队 2 在 k_2 天完成合作施工工期任务的可靠度是 P_2(独立) = $P(\frac{H_2}{A_1})$ (0.95)，所以，施工队 2 在 $k_2 - 1$ 天才能完成合作施工任务的工期可靠度是 $P(\frac{H_2}{\bar{A}_1})$，由对应的比例关系：

$$P(\frac{H_2}{\bar{A}_1}) = \frac{k_2 - 1}{k_2} \times P_2(\text{独立}) = (1 - \frac{1}{k_2}) \times P_2(\text{独立})$$

令 P_1(独立) = P_1 ，P_2(独立) = P_2 将该结论代入 P_2(合作) 的全概率公式：

$$\begin{aligned} P_2(\text{合作}) &= P(H_2) = P_1P_2 + (1 - P_1)P(\frac{H_2}{\bar{A}_1}) = P_1P_2 + (1 - P_1)P_2(1 - \frac{1}{k_2}) \\ &= P_1P_2 + (P_2 - P_1P_2)(1 - \frac{1}{k_2}) = P_2 - \frac{1}{k_2}P_2(1 - P_1) \\ &= P_2[1 - \frac{1}{k_2}(1 - P_1)] \end{aligned}$$

将已知数据代入 $P(H_2)$ 的计算公式，得到结论是，当施工队 1 延误工期 1 天时，施

工队 2 的合作施工工期可靠度为 0.9431，比独立施工工期可靠度的 0.95 减少了 0.0069。

一般地，设施工队 1 拖延工期 x 天，依据以上计算过程，得

$$P(\frac{H_2}{\bar{A}_1}) = \frac{k_2 - x}{k_2} \times P_2(\text{独立}) = (1 - \frac{x}{k_2}) \times P_2(\text{独立})$$

$$P_2(\text{合作}) = P(H_2) = P_2(\text{独立})\{1 - \frac{x}{k_2}[1 - P_1(\text{独立})]\}$$

同理，若施工队 3 只与施工队 2 有一次前后的工序搭接，设施工队 2 在与施工队 3 搭接前延误了 y 天工期，且施工队 3 的计划工期为 k_3 天，则

$$P_3(\text{合作}) = P(H_3) = P_3(\text{独立})\{1 - \frac{y}{k_3}[1 - P_2(\text{独立})]\}$$

因此，由于前期施工队的延误，搭接后施工队 2、施工队 3 的合作施工的工期可靠度是随着前期施工队延误天数的增加而减少的。用上述公式解例 5.8。

解：由题设条件：P_1(独立) =0.92、P_2(独立) =0.95 和 P_3(独立) =0.92，$k_1 = 24$ 、$k_2 = 28$ 和 $k_3 = 24$ 天，将数据代入上述 P_2(合作) 、P_3(合作) 的计算公式，得：

当施工队 1 延误工期 1 天时，

$$P_2(\text{合作}) = 0.95 \times (1 - \frac{1}{28} \times 0.08) = 0.9473$$

当施工队 1 延误工期 2 天时，

$$P_2(\text{合作}) = 0.95 \times (1 - \frac{2}{28} \times 0.08) = 0.9445$$

当施工队 1 延误工期 3 天时，

$$P_2(\text{合作}) = 0.95 \times (1 - \frac{3}{28} \times 0.08) = 0.9418$$

当施工队 2 延误 5 天，施工队 3 的计划工期为 24 天时，

$$P_3(\text{合作}) = P_3(\text{独立})\{1 - \frac{y}{k_3}[1 - P_2(\text{独立})]\} = 0.92 \times (1 - \frac{5}{24} \times 0.05) = 0.9104$$

【例 5.9】 设一施工工程的施工进度计划包括甲、乙两个施工过程，按照项目部的安排，甲、乙两个施工过程分别由施工队 A、B 承担；依照进度计划和工艺顺序，施工队 A、B 的施工工期分别为 24 天和 20 天，施工队 A 先开始施工，到第 15 天，A 和 B 搭接一天，搭接完成后，A、B 继续施工完成各自的工期施工任务。若已知施工队 A、B 独立施工的工期可靠度都是 0.92，且施工队 A 在施工的第 17 天才和 B 实现搭接，求两个施工队合作施工的工期可靠度。

解：由题设，施工队 A 没有前搭接，施工队 A 在与施工队 B 搭接前拖延工期 2 天，$x = 2$ ，施工队 B 从搭接开始，计划施工工期为 20 天，$k_2 = 20$ ；

又已知：P_1(独立) = P_2(独立) = 0.92 ，因此，P_1(合作) = P_1(独立) = 0.92 。

$$P_2(\text{合作}) = P_2(\text{独立})\left\{1 - \frac{x}{k_2}[1 - P_1(\text{独立})]\right\} = 0.92 \times \left[1 - \frac{2}{20}(1 - 0.92)\right] = 0.9126$$

(4) 施工工程与施工队的计划工期可靠度

当施工管理人员凭借施工经验和施工专业知识设计出施工进度计划时（如横道图），施工进度计划标出的工期就是计划工期。施工组织者提出计划工期的一个基本前提是该进度计划正常实施的概率很大，也就是说，施工进度计划需要调整的可能性很小。就参

与合作施工的施工队伍而言，如果一个施工队按照计划工期完成计划任务，则该施工队的计划工期就不用调整，因此，设计一项施工工程的进度计划的理论前提是，保证所有施工队的工期都不用调整的概率很大。基于这一思想，任一施工队按照计划工期完成属于施工队自己的那部分工期任务（包含搭接或搭接准备）的概率就是该施工队的计划工期可靠度，并且，所有施工队都能按计划工期完成相应工期任务的概率就等于施工工程的理想的计划工期可靠度，简称理想工期可靠度。因此，一项施工工程的理想工期可靠度与计划工期可靠度依赖于参与施工的每一个施工队的独立施工或合作施工的工期可靠度。

例如，设一个施工工程由三个施工队合作完成，设 $P(A_i)i=1,2,3$ 是施工队 i 的合作施工的工期可靠度，且设施工队 1、施工队 2、施工队 3 需要分别完成施工过程 1、施工过程 2 和施工过程 3；假设施工队 1 没有前搭接只有后搭接，施工队 1 与施工队 2、施工队 2 与施工队 3 都有前搭接。依据条件概率和独立施工的工期可靠度的关系，设该施工工程的理想工期可靠度为 P(理想工期)，则

$$P(\text{理想工期})=P(A_1A_2A_3)=P(A_1)P(\frac{A_2}{A_1})P(\frac{A_3}{A_1A_2})=P_1(\text{独立})P_2(\text{独立})P_3(\text{独立})$$

特殊地，当每一个施工队的独立施工的工期可靠度等于它们的平均合作施工工期可靠度 $P_i(\text{独立})=P_{均}(\text{独立}),i=1,2,3$ 时，理想工期可靠度可如下计算：

$$P(\text{理想工期})=P(A_1A_2A_3)=P(A_1)P(\frac{A_2}{A_1})P(\frac{A_3}{A_1A_2})=[P_{均}(\text{独立})]^3$$

因此，一个施工工程的理想工期可靠度等于所有施工队的独立施工工期可靠度的乘积。

【例 5.10】 设一个施工工程由 3 个施工队共同完成，$A_i,i=1,2,3$ 为施工队 i 按计划工期完成相应任务；$P_i(\text{独立}),i=1,2,3$ 为施工队 i 独立施工的工期可靠度，设施工工程的理想工期可靠度为 0.90。

①求各个施工队独立施工的平均工期可靠度。

②若已知施工队 1 和施工队 2 的独立施工的工期可靠度分别为 0.97 和 0.94，问施工队 3 的独立施工的工期可靠度应达到多少，才能保证施工工程的理想工期可靠度达到 0.9 以上？

解：①由于理想工期可靠度是 3 个施工队都按计划工期完成任务的概率，即 $0.90=P(A_1A_2A_3)=P(A_1)P(\frac{A_2}{A_1})P(\frac{A_3}{A_1A_2})=P_1(\text{独立})P_2(\text{独立})P_3(\text{独立})=[P_{均}(\text{独立})]^3$

所以：$P_{均}(\text{独立})=\sqrt[3]{0.90}=0.9655$，

② $0.90=P(A_1A_2A_3)=P_1(\text{独立})P_2(\text{独立})P_3(\text{独立})=0.97\times0.96\times P_3(\text{独立})=0.9118\times P_3(\text{独立})$

得：
$$P_3(\text{独立})=\frac{0.9}{0.9118}=0.9871$$

答：施工队 3 的工期可靠度应达到 0.9871 以上，才能保证施工工程的理想工期可靠度达到 0.9 以上。

【例 5.11】 现有一装饰公司要独立施工一装饰装修工程，根据施工方编制的流水施工进度计划计算出的流水工期是 56 天。依据历史数据，该装饰公司在过去的 7

年中，共独立施工完成了 78 个可统计的装饰装修工程，其中有 12 项未按照流水工期完成，问实际需要多少天的工期才能保证该装饰公司以 95%的工期可靠性完成该项工程。

分析：首先，依据历史数据：

$$装饰公司独立施工的工期可靠度 = \frac{66}{78} = 0.85$$

因此，正常情况下，56 天完成工程的可靠性是 85%，现要提高到 95%，则

$$共计需要天数 = \frac{0.95 \times 56}{0.85} = 62.58 \approx 63$$

所以，要想提高工期可靠性到 95%，需要在原来流水工期 56 天的基础上增加 7 天，也就是说，实际需要 63 天，才能保证以 95%的可靠度完成任务。

上述例子表明，提高施工工程的工期可靠度的有效方法是增加施工队的施工工期。但是，当一个施工工程有多个施工队合作施工时，就需要解决调整施工进度计划的两个问题，一是增加哪个施工队的工期？二是增加多少时间才能保证施工工程的工期可靠度的提高？

5.2.3 施工进度计划中的理想工期与机动工期

（1）理想工期与机动工期

若将一个施工工程分解成若干个施工过程，则按照一定的施工顺序，前一个施工过程完成后，后一个施工过程才开始的施工组织方式称为依次施工。依据这一定义，依次施工时，若前一个施工过程没有完成，则必须等到它完成后才能进行后一个过程的施工。因此，计算依次施工的工期可靠性时，必须保证前一个施工过程百分百完成任务，后一个施工队才能按照平均工期可靠度计算自身的工期可靠性。也就是说，前一个施工过程的工期应由两部分组成，一部分是按照工艺要求、施工经验得出的理想工期，理想工期的可靠度是前一个施工队不受其他因素影响的独立施工的工期可靠度。另一部分是考虑到前一个施工队可能未按照工艺要求完成工期任务，为完成计划工期任务需要增加的机动工期。

理想工期是施工管理者依据工艺要求、施工组织公式和施工经验计算出的施工工程的计划理论工期。机动工期则是假设施工队未按照理想工期完成指定任务时管理者需要预先增加的施工时间。按照施工进度计划，我们将一个施工工程完整的施工持续时间称为实际工期，依据上述解释，实际工期等于理想工期与机动工期的和。通过前面的分析，我们已经知道，当一个施工队独立完成一个施工过程或一个施工工程时，理想工期可靠度等于该施工队独立施工的工期可靠度。当 3 个施工队合作完成一项施工工程时，施工工程的理想工期可靠度等于各个施工队独立施工的工期可靠度的乘积，即

$$P(理想工期) = P(A_1A_2A_3) = P_1(独立)P_2(独立)P_3(独立) = P_{均}^3(独立)$$

（2）搭接施工中机动工期的计算

在搭接施工中，如果前一个施工队没有按照预设工期完成任务，则需要增加施工时间直到任务完成后，才能搭接到后一个施工队继续施工。这里，需要增加的时间就是机

动工期。

假设案例1：设有两个施工队共同完成一个分项工程，按照工艺要求，施工组织的进度计划分为两个施工过程，每个施工过程由一个专业施工队完成。设两个施工队的理想工期分别为 k_1 天、k_2 天，且施工队在 k_{11} 天后与施工队2有1天的搭接。设每个施工队的机动工期依次为 m_1、m_2。设施工队1在 k_{11} 天内完成属于施工队1的计划工期的可靠度为 P_1(独立)，施工队2在 k_2 天内完成属于施工队2的计划工期的可靠度为 P_2(独立)。依据流水施工的含义，施工队1必须以百分百的可靠性完成任务，施工队2才能继续施工，已知施工队1在 k_{11} 天内完成施工队1自己任务的可靠性是 P_1(独立)，增加 m_1 天后，在 k_1+m_1 天完成施工任务的概率为1，依据比例关系和 $k_{11}=(k_{11}+m_1)P_1$(独立)，得施工队1的机动工期为：

$$m_1=\frac{1-P_1(\text{独立})}{P_1(\text{独立})}k_{11}$$

若设施工队1的计划工期为10天，施工队1独立施工的工期可靠性为0.93，则在计划工期中，需要预设施工队1的机动工期为：0.075269，相当于1天。此时，

施工队1的实际工期＝理想工期＋机动工期＝10＋1＝11天

注意，机动工期总是以天或周、月为单位计算的，若以天为单位计算工期，则工期的小数部分不论是大于0.5还是小于0.5，一般地，都按照一天计算。因此，实际上的机动工期等于按照机动工期公式计算出小数后，再取整并加一得到的结果，即：施工队1的机动工期 $=[m_1]+1$（$[x]$ 表示不大于 x 的最大整数，$[x]$ 又称取整函数）。

假设案例2：类似地，若有3个施工队共同完成一个分项工程，按照工艺要求，流水施工组织的进度计划划分为3个施工过程，且每个施工过程由一个专业施工队完成。依照流水计划，3个施工队的理想工期分别为 k_1 天、k_2 天、k_3 天，且施工队1在第 $k_{11}+1$ 天与施工队2有一天的搭接，施工队2在第 $k_{21}+1$ 天与施工队3有一天的搭接。设施工队1、施工队2、施工队3在属于自己的计划工期内完成施工任务的理想计划工期可靠度依次为 P_1(独立)、P_2(独立)和 P_3(独立)，每个施工队的机动工期依次为 m_1、m_2、m_3。依据对假设案例1的分析，施工队1的机动工期为：

$$m_1=\frac{1-P_1(\text{独立})}{P_1(\text{独立})}k_{11}$$

由于施工队1增加了机动工期 m_1 天后，能够以百分百的可靠度与施工队2顺利搭接。也就是说，施工队2保证从第 $k_{11}+m_1+1$ 天开始继续施工。按照原设计，施工队2在 k_2 天内完成施工队2自己任务的理想工期可靠度是 P_2(独立)，也就是说，施工队2从第 $k_{11}+m_1+1$ 天到第 $k_{11}+m_1+k_2$ 天完成自己的理想工期可靠度是 P_2(独立)，在施工队2增加了 m_2 天后，施工队1和施工队2在第 $k_{11}+k_2+m_1+m_2$ 天完成前两个施工过程的概率为1，由比例关系：$k_{21}=(k_{21}+m_2)P_2$(独立)，得施工队2的机动工期为：

$$m_2=\frac{1-P_2(\text{独立})}{P_2(\text{独立})}k_{21}$$

取整数后，施工队2的机动工期 $=[m_2]+1$

同理，施工队3的机动工期为：$m_3=\dfrac{1-P_3(\text{独立})}{P_3(\text{独立})}k_3$，取整后，

施工队3的机动工期 $=[m_3]+1$

特殊地，设 3 个施工队同属一个公司，且该公司的各施工队的独立施工的工期可靠度的平均值为 $P_{均}$(独立)，现令 3 个队的独立施工的工期可靠度均为 $P_{均}$(独立)：即 P_1(独立) = P_2(独立) = P_3(独立) = $P_{均}$(独立)，则各施工队的机动工期为：$m_i = \frac{1-P_{均}(独立)}{P_{均}(独立)}k_{id}, i = 1,2,3$。其中，$k_{id}$ 是原施工进度计划中施工队 i 和后搭接施工队进行后续搭接前的计划工期。

计算了机动工期后，我们就容易推得假设案例 1 和假设案例 2 的施工工程的计划工期。即：施工工程的实际计划工期＝预设工期＋机动工期。

对于假设案例 1，当 $k_1 \leqslant k_2$ 时，施工工程实际工期＝ $k_{11}+[m_1]+1+k_2$；

对于假设案例 2，当 k_1、$k_2 \leqslant k_3$ 时，

$$施工工程实际工期 = k_{11}+k_{21}+[m_1]+[m_2]+2+k_3$$

计算了机动工期和计划工期后，依据比例关系，我们就容易计算出施工工程进度计划的可靠性。

记理想工期可靠度为 P(理想工期)，实际工期可靠度为 P(实际工期)，则对于假设案例 1，理想工期为 $k_{11}+k_2$ 天，理想工期可靠度为 $[P_{均}(独立)]^2$，增加了机动工期后，计划工期为 $k_{11}+[m_1]+1+k_2$ 天，依照比例关系，

$$施工工程的实际工期可靠度\ P(实际工期) = \left(1+\frac{[m_1]+1}{k_{11}+k_2}\right)[P_{均}(独立)]^2$$

若 $k_{11}=10$，$k_2=28$，$[m_1]+1=2$，$P_{均}(独立)=0.93$，则该施工工程的理想工期可靠度：P(理想工期) ＝0.8649

该施工工程的实际工期可靠度：

$$P(实际工期) = \left(1+\frac{[m_1]+1}{k_{11}+k_2}\right)[P_{均}(独立)]^2 = \left(1+\frac{2}{10+28}\right)\times 0.93^2 = 0.9104$$

对于假设案例 2，理想工期为 $k_{11}+k_{21}+k_3$ 天，理想工期可靠度为 $[P_{均}(独立)]^3$，增加了机动工期后，计划工期为 $k_{11}+k_{21}+[m_1]+[m_2]+2+k_3$ 天，依照比例关系，可求得该施工工程的计划工期可靠度的计算公式为：

$$P(实际工期) = \left(1+\frac{[m_1]+[m_2]+2}{k_{11}+k_{21}+k_3}\right)[P_{均}(独立)]^3$$

若 $k_{11}=10$，$k_{21}=18$，$k_3=30$，$[m_1]+[m_2]+2=6$，$P_{均}(独立)=0.93$，则该施工工程的理想工期可靠度为：P(理想工期) ＝0.8044

该施工工程的实际工期可靠度为：

$$P(实际工期) = \left(1+\frac{[m_1]+[m_2]+2}{k_{11}+k_{21}+k_3}\right)[P_{均}(独立)]^3 = \left(1+\frac{6}{10+18+30}\right)\times 0.8044 = 0.8875$$

5.2.4 工期可靠度的主要计算公式总结

（1）按照经验概率计算的工期可靠度：

$$工期可靠度 = 工期完成率 = \frac{按期完成的施工工程数量}{统计的施工工程数量}$$

$$某施工队独立施工的工期可靠度 = \frac{按期完成的独立施工的工程数量}{实际统计的独立施工的工程数量}$$

$$某施工队合作施工的工期可靠度=\frac{按工期要求完成属于该队自己任务的工程数量}{实际统计的参与合作施工的工程数量}$$

（2）独立施工的工期可靠度

当前期施工队按照计划工期完成计划任务时，第 i 施工队合作施工的工期可靠度实际上等于第 i 施工队独立施工的工期可靠度。即：

$$P_i(独立)=P(\frac{第\ i\ 队按计划工期完成任务}{前期施工队按计划工期完成任务})$$

（3）用条件概率计算的合作施工的工期可靠度

若一个工程分为 3 个施工过程，分别由 3 个施工队完成，施工队 1 首先开始施工，施工队 1 在与施工队 2 搭接前拖延了工期 x 天，施工队 2 在与施工队 3 搭接前拖延了工期 y 天，施工队 1、施工队 2、施工队 3 的原计划工期为 k_1 天、k_2 天、k_3 天，则它们合作施工得可靠度依次为：

$$P_1(合作)=P_1(独立)$$

$$P_2(合作)=P_2(独立)\{1-\frac{x}{k_2}[1-P_1(独立)]\}$$

$$P_3(合作)=P_3(独立)\{1-\frac{y}{k_3}[1-P_2(独立)]\}$$

（4）理想工期可靠度的计算

在一个合作施工的施工工程中，参与施工的所有施工队都能按预定工期完成相应工期任务的概率就等于施工工程的理想的计划工期可靠度，简称理想工期可靠度。设一项施工工程由三个施工队合作完成，则该施工工程的理想工期可靠度等于所有施工队的独立施工的工期可靠度的乘积。

$$P(理想工期)=P_1(独立)P_2(独立)P_3(独立)$$

特殊地，当每一个施工队的独立施工的工期可靠度等于它们的平均独立施工的工期可靠度时，即 $P_i(独立)=P_{均}(独立),i=1,2,\cdots$ 时，

$$三个施工队合作施工的施工工程的理想工期可靠度=[P_{均}(独立)]^3$$

（5）实际工期与机动工期的计算

施工工程的实际工期＝施工工程的理想工期＋各施工队的机动工期

施工队 i 的机动工期的计算：首先，计算 $m_i=\frac{1-P_i(独立)}{P_i(独立)}k_{id}$ ，其中，k_{id} 表示施工队 i 与后搭接施工队进行后搭接施工前的预定工期。

若施工工程的理想工期＝ $k_{11}+k_{21}+k_3$ 天，施工队 1 和施工队 2 的机动工期分别为 $[m_1]+1$ 和 $[m_2]+1$ 则该施工工程的实际工期为：

$$k_{11}+k_{21}+[m_1]+[m_2]+2+k_3$$

式中，$[x]$ 表示不大于 x 的最大整数。

【例 5.12】　某施工公司有若干个专业施工队，依据经验和历史数据，所有施工队独立施工的平均工期可靠度为 0.91。现有一施工工程，公司决定由施工队 A、施工队 B 和施工队 C 合作完成。施工管理人员按照工艺要求，将施工工程划分成甲、乙、丙 3 个施工过程，并将甲分配给施工队 A 施工、将乙分配给施工队 B 施工，将丙分配给施工队

C施工。在工期方面，管理人员计算出的施工队A、B、C的理想工期依次是45天、35天、30天，其中B、C的工期均是从搭接开始计算的。且要求施工队A在施工的第24天完成与施工队B的搭接准备工作，从第25天开始，施工队A完成与施工队B的搭接并继续从事施工队A的施工任务；施工队B从总工期的第25天开始完成搭接并进行施工过程乙的施工，施工队B施工到第15天，从第16天开始施工队B与C有1天的搭接，完成该次搭接后，3个施工队均按照理想工期要求完成各自施工队的任务。试回答下列问题。

①计算该施工工程的理想工期和理想工期可靠度。

②计算各施工队的机动工期。

③计算该施工工程的实际工期和实际工期可靠度。

解：①依据题设条件，施工工程的理想工期=24+15+30=75（天）

$$\text{因为 } P_1(\text{独立}) = P_2(\text{独立}) = P_3(\text{独立}) = P_{\text{均}}(\text{独立}) = 0.91$$

所以，依据3个施工队合作施工的施工工程的理想工期可靠度的公式：

$$P(\text{理想工期}) = P_1(\text{独立})P_2(\text{独立})P_3(\text{独立}) = [P(\text{独立平均})]^3 = (0.91)^3 = 0.7535$$

②首先，依据公式计算 $m_i = \dfrac{1-P_i(\text{独立})}{P_i(\text{独立})}k_{id}$，$i=1,2$；其中 k_{id} 是施工队 i 与施工队（$i+1$）搭接前的工期天数。$k_{1d}=24$，$k_{2d}=15$：

$$m_1 = \frac{1-P_1(\text{独立})}{P_1(\text{独立})}k_{1d} = \frac{1-0.91}{0.91}\times 24 = 2.3736$$

然后，取整加1：$[m_1]+1=[2.3736]+1=2+1=3$，得：
施工队1的机动工期为3天。

同理，计算 $m_2 = \dfrac{1-P_2(\text{独立})}{P_2(\text{独立})}k_{2d} = \dfrac{1-0.91}{0.91}\times 15 = 1.4835$

然后，取整加1：$[m_2]+1=[1.48345]+1=1+1=2$
施工队2的机动工期为2天。

③将上述结论代入实际工期公式：

施工工程实际工期=理想工期+各施工队的机动工期之和=75+3+2=80天

$$P(\text{实际计划工期}) = \left(1+\frac{[m_1]+[m_2]+2}{k_{1d}+k_{2d}+k_3}\right)[P_{\text{均}}(\text{独立})]^3$$

依据以上结论 $P_{\text{均}}(\text{独立})=0.91$，$[m_1]+[m_2]+2=2+1+2=5$，$k_{1d}+k_{2d}+k_3=75$，将它们代入公式：

$$P(\text{实际工期}) = \left(1+\frac{[m_1]+[m_2]+2}{k_{1d}+k_{2d}+k_3}\right)[P(\text{独立平均})]^3 = \left(1+\frac{5}{75}\right)\times(0.91)^3 = 0.8038$$

显然，和理想工期的可靠度0.7535相比，实际工期的可靠度提高了近5%。

思考题

1. 某游泳池改造工程划分为A（防水）、B（池壁装修）、C（池底装修）、D（池外装修）4个施工过程，每个施工过程分为3个施工段，各施工过程的流水节拍均为3天，其中A与B之间有2天的间歇，C与D之间有1天的搭接时间，施工进度计划横道图如

图 5.7，试解答下列问题：①计算流水步距。②写出全等节拍流水施工的工期计算公式，描述公式中字母的含义，并依据公式计算流水工期。

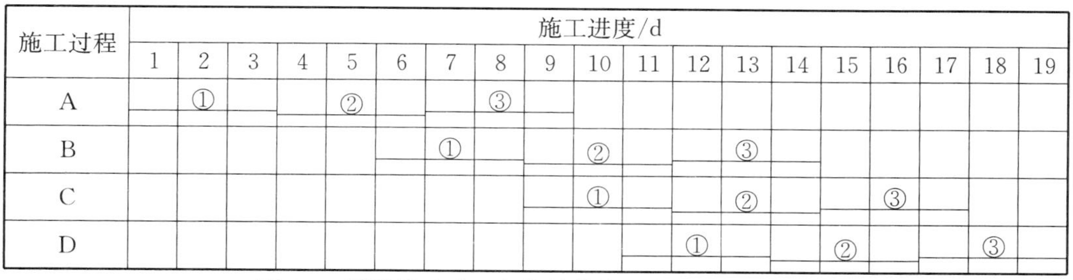

图 5.7　游泳池改造工程的等节拍流水施工进度计划

2. 现有一教学楼地基与基础分部工程划分为挖土（A）、垫层（B）、基础（C）、回填（D）4 个施工过程，且分为 4 个施工段施工，各施工过程的流水节拍不同，流水节拍分别为 $t_A=4d$，$t_B=4d$，$t_C=6d$，$t_D=2d$。该工程流水施工进度计划横道图如图 5.8 所示，试解答下列问题：①计算流水步距。②确定每个施工过程的施工队数目。③写出成倍节拍流水施工的流水工期公式，描述公式中每一项的含义，并计算流水工期。

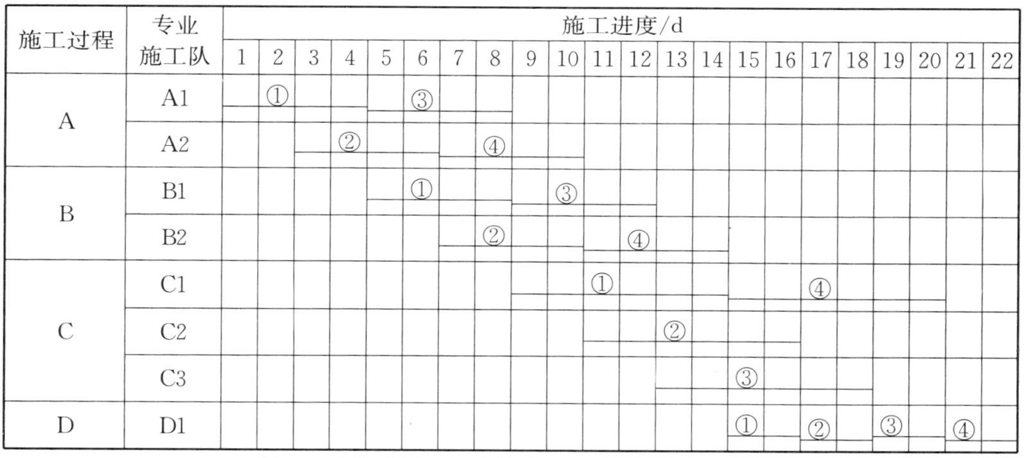

图 5.8　某建筑工程成倍节拍流水施工进度计划

3. 设一施工工程包括甲、乙 2 个施工过程，现有施工队 1、施工队 2 分别承担甲、乙 2 个施工过程。已知施工队 1、施工队 2 的计划工期分别是 $k_1=28$ 天、$k_2=35$ 天，且施工队 1 工作 $k_{11}=21$ 天后，第 22 天，施工队 2 与施工队 1 进行一次平行搭接。依据历史数据，2 个施工队独立施工的工期可靠度分别为 P_1(独立)＝0.9、P_2(独立)＝0.92，试计算施工队 1 在搭接前延误工期 1d、2d、3d 时，施工队 2 合作施工的工期可靠度。

4. 某施工公司有若干个专业施工队，依据经验和历史数据，所有施工队独立施工的平均工期可靠度为 0.93。现有一施工工程，交由该施工公司的施工队 A 和施工队 B 共同合作完成。施工管理人员依照施工工艺顺序，将施工工程划分为甲、乙两个施工过程，并将甲分配给施工队 A 施工、将乙分配给施工队 B 施工。在工期方面，施工管理人员提出的施工队 A、B 的理想工期依次是 45 天、35 天，且要求施工队 A 在施工的第 31 天与施工队 B 有一天的搭接，施工队 B 从第 31 天开始工作，并在两队完成搭接后，A

与 B 继续完成各自的后续工期任务。试解答下列问题：

①计算该施工工程的理想工期可靠度。

②计算该施工进度计划的机动工期。

③问机动工期是哪个队的工期？应安排在什么时间完成？

④计算该施工工程的实际工期和实际工期可靠度。

第六章　建筑工程质量管理的统计图与方差分析

1931 年，《工业产品质量经济控制》一书问世，它被认为是第一本正式出版的质量科学专著，著作者是美国工程师、统计学家休哈特（Walter A . Shewhart），被称为“统计质量控制（SQC）之父”。休哈特是第一个将数理统计的原理运用到质量管理中的统计学家。他强调，在质量管理方面，预测分析与事后检验同等重要。也就是说，在质量管理方面不仅要进行事后检验检测，在发现有废品生产的先兆时更要进行预测分析和改进，以便预防废品的产生。和工业产品的质量管理一样，建筑工程质量管理中也有大量的问题需要用概率论和数理统计的原理和方法进行推断、计算、预测和深度分析。

6.1　建筑工程质量管理的统计图表

6.1.1　建筑工程质量管理与质量控制的概念

根据国家标准《质量管理体系—基础和术语》(GB/T 1900—2008）的定义，质量是一组固有特性满足要求的程度。建筑工程的固有特性通常包括寿命、使用功能、安全性、可靠性、经济性等，这些特性满足的要求程度越高，质量就越好。因此，建筑工程质量指满足业主需要的，符合国家法律法规、技术规范标准、设计文件及合同规定的固有特性的集合。这样的特性包括功能的适用性、可靠性、寿命的耐久性、结构的安全性、造价和消耗的经济性，以及与周围环境的协调性等。为了使建筑工程满足质量特性要求，工程建设的参与方都必须具有保证工程质量所从事的技术和组织工作的水平。因此，建筑工程质量不仅包括工程实物质量，也包含工作质量；通过提高工作质量保证建筑工程实物质量的过程就是建筑工程质量管理的过程。

建筑工程质量管理是为保证和提高工程质量，工程建设的参与方在工程质量的指挥、控制、技术分析、组织协调等方面所进行的系统管理活动的集合。广义的建筑工程质量管理泛指工程建设全过程的质量管理，包括了工程建设的投资、规划、勘察、设计、施工、监理等许多个环节和参与方。狭义的建筑工程质量管理指的是建设工程施工阶段的建筑工程质量管理，施工企业是建筑工程质量的主体，各项建筑工程质量管理活动都强调和突出了这一主体。

建筑工程质量管理的活动包括制定质量目标和质量方针，设计并实施质量控制方案，落实质量保证和改进措施等一系列工作。其中，工程质量控制是在明确了质量目标、工程条件、质量管理方针与程序的基础上，对建筑工程质量实施的事前预控、事中控制和事后纠偏控制的完整过程。在建筑工程管理的三大目标控制（质量控制、进度控制和造价控制）中，质量控制居于首位。

质量控制是实现质量管理目标的核心，在质量控制过程中，确定建筑工程质量控制点是关键。质量控制点是为了保证作业过程的质量而确定的重点控制对象、关键部位和薄弱环节。设置质量控制点，便于实施跟踪控制，也便于将建筑工程质量的总目标分解为各控制点的分目标，管理者通过对控制点分目标的控制达到对质量管理总目标控制的目的。质量控制点一旦确定，管理者便可对各个点进行作业过程的跟踪记录，经常地，管理者必须依据记录对建筑工程的质量控制点进行了解和分析，以确保整个作业过程的质量都在控制中。由于多数控制点的记录可以实现数据化，所以，统计图表和数据分析方法又自然地成为建筑工程质量控制点的目标分析的主要工具之一。

6.1.2 建筑工程质量的数据与样本

质量控制中有一句名言：一切用数据说话。在建筑工程质量控制和监督检测工作中，数据则是过程分析和结论推断的依据。建筑工程的质量数据主要源自各种检查、检验和检测，例如，通过跟踪检查、工序检验、材料检验与检测、验收检验等方法都可收集到大量的质量管理数据。通过技术或统计方法获得的质量数据常常依据数据的连续特征划分为两大类，一类是计量值数据；另一类是计数值数据。计量值数据是连续型数据，是可以连续取值的数据。例如，材料强度、模板的长度、钢筋的直径等数据都是计量值数据。计量值数据多数是可以用检测工具和仪器等测量或试验得出的，而且，在建筑工程质量检验中获得的原始数据多数都是计量值数据。当然，也有些反映建筑工程质量状况的数据无法用测量仪器度量，例如，焊接点的不良点个数、不合格产品数量、质量控制点数量等，它们都是离散型的数据。计数值数据是离散型数据，是通过离散尺度衡量的数据。

在质量管理的数据中，有许多数据是满足质量特性要求或标准的数据，例如，某个建筑工程的设计寿命、混凝土的抗压强度、结构的可靠度，不合格的焊接点数，某种构件的尺寸偏差等都是建筑工程质量特性数据。质量特性数据可能是计量值数据，也可能是计数值数据，例如，构件的尺寸偏差就是计量值数据，质量控制点的点数就是计数值数据。而且，从数据的单位角度看，有些数据在表示质量属性时是质量特性数据，而在其他情况下，就不一定是质量特性数据。例如，某种 LED 灯的寿命为 10000 小时，时间“小时”在指灯的寿命时是质量特性数据，在其他情况下，就不一定是质量特性数据。

在建筑工程质量管理中，数据是总体或样本的数据。总体是研究对象的全体，个体，则是组成总体的基本元素。当需要对一批产品进行质量检验或检测时，该批产品就是总体，其中的每件产品就是个体。从每件产品检测得到的某一质量数据，例如，长度、强度等，就是个体的观测值即个体的数据。总体所包含的所有产品的全部质量数据组成的集合就是总体。如果从总体中抽取一部分个体，并根据这部分个体的数据分析推断总体的质量特点，则这部分个体称为样本，也称子样；样本中的个体称为样品，样品的数量称为样本容量。

在建筑工程质量管理中，常常遇到检验检测批量产品的情况。我们将提供质量检验的一批产品称为检验批，检验批中所包含的单位产品数量称为批量。由于要求随机抽样，所以，通常，检验批应由在大致相同条件下，在相近的时间内所制造的同形式、同特征（如同外形、同等级、同尺寸）和同成分（如同材料、同构件）的单位产品组成。为了保证抽检的可靠性，不能将不同来源、不同时期生产的产品混在同一批交验。

建筑工程质量管理统计是一个运用统计分析工具，以抽样的样本数据为依据，推断、分析、评价总体质量状况的过程。因此，在质量检测检验时，我们总是期望抽取的样本能代表总体。一般地，要使样本能够反映总体的全貌，样本数据的收集应建立在随机抽样的基础上。在随机抽样的方式中，简单随机抽样是应用最广泛且最容易掌握的抽样方法。简单随机抽样要求抽样必须是随机的、独立的。所谓随机是总体中的每一个个体被抽到的机会是相等的，独立则是强调每次抽样的结果不影响其他各次抽样的结果，也不受其他各次抽样结果影响。用数理统计语言描述就是，简单随机样本是满足总体与样本同分布且独立的抽样方式。

除简单随机抽样以外，常用的还有分层随机抽样法和阶段随机抽样法。若将整批产品按照某些特征分成若干小批，这样的小批就称为层。质量检验中，同层内的产品质量尽可能均匀一致，且各层间的特征界限尽可能地明显。分层随机抽样是一个经过 3 个步骤的抽样过程：第一步，将整批产品分层；第二步，在各层内分别抽取一定数量的单位产品；第三步，把抽取到的产品合在一起组成一个样本。在分层随机抽样中，若按照各层在整批中所占的比例，分别在各层内抽取相同比例的单位产品，并合在一起组成样本，则这样的分层随机抽样称为分层按比例随机抽样。

若将整批产品称作一个整群，则这个群的分层就是将整群分成若干个子群，对每个子群再分，就可得到每个群的若干组。用简单随机抽样方法，可以以群为单位在整群中抽取一定数量的子群，然后再从这些子群中抽取一定数量的单位产品组成样本。这样的抽样方法称为整群抽样。在整群抽样的基础上，用简单随机抽样方法，先抽出一定数量的产品组，再从抽出的产品组中抽出一定数量的单位产品组成样本，这样的抽样方法称为阶段随机抽样方法。

例如，有 5000 件建材产品分装在 100 个包装箱内，每箱 50 件，现抽取 $n=50$ 的样本，则，若从 100 箱中随机抽取 1 箱，且把这箱中的 50 件产品作为样本，则这种方法就是整群抽样法。若从 100 箱产品中随机抽取 2 箱，然后，再从抽出的 2 箱中每箱随机抽取 25 件产品组成样本，则这样的抽样方法就是两段随机抽样法。若从 100 箱产品中随机抽取 2 箱，再把抽取的 2 箱的每箱中的产品分为 5 个组，每组 10 个产品，再从每组中任取 5 个产品，将它们合在一起组成 $n=50$ 的样本，这样的抽样方法称为三段随机抽样方法。

6.1.3　质量管理中的统计图表

由于我们最初收集到的数据多是杂乱无章的，所以，只有对杂乱的数据进行科学地整理和分析，我们才能获得更有用有价值的信息。在整理数据的最基础的方法中，图表法与统计量分析法是最常用的也是最有效的基础方法。图表法是用统计图表直观地展示数据的特征和规律的方法，统计量分析法是依据统计量的定义对数据的分布特征和变量趋势进行数量解释的方法。在建筑工程质量管理中，常用的统计图表有饼形图、直方图和排列图。

（1）展示比例或对比关系的饼图与柱形图

在建筑工程管理过程中，我们常常需要计算和展示部分在整体中的数量比例，这样的比例关系是通过各个部分与总量相除得来的。而且，仅用分式表示这种比例关系比较抽象，饼形图就是展示各个组成部分占总量之比的比例关系的直观工具。饼形图的做法很简单，只要在 Excel 文档中，输入带数据和文字的统计表，选中统计表。单击“插入—饼图”，就可得到相应统计表的饼形图。

例如，据国家工程质量事故统计资料显示，由设计原因、施工责任、材料问题、使用责任、其他原因导致的工程质量事故数占总事故数量的比例分别为 40.1%、29.3%、14.5%、9%、7.1%，如图 6.1 所示。若用饼形图表示各种事故原因所占总量的比例关系，则首先要将已知比例列成统计表，见表 6.1，并且，选中表中内容；然后，单击【插入】【饼图】；最后，修饰统计图并添加注解标题等，就得到需要的饼图，见图 6.1。

表 6.1　工程项目质量问题的原因分析表

设计问题	施工责任	材料问题	使用责任	其他
40.10%	29.30%	14.50%	9%	7.10%

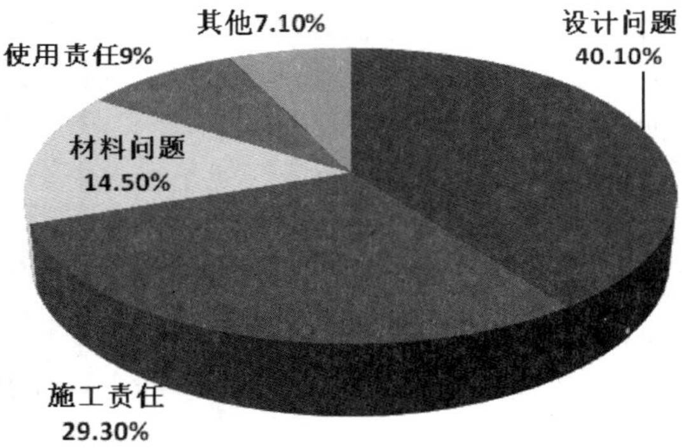

图 6.1　工程项目质量问题原因分析饼形图

在展示不同特征的数据的对比关系时，常见得是柱形图。和饼图一样，柱形图的做法也比较简单，一般的图表办公软件里都有饼图和柱形图。例如，在 Excel 软件中，首先，将需要展示的数据列成一个二维表格，然后，选中表格中需要展示的数据，接着，单击“插入—柱形图”，最后，注解和修饰柱形图，就可得到相应统计数据的柱形图。

例如，在山东省建筑施工安全监督站的帮助下，我们收集了有关山东省施工安全事故数量与山东省建筑业劳动生产率 2001—2010 年的数据。为了能直观形象地观察数据，首先，将数据列成一个 3 行 11 列的二维统计表，见表 6.2；第二步，选中表格中第 2 行和第 3 行；第三步，单击“插入—柱形图—二维柱形图”，就得到山东省建筑业施工安全事故数量与劳动生产率的数据对比统计图，如图 6.2 所示。

表 6.2　山东省建筑业安全事故数量与劳动生产率统计表

年度	2001	2002	2003	2004	2005
施工安全事故起数	49	37	38	31	28
建筑业劳动生产率	5.45	6.28	7.07	8.24	10.04
年度	2006	2007	2008	2009	2010
施工安全事故起数	19	18	19	18	17
建筑业劳动生产率	9.89	14.97	12.8	14.97	15.94

通过图 6.2 可看出，大体上，山东省建筑业施工安全事故数量逐年减少，且建筑业劳动生产率逐年提高。

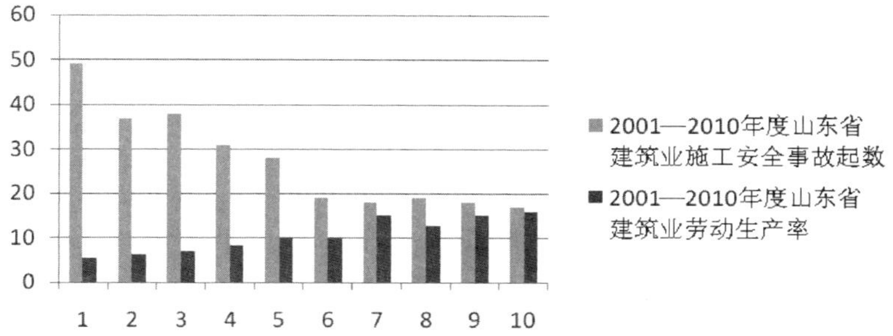

图 6.2　建筑业施工安全事故数与建筑业劳动生产率对比柱形图

若我们想在一种图里既展示不同质量数据的对比关系，又想观察每种数据的比例关系，则柱形图是最合适的选择。例如，若以表 6.2 的数据为基础，以 2001 年的数据为基数，利用环比增速的计算方法，容易计算出 2002—2010 年山东省建筑施工安全事故数量和建筑业劳动生产率的环比增速，具体见表 6.3。

表 6.3　山东省建筑业施工安全事故数与劳动生产率环比增速统计表

年度	2001	2002	2003	2004	2005
施工安全事故起数环比增速	1	0.7551	1.027	0.8158	0.9032
建筑业劳动生产率环比增速	1	1.1523	1.1258	1.1655	1.2184
年度	2006	2007	2008	2009	2010
施工安全事故起数环比增速	0.6786	0.9474	1.0556	0.9474	0.9444
建筑业劳动生产率环比增速	0.9851	1.5137	0.855	1.1695	1.0648

用 Excel 的统计图表工具，容易描绘出安全事故数量与劳动生产率环比增长速度的随年度变化的数据对比柱形图。具体如图 6.3 所示。

（2）分析质量影响因素的分层统计表

当一个建筑工程项目出现质量问题时，分析质量问题的影响因素是必需的。分层统计表，简称分层法，又称分类法，是工程质量管理中用来分析影响质量因素的重要方法。在建筑工程的施工过程中，造成工程质量变动的因素很多，诸多的因素往往是交织在一起的。如果不利用收集的数据将它们区分开来，就很难发现问题的本质，很难准确地判断数据的特征和变化规律。

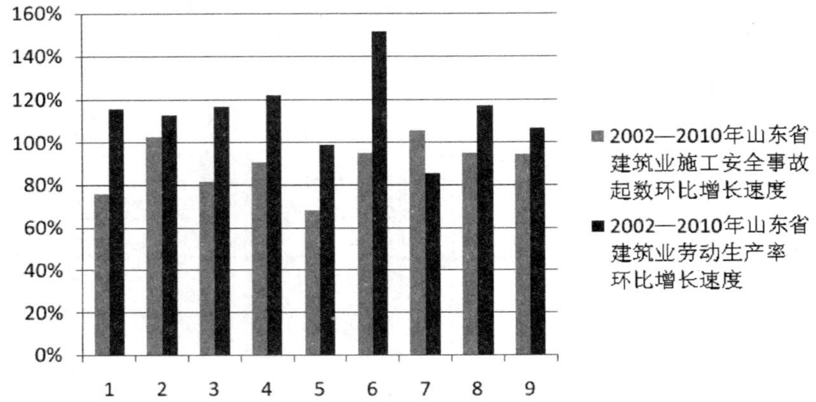

图 6.3　建筑业施工安全事故数与劳动生产率环比增长速度的对比柱形图

【例 6.1】　在一个建筑工程项目中，有一批数量较大的钢筋焊接任务。现有张、王、李 3 名师傅各带领一个焊接班进行焊接施工，他们都使用了 A、B 两家厂商提供的焊条，而且，焊接时，它们采用的都是各自独特的焊接操作方法。焊接完成后，质量检查员抽检了 100 个焊接点，经过检查检验，发现合格焊点为 69 个，不合格点为 31 个，不合格率达到 31%，存在较严重的质量问题。通过数据调查，质量检查员按照操作者和焊条提供厂商分别列出了表 6.4、表 6.5 和表 6.6。请用分层法分析质量问题发生的主要原因。

表 6.4　焊接抽样中按照操作者分层的数据表

操作者	抽检点	合格	不合格	不合格率/%
张	36	27	9	25.00
王	25	15	10	40.00
李	39	27	12	30.77
合计	100	69	31	31.00

表 6.5　焊接抽样中按照焊条供应厂商分层的数据表

焊条厂商	抽检点	合格	不合格	不合格率/%
A	60	42	17	28.33
B	40	27	14	35.00
合计	100	69	31	31.00

表 6.6　操作者使用 A、B 厂焊条合格点数据调查表

操作者	A 厂焊条		B 厂焊条	
	焊接点	合格点	焊接点	合格点
张	24	17	12	10
王	16	10	9	5
李	19	15	20	12

解：数据调查表 6.4、表 6.5 实际上是焊接抽样调查分析过程中，质量检验员分别按照操作层和供应厂商进行的分层分析表。也就是说，单纯从操作者角度分析，张的不合格率最低，操作时，选用张师傅的操作方法最好；单纯从焊条提供者角度考虑，选择 A 厂的焊条不合格率最低。

现从操作者层和焊条提供者层两个角度综合分层考虑，列入表 6.7。

表 6.7 焊接抽样中按照操作者和厂商综合分层的数据调查分析表

操作层	焊条层	A 厂焊条		B 厂焊条		合计	
操作者	焊接质量	焊接点	不合格率/%	焊接点	不合格率/%	焊接点	不合格率/%
张	合格	17	29.17	10	16.67	27	25.00
	不合格	7		2		9	
王	合格	10	37.50	5	44.44	15	40.00
	不合格	6		4		10	
李	合格	15	21.05	12	40.00	27	30.77
	不合格	4		8		12	

由表 6.7 不难看出，使用 A 厂焊条时，李师傅的焊接不合格率最低，应选用李师傅的操作方法最好，且王师傅班组的不合格率最高，是主要原因；在使用 B 厂焊条时，张师傅的不合格率最低，应选用张师傅的操作方法进行操作最好，且王师傅的不合格率最高是主要原因。

综合两个因素，王师傅班组在两种焊条时，不合格率都是最高的，这是焊接质量问题的主要原因；若要提高钢筋焊接质量，在班组人员和焊条因素不变的条件下，应优先选用 A 厂焊条和李师傅班组的焊接方法进行操作。

（3）分析影响质量主次因素的排列图法

排列图，又称帕累托图或主次因素分析图。在分析影响建筑工程质量问题或质量原因时，排列图是将各种因素从最重要到最次要因素进行排列的一种简单的图示方法。排列图由一个横坐标、两个纵坐标、若干个按照高低顺序排列的矩形以及一条累计百分率折线组成。如图 6.4 所示，左边的纵坐标表示质量问题（如不合格品数、不合格点数）出现的频率，右侧纵坐标表示质量问题发生的累计频率，横坐标则用一定的间隔表示影响建筑工程质量的各个因素，并且按照影响程度从大到小从左至右的顺序排列。图 6.4 中，工程质量影响因素设定为 D、E、F、G、H、I，以影响因素为底，以影响频率为高的小矩形的高度表示相应因素的影响程度的大小；以小矩形底边右侧点为横轴坐标点，以每一小矩形底边对应的影响因素的累计频率为纵轴坐标点，得到若干个平面上的点，用比较光滑的曲线连接各个点，就得到排列图折线，这一折线就是累计频率折线，又称帕累托曲线。

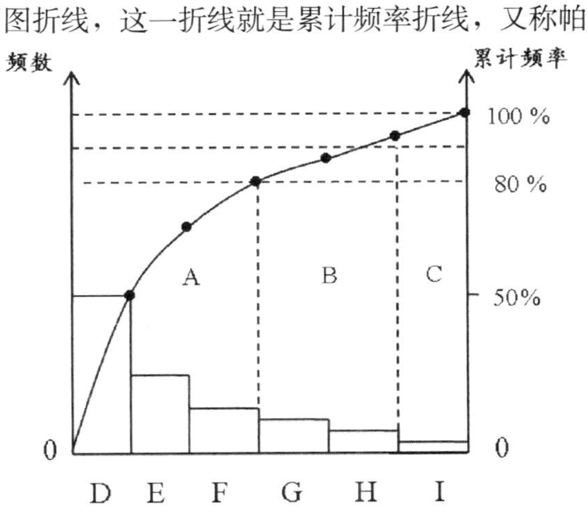

图 6.4 排列图的示意图

累计频率折线图的最大特点是，前 2～3 个影响因素的累计频率就达到或接近 80%，这 2～3 个影响因素是影响工程质量的主要因素，例如，图 6.4 中的区域 A。其他的 20%左右的因素是次要因素或一般因素，例如，图 6.4 的区域 B 和 C。实际应用中，通常将折线下的区域按照累计频率划分为（0～80%）、(80%～90%)、(90%～100%）三部分，与这三部分对应的质量影响因素分别设为 A、B、C 3 类，其中，A 是主要因素，B 类为次要因素，C 类为一般因素。需要注意的是，在建筑工程质量检验中，有些问题涉及主控项目或整体质量，这样的问题即使不在 80%以内，也应按照主要因素对待。

【例 6.2】 某项目部质检员对某建筑工地的现浇混凝土构件尺寸进行质量检查，在全部检查的 8 个项目中，若每个检查点尺寸超过规定的偏差限值，则表明该点为项目不合格点。经检查，质检员发现了 150 个不合格点，不合格点数分布见表 6.8。为改进并保证施工质量，需要找出产生如此多的不合格点数的主要原因，试用排列图法分析影响现浇混凝土构件质量的主要因素。

表 6.8　某工地混凝土构件尺寸不合格点数统计

序号	检查项目	不合格点数	序号	检查项目	不合格点数
1	轴线位置	1	5	表面水平度	17
2	垂直度	6	6	表面平整度	68
3	标高	5	7	预埋设施中心位置	1
4	截面尺寸	43	8	预留孔洞中心位置	1

解：首先，构造不合格点数频数频率统计表：以不合格点数为频数，计算出各个项目的频率，再按照频数的数量从大到小重新排列表 6.8，并且排列时，从上至下依次计算出累计频率，得到表 6.9。

表 6.9　某工地混凝土构件尺寸不合格点数频数频率统计

序号	项目名称	频数	频率/%	累计频率/%
1	表面平整度	72	48.00	48.00
2	截面尺寸	48	32.00	80.00
3	平面水平度	18	12.00	92.00
4	垂直度	7	4.67	96.67
5	标高	3	2.00	98.67
6	其他	2	1.33	100
		150	100.00	

然后依据表 6.9 的数据和下列 3 个步骤绘制排列图。

第一步，绘制坐标轴：在坐标系的横轴上按照数量上从多到少的顺序从左至右依次标出工程质量的影响因素；同时，在坐标系上设置两条纵轴，其中，左边纵轴表示的是频数，右边纵轴代表的是累计频率。

第二步，画矩形：在坐标系的每个影响因素的上方绘制一矩形，每个矩形的底边长度相等，且长度视需要由绘制者自己确定；每个矩形的高度等于矩形底边对应的影响因素的频数。

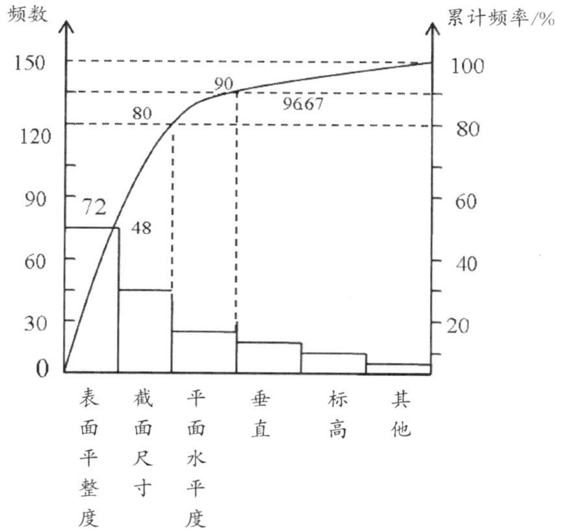

图 6.5　不合格点数原因分析排列图

第三步，描点并连线：沿着每一个矩形的右边的边线往高画，直到高度等于该矩形对应元素的累计频率。最后，从原点开始把这些点连成一条折线，就得到题目要求的不合格点数太多的主要原因分析排列图，如图 6.5 所示。

（4）显示质量数据关系的散布图

散布图，又称散点图或相关图。在建筑工程质量控制中，它是用来显示两种质量数据之间关系的一种图形。在建筑工程质量管理中，经常需要研究两个变量之间的相关关系，例如，施工质量与产业工人技能水平之间的关系、混凝土抗压强度与水灰比之间的关系、不同钢筋直径与焊接接头质量之间的关系等。这样的两种数据之间有没有相关性，若有，则相关关系的状态是强还是弱，类似这样的问题，仅靠看数据表很难判断，如果将两种数据组成的点放在平面坐标系中，我们就能直观且容易地看出数据间的关联关系。

【例 6.3】　某现浇楼面板，混凝土设计强度等级为 C30，采用泵送混凝土浇筑，现场检测时选取了该楼面板的 12 个测区，弹击楼板地面，记录相关数据然后查表并计算出泵送混凝土测区强度值，得到某楼板现浇面板各测区平均回弹值以及对应的泵送混凝土测区强度值数据统计表，见表 6.10。试观察测区回弹值的平均值与测区强度数据之间的相关关系。

表 6.10　某楼板各测区平均回弹值与泵送混凝土强度值数据统计表

测区	1	2	3	4	5	6
测区回弹值的平均值	41.9	41.8	40.4	40.8	40.9	41.8
泵送混凝土测区强度值	39.7	39.5	39.9	37.2	37.4	39.2
测区	7	8	9	10	11	12
测区回弹值的平均值	41.2	41.0	41.6	40.5	40.8	40.4
泵送混凝土测区强度值	38.1	39.5	38.6	36.6	37.2	36.4

解：依据表 6.10 提供的数据，打开办公软件 Excel。

首先，将表中数据输入 Excel 中，并且选中表 6.10 的第 2 行和第 3 行；

然后，单击【插入】【散点图】，软件会自动弹出题目要求的散点图，如图 6.6 所示。

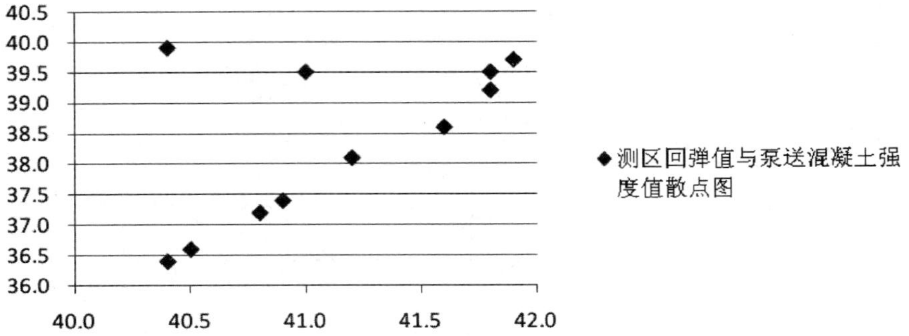

图 6.6　测区回弹值与泵送混凝土强度值散布图

由图 6.6 容易看出，除去个别两个点外，测区回弹值越大，混凝土的强度值就越大。因此，在其他条件不变的情况下，泵送混凝土的强度值随着回弹值的平均值的增大有增加的趋势。

例题显示出，当一个变量增大时，另一个变量也随之增大，这样的相关关系我们称之为正相关关系。一般地，两个变量的数据之间的关系可归纳为 6 种类型，它们分别是正相关、弱正相关、不相关、负相关、弱负相关和非线性相关。这 6 种变量关系都可以用散布图描绘出。图 6.7、图 6.8 就是 6 种散布图类型的示意图。

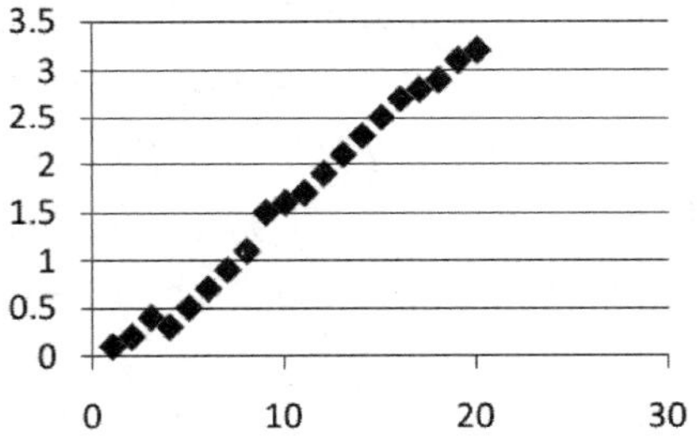

（A：正相关）

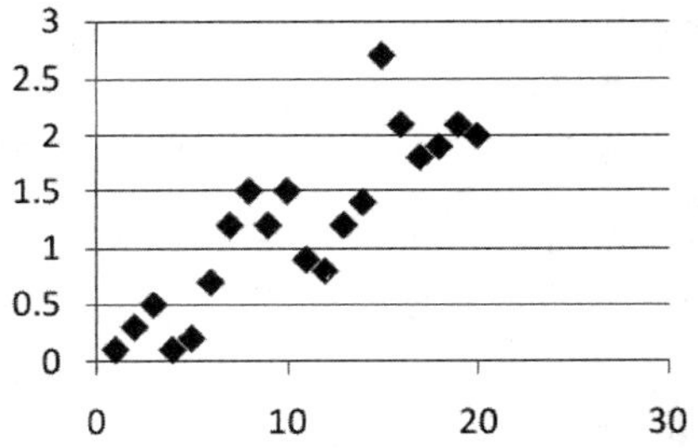

（B：弱正相关）

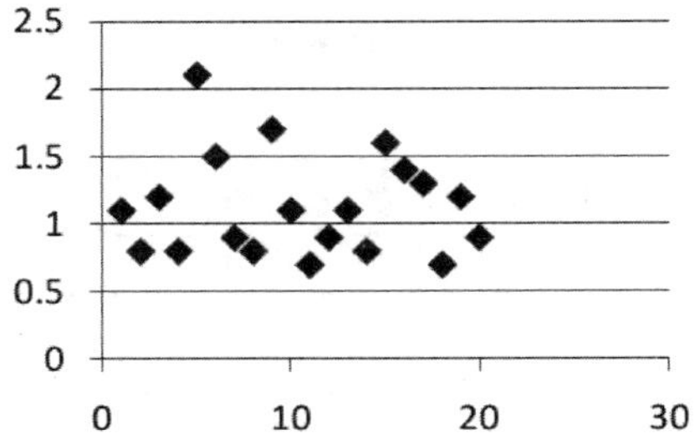

（C：不相关）

图 6.7　散布图类型示意图（一）

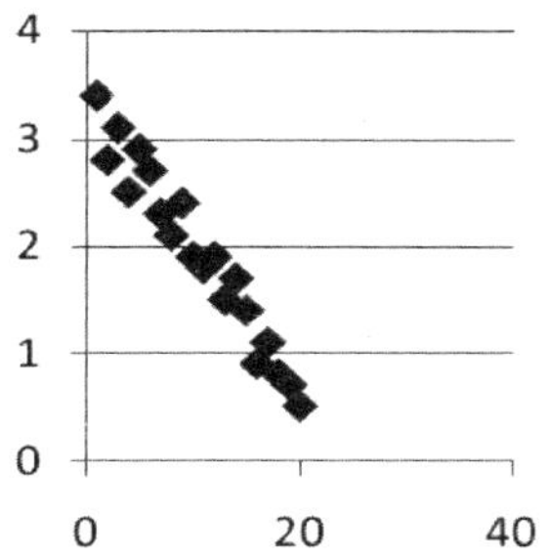

（D：负相关）

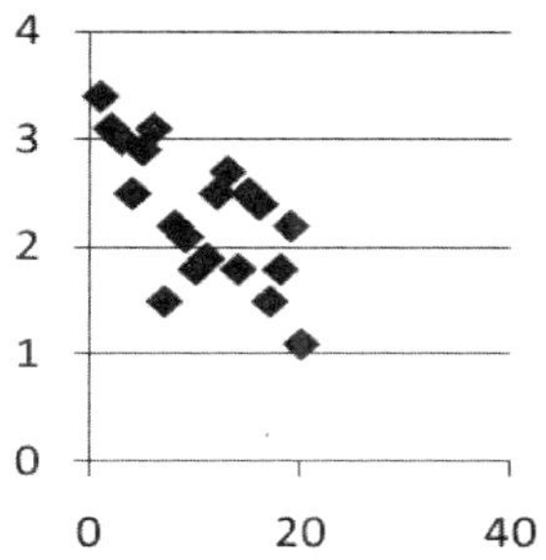

（E：弱负相关）

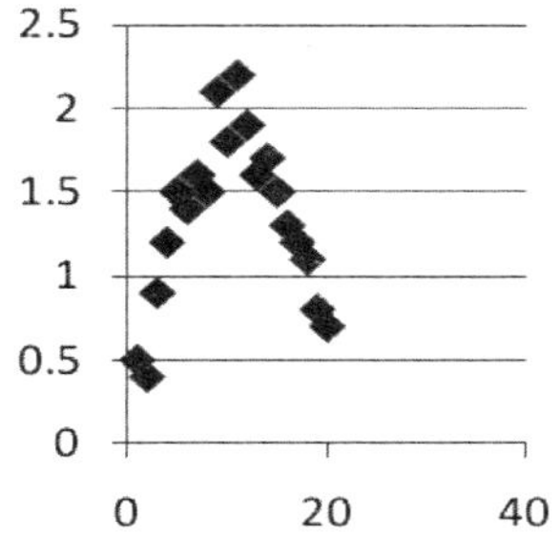

（F：非线性相关）

图 6.8　散布图类型示意图（二）

6.2　建筑工程质量差异的显著性分析

6.2.1　质量水平差异的显著性问题

在建筑工程质量管理过程中，我们会常常遇到一些在质量方面的选择性难题。例如，当工程项目部需要采购某种规格的产品时，材料员常常要在多厂家提供的多品牌产品中选择一种质量符合要求的产品；当一个工程需要一批某种规格的构件时，若提供同规格构件的厂家比较多，则项目部负责人需要在多厂家多品牌的构件中选择其中一家质量满意的构件。当产品或构件可能存在显著的质量水平差异时，这些实例实际上是人们要从多个产品中选择一种质量上最满意的产品的选择性问题。解决选择性问题的一般方法包括 3 个步骤，第一步，项目部要判断不同厂家提供的同规格产品或构件在质量方面是否有差异；如果有差异，则进行第二步，即按照质量水平数据对产品或构件进行排序；第三步，项目部依据前两步提供的数据进行决策。显然，只要我们完成了第一步、第二步和第三步自然水到渠成。因此，解决选择性问题的关键是考察产品在质量方面的差异，也就是说，实例中的选择性难题实际上可以解读为以定量分析为基础的质量差异的显著性问题。总之，我们需要一种以数据为基础的统计方法，这样的方法能帮助我们判断不同品牌的产品或构件在质量方面差异的显著性。在检验不同总体的均值间是否存在显著差异的各种统计方法中，方差分析是最主要的方法之一。

20 世纪 20 年代，方差分析由英国统计学家费希尔首先提出，最初主要应用于农业的田间试验，随后，它被广泛地应用于生物学、心理学、工程管理等领域。从形式上看，方差分析是比较多个总体的均值是否相同，本质上，它所研究的是自变量与因变量之间的关联程度和影响程度。因此，用方差分析的方法分析建筑产品的质量显著性，一方面，可为解决选择性难题提供依据；另一方面，还可以研究影响建筑工程质量的关联变量以及关联的强度。显然，从质量控制角度来讲，方差分析对于建筑企业和行业主管部门的管理者而言是具有现实意义和指导价值的统计方法。

6.2.2 单因素方差分析

（1）方差分析的相关概念

首先，我们通过一个实例来说明方差分析中的变量、因素及与之有关的概念。

【例 6.4】 某项目部准备为一个住宅小区项目采购一批节能灯，材料员购货时需要考虑价格、供货地点的远近、节能灯的质量等因素。现有 4 个可供选择的供货商，分别标注为甲、乙、丙、丁，它们依次提供的“节能灯品牌”设定为品牌甲、品牌乙、品牌丙和品牌丁，并且，这些灯的价格相差不大。如果它们提供的节能灯在质量上没有什么差异，材料员就考虑就近购买。为比较供货商提供的节能灯在质量上是否有显著差异，项目部材料员从每个供货商处随机抽取了 10 个节能灯，用节能灯测试仪对它们的使用寿命（h）进行了测试，得到节能灯使用寿命测试数据，并将它们列成表 6.11。试分析不同供货商提供的节能灯的使用寿命之间是否有显著差异（$\alpha=0.05$）？

表 6.11 是 4 个不同品牌的节能灯在“使用寿命”这一变量上的数据集合，它是数据经过整理后排列的交叉分类统计表。

表 6.11 4 个品牌的节能灯的寿命测试数据

供货商	甲	乙	丙	丁
节能灯的使用寿命/h	3090	2080	2000	3590
	2200	2400	2300	2860
	3210	2300	2100	3200
	3660	2200	2700	2290
	3800	2390	2670	3100
	3500	1540	2140	2290
	2940	3110	2170	2240
	3230	2230	2200	2300
	3626	2500	2430	2900
	3572	2100	2570	2320

在表 6.11 中，“品牌”是一个变量，“使用寿命”是另一个变量，变量“品牌”的特点是其变量值是定性的。这里，它只取甲、乙、丙、丁 4 个值，这样的可用定性值定义的变量称为分类型变量。另一个变量“使用寿命”则是一数值型变量。表 6.11 提供给我们的实际上是一个分类型自变量与一个数值型因变量的关联度数据。如果“品牌”变量对“使用寿命”变量确实有着某种效应的话，那么，不同品牌的观测值之间就会有显著性的差异。这种差异在这个例子中可以理解为节能灯质量的差异。

一般地，对同规格的节能灯而言，使用寿命越长，说明节能灯的质量也就越好。现在，工程项目部想知道这 4 个品牌之间的产品质量是否有显著差异。

分析 4 个不同品牌的节能灯之间的产品质量是否有显著差异，实际上就是判断“品牌”对“使用寿命”是否有显著影响。这里，“使用寿命”是产品的质量特征，“品牌”则是影响产品质量的因素。

建筑工程质量管理中，影响质量特征值变化的变量常被称为因素，因素的不同表现称为因素水平，每个因素水平下得到的数据称为观测值。在表 6.11 的例子中，“品牌”就是要检验的因素，因素的取值为甲、乙、丙、丁，这一取值将“品牌”这一因素分成了 4 个组，每组对应一个总体，每一组又称作一个因素水平，在每组中得到的数据称为样本观测值。由于这里只涉及“品牌”一个因素，且这一因素又分成 4 个组，因此这类试验称为单因素 4 组别试验。其中，因素对应的是自变量，因素的每一个组对应的是自变量的取值，且自变量的每一个取值对应的是一个总体。例如，表 6.11 中，“品牌”就是因素，就是自变量，“品牌甲”就是自变量的一个取值，品牌甲的所有产品组成的集合就是品牌甲对应的一个总体，从品牌甲中随机抽取一个样本进行测试，得到的观测值就是我们要研究的数值型变量，这就是因变量的取值。

明确了因素与变量后，方差分析方法的概念就可重新定义了。它是通过检验各总体的均值是否相等来判断自变量对因变量是否有显著关系的一种统计方法。在表 6.11 所示的例子中，要判断“品牌”对“使用寿命”是否有显著影响，依照方差分析方法，可归结为检验 4 个品牌的节能灯的使用寿命的均值是否相等。如果它们的均值相等，那么，说明“品牌”对“使用寿命”是没有影响的，如果均值不全相等，则意味着“品牌”对“使用寿命”是有影响的，4 个品牌之间的质量水平就应该是有显著差异的。

（2）单因素方差分析的基本步骤

方差分析基本步骤包括提出假设，计算误差平方和，构造统计量，进行检验并得出结果 4 个环节。

设 X 表示自变量，X 的取值分别为 $X_1, X_2, \cdots, X_k$，每一个 $X_i(i=1,2,\cdots)$ 都是一个因素组，且对应一个总体，设 y_{ij} 代表第 i 组的第 j 个观测值，则 y_{ij} 就是因变量 Y 的取值。n_i 是第 i 组观测值（X_i 对应的 Y 的取值）的样本容量，$\bar{y}_i$ 表示第 i 列即 i 组数据的样本均值，$\bar{\bar{y}}$ 表示全部观测值的总样本均值。

第一步：提出假设。

为检验自变量的 k 个总体的均值是否相等，提出如下假设：

原假设（均值相等假设）：$H_0: \mu_1 = \mu_2 = \cdots = \mu_k$

备择假设：均值不全相等。

第二步：计算均值与误差平方和。

首先，计算第 i 个总体的样本均值 $\bar{y}_i$ 和总样本均值 $\bar{\bar{y}}$：

$$\bar{y}_i = \frac{\sum_{j=1}^{n_i} y_{ij}}{n_i}, \quad \bar{\bar{y}} = \frac{\sum_{i=1}^{k}\sum_{j=1}^{n_i} y_{ij}}{n}$$

然后，计算误差总平方和：误差总平方和是所有观测值与总平均值的误差的平方和，记作 SST，其计算公式为：

$$\mathrm{SST} = \sum_{i=1}^{k}\sum_{j=1}^{n_i}(y_{ij} - \bar{\bar{y}})^2$$

式中，SST 的自由度为样本总容量减去 1，即 $n-1$ 。

接着，计算组间误差平方和组内误差平方和：组间误差平方和等于各组平均值 $\bar{y}_i$ 与总平均值 $\bar{\bar{y}}$ 的误差平方和，记作 SSA。组内误差平方和是 k 组总体中每一组总体的样本观测值与其组平均值误差的平方和，记作 SSE。它们的计算公式为：

$$\text{SSA}=\sum_{i=1}^{k}n_i(\bar{y}_i-\bar{\bar{y}})^2\text{ , SSE}=\sum_{i=1}^{k}\sum_{j=1}^{n_i}(y_{ij}-\bar{y}_i)^2$$

其中，SSA 的自由度为自变量个数减去 1，即 $k-1$ ，SSE 的自由度为以上两个自由度之差，即 $n-k$ 。

注意：SSA 是对随机误差和系统误差大小的度量，它反映了自变量（品牌）对因变量（使用寿命）的影响，因此，又称它为因素效应或自变量效应。

SSE 反映的是各样本观测值与其所在组的组均值的离散状况，因此，又称为残差平方和，SSE 反映了除自变量对因变量的影响之外的其他因素对因变量的总影响，因此，又称它为残差变量的效应。上述 3 个误差平方和的关系为：

误差总平方和（SST）＝组间误差平方和（SSA）＋组内误差平方和（SSE），

因此，它们的自由度也满足 $n-1=(k-1)+(n-k)$ 。不难看出，SST 是以上两种影响的总和，也就是说，它是对所有观测值总的误差程度的度量，反映了自变量和其他残差变量对因变量的共同影响。

第三步：计算均方，构造统计量。

首先，计算均方，包括组间均方和组内均方，组间均方是组间误差平方和与其自由度的比值，记作 MSA；组内均方是组内平方和与其自由度的比，记作 MSE。它们的计算公式如下：

$$\text{MSA}=\frac{\text{组间平方和}}{\text{自由度}}=\frac{\text{SSA}}{k-1};\text{MSE}=\frac{\text{组内平方和}}{\text{自由度}}=\frac{\text{SSE}}{n-k}\text{。}$$

然后，构造统计量。数理统计理论已经证明，MSA 与 MSE 之比是一个服从分子自由度为 $k-1$ ，分母自由度为 $n-k$ 的 F 分布函数，即：$F(k-1,n-k)=\dfrac{\text{MSA}}{\text{MSE}}$ ；这个 F 分布函数就是我们构造的统计量。

第四步：检验并得出结论。

依据给定的显著性水平 α ，在 F 分布表中查找与分子自由度、分布自由度相应的临界值 $F_\alpha(k-1,n-k)$ 。

若 $F>F_\alpha(k-1,n-k)$ ，则拒绝原均值相等的假设，也就是说，不同组别的均值之间的差异是显著的，即我们所检验的因素对因变量是有显著影响的。

若 $F<F_\alpha(k-1,n-k)$ ，则接受原均值相等的假设，也就是说，没有证据表明因素的不同组别之间的均值有显著差异，这时，不能认为我们所考察的因素对因变量有显著影响。

现在，按照上述步骤来求解例 6.4。由于计算机办公软件计算起来十分方便，所以，我们使用 Excel 表格计算软件列表计算例 6.4 的各步骤的数据。

第一步：在原表 6.11 的基础上，首先求各样本均值，在此基础上计算总样本均值；具体见表 6.12 的“求和”“平均值”和“总和”栏目的结果。

第二步：依据公式计算组间误差平方和：首先，计算各组（每一个自变量取值）的组间误差平方和，然后，将 4 组的组间误差平方和求和，具体结论见表 6.12 的“组间误差平方和”一栏。

第三步：依据公式计算组内误差平方和：首先，计算第一组的每一个观测值与其组平均值的差的平方；其次，求出它们的和；再次，按照同样的解法，计算出各组的组内误差平方和；最后，将各组的组内误差平方和相加就得到全体观测值的组内误差平方和。

第四步：依据误差总平方和＝组间误差平方和＋组内误差平方和公式，计算误差总平方和。结果见表 6.12 的“误差总平方和”一栏。

第五步：依据样本容量 n 、组数 k ，确定组间误差平方和、组内误差平方和与误差总平方和的自由度依次为：$k-1$ 、$n-k$ 和 $n-1$ 。

第六步：计算组间均方、组内均方，并用两个均方再比，得到统计量 F 的值。

第七步：查表，求出 F 函数的临界值，并完成计算表。

观察表 6.12，得出方差分析结论：计算表中，$F(3,36)=12.6751$ ，显著性水平 $\alpha=0.05$ 时，依据其自由度查 F 分布表得临界值 $F_{0.05}(3,36)=2.866$ 。

表 6.12　4 个品牌的节能灯寿命的方差分析计算表

供货商	甲	乙	丙	丁	
节能灯的使用寿命/h	3090	2080	2000	3590	总和
	2200	2400	2300	2860	
	3210	2300	2100	3200	
	3660	2200	2700	2290	
	3800	2390	2670	3100	
	3500	1540	2140	2290	
	2940	3110	2170	2240	
	3230	2230	2200	2300	
	3626	2500	2430	2900	
	3572	2100	2570	2320	
求和	32828	22850	23280	27090	106048
平均值	3282.8	2285	2328	2709	2651.2
组间误差平方	3989185.6	1341024.4	1044582.4	33408.4	6408200.8
组内误差平方和	37171.84	42025	107584	776161	组间自由度
	1172455.84	13225	784	22801	3
	5299.84	225	51984	241081	组内自由度
	142279.84	7225	138384	175561	36
	267495.84	11025	116964	152881	总自由度
	47175.84	555025	35344	175561	39
	117511.84	680625	24964	219961	
	2787.84	3025	16384	167281	
	117786.24	46225	10404	36481	
	83636.64	34225	58564	151321	
	1993601.6	1392850	561360	2119090	6066901.6
误差总平方和	12475102.4				
组间和/自由度	2136066.933	统计量 F 的值		12.67507118	
组内和/自由度	168525.0444	F 临界值		2.866	

因为 $F(3,36) = 12.6751 > F_{0.05}(3,36) = 2.866$，所以拒绝原均值无差异的假设，表明在显著性水平 $\alpha = 0.05$ 时，4 个不同品牌的节能灯的使用寿命的均值之间的差异是显著的，也就是说，“品牌”对节能灯质量的影响效果是显著的。既然差异是显著的，我们就可以依据样本的平均值选择对应品牌的节能灯。在例 6.4 中，显然，优先选择“品牌甲”和“品牌丁”。

6.2.3 用 Excel 完成方差分析的数据计算

表 6.12 显示出，方差分析需要大量的计算，手工计算会十分烦琐，即使借助办公软件进行表格计算工作量也很大。令人欣慰的是，在现行的大多数统计软件和办公软件中，我们都有可能见到方差分析工具，只要理解了方差分析的原理，就可以解释和分析软件输出的结果。这里，我们选择人们常用的 Excel 软件，点击它的数据菜单下的数据分析工具，按照弹出的对话框的指令输入你要分析的首末两个单元格符号和相关命令，便可得到对表 6.11 的数据进行的方差分析的数据结果，详见表 6.13。

表 6.13 4 个品牌的节能灯寿命的方差分析

SUMMARY

组	观测数	求和	平均	方差
列 1	10	32828	3282.8	221511.29
列 2	10	22850	2285	154761.11
列 3	10	23280	2328	62373.333
列 4	10	27090	2709	235454.44

方差分析

差异源	SS	df	MS	F	P—value	F crit
组间	6408200.8	3	2136067	12.675071	0.000008	2.8662656
组内	6066901.6	36	168525			
总计	12475102	39				

观察并对比表 6.12 和表 6.13，表 6.13 拥有表 6.12 的所有的计算结果。显然，与手算和表格计算相比，方差分析工具更快捷、更简单且更准确。

表 6.13 显示出，Excel 软件中，单因素方差分析的数据结论表包括“SUMMARY”和“方差分析”两部分。在“SUMMARY”部分中，观测值数量之和是样本容量，求和与平均指各组样本的和、各组观测值的平均值与方差。在“方差分析”栏目中，SS 指误差平方和，df 指自由度，MS 是组间均方和与组内均方值，F 值是两个均方的比值即统计量 F 的计算结果，F crip 则是用于检验统计量 F 值的“F-临界值”。方差分析中，也可以通过比较表中给出的 P 值和显著水平 α 得出结论：若 $P < \alpha$，则拒绝原假设，若 $P \geqslant \alpha$，则接受原假设。4 个品牌的节能灯的数据的方差分析结论中，因为 $P = 0.000008 < \alpha = 0.05$，所以，拒绝原均值无差异的假设。也就是说，4 个不同品牌的节能灯的使用寿命的均值之间的差异是显著的。所以，不同“品牌”的节能灯在以寿命指标的质量方面的差异是显著的。

6.2.4　影响因素的多重比较

虽然已经证明，不同品牌的节能灯在使用寿命上是有显著差异的，但是，我们不知道，这样的差异是否会出现在任意的两个品牌之间？因此，在 4 个品牌的节能灯中，只要我们比较其中任意两个品牌的节能灯的使用寿命的总体均值，就可以判断出显著的差异究竟出现在哪两种品牌之间。在多组数据中判断任意两组数据在数量上的差异的方法称为多重比较方法。多重比较方法有许多种，最常用的是由费希尔提出的最小显著差异方法（least significant difference），又称 LSD 方法，具体步骤如下：

第一步：提出原假设 $H_0:\mu_i=\mu_j$ ，备择假设 $H_1:\mu_i\neq\mu_j$ ，

其中 $i\neq j,i,j=1,2,\cdots$ ；

第二步：计算检验统计量 $\bar{x}_i-\bar{x}_j$ ，其中 $i\neq j,i,j=1,2,\cdots$ ；

第三步：计算 LSD_{ij} ，计算公式为：

$$\mathrm{LSD}_{ij}=t_{\frac{\alpha}{2}}\sqrt{\mathrm{MSE}(\frac{1}{n_i}+\frac{1}{n_j})}$$

在该公式中：$t_{\frac{\alpha}{2}}$ 为临界值，可通过查 t 分布表求得，其自由度为 $(n-k)$ ，k 为因素类别的个数，MSE 为组内均方和，n_i 和 n_j 分别是第 i 和第 j 个样本的容量。

第四步：依据显著性水平 α 进行决策。若 $|\bar{x}_i-\bar{x}_j|>\mathrm{LSD}$ ，则拒绝假设，即认为第 i 组与第 j 组之间在因变量水平上有显著差异；若 $|\bar{x}_i-\bar{x}_j|\leqslant\mathrm{LSD}$，则接受假设，即认为第 i 组与第 j 组之间在因变量水平上无显著差异。

仍然以例 6.4 的数据为例，进行品牌因素的多重比较。

首先，计算检验统计量：

$|\bar{x}_1-\bar{x}_2|=|3282-2285|=997$；　　$|\bar{x}_1-\bar{x}_3|=|3282-2328|=954$；

$|\bar{x}_1-\bar{x}_4|=|3282-2709|=573$；　　$|\bar{x}_2-\bar{x}_3|=|2285-2328|=43$；

$|\bar{x}_2-\bar{x}_4|=|2285-2709|=424$；　　$|\bar{x}_3-\bar{x}_4|=|2328-7709|=381$

并令 $\alpha=0.05$ ，查 t 分布表求 $t_{\frac{\alpha}{2}}(n-k)=t_{0.025}(36)=2.0281$

依据单因素方差分析结果，组内均方：MSE=168525.044

然后，计算 $\mathrm{LSD}_{ij}=t_{\frac{\alpha}{2}}\sqrt{\mathrm{MSE}(\frac{1}{n_i}+\frac{1}{n_j})}$

$$\mathrm{LSD}_{12}=t_{0.025}(36)\sqrt{\mathrm{MSE}(\frac{1}{n_i}+\frac{1}{n_j})}=2.0281\times\sqrt{168525.044\times(\frac{1}{10}+\frac{1}{10})}=372.34$$

由于各组的样本容量相等，且 MSE 不变，所以，所有的 LSD 值都等于 372.34。

最后，比较统计量与 LSD，并做出判断。

因为 $|\bar{x}_2-\bar{x}_3|=|2285-2328|=43<372.34=\mathrm{LSD}_{12}$，所以，品牌乙和品牌丙之间使用寿命的均值无显著差异，其他的任意两个品牌之间均有显著差异。

6.2.5　显著性的强度

表 6.13 的方差分析的结果显示，不同品牌的节能灯的质量水平（使用寿命）的均值之间有显著差异，这意味着品牌（自变量）与节能灯质量（因变量）之间的关系是显著的。仅用显著性表示两个变量之间的关系似乎还显得不足，我们更期望得到一种数

据，它能表示出两个变量之间的关系强度。

怎样度量品牌和节能灯质量之间的关系强度呢？统计学知识告诉我们，组间平方和是可以度量自变量对因变量的影响效应的，而且，通过方差分析，我们得到了3个误差平方和的计算结果。只要组间平方和比组内误差平方和大，就表明两个变量之间有关系，当组间误差平方和与组内误差平方和的比大到一定程度时，两个变量之间的关系就会达到显著的程度，如果这个比继续增大，那么，它们之间的关系就继续增强。

由于组内误差平方和与组间误差平方和的和等于总误差平方和，所以，我们可以用组间平方和（SSA）占总误差平方和（SST）的比例来描述两个变量之间的关系强度。这一比例数记为 R^2 ，用公式表示为

$$R^2=\frac{\text{SSA（组间 SS）}}{\text{SST（总 SS）}}$$

在统计学中，R^2 常被称为判定系数，它的算术平方根 R 常被定义为相关系数。它不仅是一个大于零小于1的数，而且，系数 R 在0.5～0.8时，两个变量中度或较强相关，R 在0.8～1.0时，表明两个变量高度相关。R 在0.3～0.5时，表明两个变量低度相关。R 在0.0～1.3时，表明两个变量几乎不相关。

因此，我们常用 R^2 表示自变量占因变量的效用比例，并用 R 表示自变量与因变量的关系强度。

例如，在表6.11所示的例子中，依据表6.13提供的数据，得

$$R^2=\frac{\text{SSA（组间 SS）}}{\text{SST（总 SS）}}=\frac{6408200}{12475102}=0.513679=51.3679\%$$

$$R=\sqrt{R^2}=\sqrt{0.513679}=0.716714$$

判定系数的计算结果表明，品牌对节能灯质量水平的影响效应占总效应的51.3679%，而残差效应则占48.6321%。而且，品牌和节能灯的质量之间的关系强度为0.716714，它属于较强相关。

6.3 双因素方差分析

6.3.1 无交互作用的双因素方差分析

单因素方差分析只考虑一个自变量对因变量的影响，在工程质量管理实践中，我们常常要考虑若干个因素对质量的影响。例如，分析影响预制空心板的施工质量时，我们需要考虑结构质量、外观和几何尺寸等多重因素。分析焊接质量的影响因素时，我们不仅要考虑焊接方法，还要考虑钢筋直径的作用等。如果方差分析只涉及两个因素（自变量），我们就称为双因素方差分析。当两个影响因素之间没有交互作用时，称为无交互作用的双因素方差分析，两个影响因素结合后产生新效应时，称为有交互作用的双因素方差分析。

在无交互作用的双因素方差分析中，由于有两个因素，因此，在排列获取的数据观测值时，需将一个因素排在行的位置，另一个因素排在列的位置，对应于排列的位置，我们依次将两个因素称为行因素和列因素。如果行因素 X 有 r 个类别，列因素 Y 有 c 个

类别，那么，就有 $r \times c$ 个观测值。

和单因素方差分析的过程类似，双因素方差分析也要计算若干个误差平方和，总误差平方和 SST，行因素的误差平方和 SSR，列因素的误差平方和 SSC 与随机误差平方和 SSE。它的基本过程也包括提出假设，计算误差平方和、构造并且检验统计量，得出分析结论等步骤。而且，其完整的过程也可通过运行 Excel 的数据分析命令简单快捷地完成。

【例 6.5】　经过广泛调研后，某省建筑业教育协会得出如下定性结论：开展以质量为主题的培训活动是提升企业施工工程质量水平的重要手段。为此，协会在 2010—2013 年开展了面向建筑施工企业的 4 个大类工种的高级技术工人的工程质量主题培训活动。协会在第一年先针对 5 个市地的三级以上资质的施工企业进行试点，试点后再面向全省推广。为了分析地区和大类工种这两个因素对参加质量培训数量的影响作用，现将参加培训试点的 1021 人分别按照市地和大类工种分类排列，得到交叉的培训数量统计，见表 6.14。假定工种与地区无交互作用，$\alpha = 0.05$ 为显著性水平，试分析地区与大类工种两个因素对质量培训数量的影响是否有显著差异？

表 6.14　地区与大类工种交叉的高级技工质量培训数量统计表

	市地 1	市地 2	市地 3	市地 4	市地 5	合计
土建类工种	85	62	105	96	71	419
安装类工种	110	65	74	110	53	412
装饰类工种	65	39	89	63	65	321
电器机械类工种	42	52	75	65	43	277
合计	302	218	343	334	232	1429

解：首先，打开 Excel 软件，输入表 6.14 提供的数据。

第一步：在 Excel 的数据菜单下，单击【数据分析】，弹出对话框；

第二步：因为不考虑交互作用，所以，在对话框中，选择【方差分析，无重复双因素方差分析】，继续弹出对话框；

第三步：在对话框的第一个输入区域，输入“左上角的第一个数据的单元格标志：右下角的最后一个数据的单元格标志”（如上述为“＄B＄3：＄F＄6”）。

接着，在输出区域输入“方差分析表的开始的第一个单元格标志”（如上述例题为：＄A＄10.）。

最后，单击【确定】，得到下列分差分析表。

表 6.15　无重复双因素方差分析

SUMMARY

组	观测数	和	平均	方差
行 1	5	419	83.8	309.7
行 2	5	412	82.4	690.3
行 3	5	321	64.2	313.2
行 4	5	277	55.4	205.3
列 1	4	302	75.5	837.67
列 2	4	218	54.5	137.67

续表

组	观测数	和	平均	方差
列 3	4	343	85.75	211.58
列 4	4	334	83.5	540.33
列 5	4	232	58	156

方差分析

差异源	SS	df	MS	F	P-value	F crit
行	2912.95	3	970.98	4.2575	0.02894	3.490295
列	3337.2	4	834.3	3.6581	0.035952	3.259167
误差	2736.8	12	228.07			
总计	8986.95	19				

和单因素方差分析的数据结论表类似，无交互作用的双因素方差分析结论也包括“SUMMARY”和“方差分析”两部分。

“SUMMARY”为我们提供了各行各列的样本容量，样本观测值的求和、各组观测值的平均值与方差等数据。

“方差分析”的内容包括 4 个误差平方和（SS）、自由度（df）、3 个均方和（MS）、2 个 F 统计量、2 个 P 值和 2 个 F—临界值即“F crip”6 部分内容。

其中，4 个误差平方和指行因素误差平方和、列因素误差平方和、随机误差平方和和总误差平方和；3 个均方和指行因素均方和、列因素均方和随机误差项的均方和；2 个 F 统计量指检验行因素的 F_R 和检验列因素的 F_C，它们的计算公式为：

$$F_R = \frac{\text{行因素均方}}{\text{随机误差均方}} = \frac{MSR}{MSE} \sim F(k-1,(k-1)(r-1)),$$

$$F_C = \frac{\text{列因素均方}}{\text{随机误差均方}} = \frac{MSC}{MSE} \sim F(r-1,(k-1)(r-1))$$

P 值是告诉我们，也可以通过 P 值和显著水平 α 得出方差分析的结论：若 $P < \alpha$，则拒绝原假设，若 $P \geqslant \alpha$，则接受原假设。

在这里，由于 $F_R = 4.2575 > F_\alpha = 3.4903$，$F_C = 3.6581 > F_\alpha = 3.2592$，所以拒绝原行因素均值相等且列因素均值相等的假设，也就是说，4 个大类工种和市地两个因素都对参加质量培训的数量有显著的影响。或者说，不同市地的企业在参加质量主题培训的数量方面是有显著差异的，不同大类工种的高级技工在参加质量培训的数量方面也是有显著差异的。

6.3.2 有交互作用的双因素方差分析

如果有两个因素，除对因变量产生独立的影响外，它们的搭配也会对因变量产生一种新的效应，这种搭配效应就是交互作用对因变量产生的影响。而且，在有交互作用的双因素方差分析中，要求每一个行列因素交叉的单元格至少有两个以上的观测值。

因此，为了考察市地与大类工种两个因素的搭配以后对参加质量主题培训的数量是否有显著影响，我们可考虑在上述例子的基础上，继续增加试点后第二年度的 5 个市地的 4 个大类工种的参加质量主题培训数量的数据，具体见表 6.16。

表 6.16　地区与大类工种交叉的质量安全培训数量的统计表

	市地 1	市地 2	市地 3	市地 4	市地 5	合计
土建类工种	85	62	105	96	71	419
	140	80	125	150	120	615
安装类工种	110	65	74	110	53	412
	128	85	95	140	68	516
装饰类工种	65	39	89	63	65	321
	80	60	115	82	85	422
电器机械类工种	42	52	75	65	43	277
	70	60	105	88	65	388
合计	720	503	783	794	570	3370

与无交互作用的方差分析方法类似，有交互作用的双因素方差分析的方法也包括提出假设、计算误差平方和、构造统计量、检验统计量并得出相应结论等步骤。所不同的主要有两点，一是提出原假设时，需要对行变量、列变量和交互作用变量分别提出假设；二是计算误差平方和时，除了计算行变量误差平方和（SSR）、列变量误差平方和（SSC）平方和、随机误差平方和（SSE）和总误差平方和（SST）以外，还需计算交互作用的误差平方和（SSRC）。而且，若设随机误差平方和为 SSE，则：

$$SST=SSR+SSC+SSRC+SSE$$

当然，有交互作用的方差分析的计算结果也是通过计算机统计软件实现的，例如，对表 6.16 所示的例子，用 Excel 的数据分析工具进行有交互作用的方差分析的操作步骤如下：

第一步：单击【数据】菜单中的【数据分析】，弹出对话框；

第二步：在对话框中选择【方差分析：可重复双因素分析】，单击【确定】，继续弹出对话框；

第三步：在对话框的【输入区域】内输入："A1：F9"，在【α】方框内输入 0.05；在【每一样本的行数】内输入 2；在【输出选项】中选择输出区域。

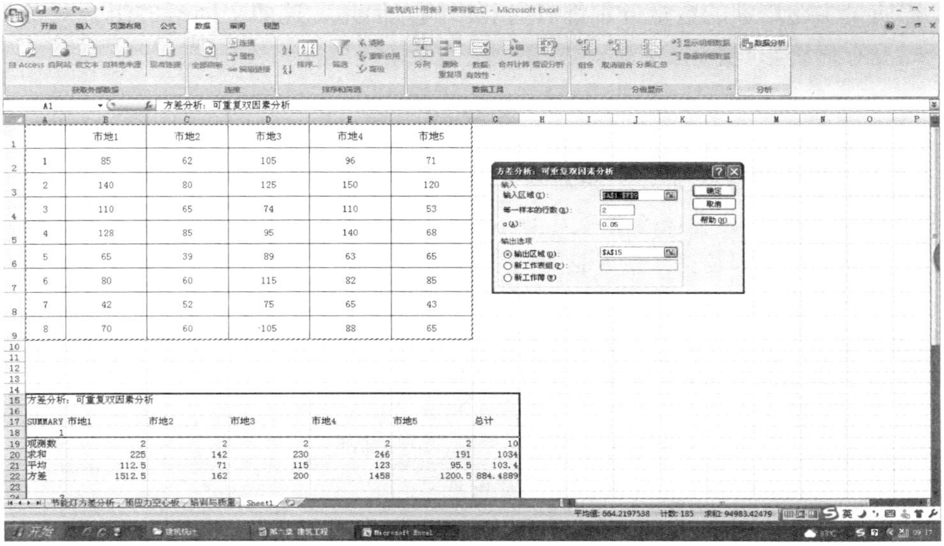

图 6.9　用 Excel 进行可重复双因素方差分析的图示

图示中，选择“A15”，单击【确定】后就会得到相应的方差分析计算结果。

与无交互作用的双因素方差分析计算结果类似，有交互作用双因素方差分析计算结果也包括“SUMMARY”和“方差分析”两部分。其中，“方差分析”部分的内容如表6.17所示。

表6.17　可重复双因素方差分析计算结果

差异源	SS	df	MS	F	P—value	F crit
样本	8539	3	2846.3000	7.0192	0.0021	3.0984
列	8557	4	2139.1875	5.2754	0.0046	2.8661
交互	6012	12	500.9875	1.2355	0.3265	2.2776
内部	8110	20	405.5000			
总计	31218	39				

表6.17中，行变量即行因素是大类工种，行变量取值是因素水平，因素水平有4个；每一个因素水平的行数在Excel数据分析中称为每一个样本的行数。这里，每一个样本的行数是2。

依据表6.17的计算结果，SSR=8539，SSC=8557，SSRC=6012，SSE=8110

MSR=2846.30，MSC=2139.19，MSRC=500.99，MSE=405.50

$F_R=7.0192>F_\alpha=3.0984$，拒绝原假设，表明不同的大类工种在参加质量培训的数量方面有显著差异。$F_C=5.2754>F_\alpha=2.8661$，同样表明，不同的市地在参加质量培训数量方面也有显著差异。

再看交互作用，由于$F_{RC}=1.2355<F_\alpha=2.2776$，所以接受原假设，说明大类工种因素与市地因素联合产生的附加效应在参加质量主题培训数量方面无显著差异。以上结论也可通过“P—value”与“$\alpha=0.05$”的对比得出。

通过有交互作用的方差分析，我们可以得出如下结论：虽然大类工种和地区因素对参加工程质量主题培训的数量分别都有显著影响，但是，这两个因素的组合对参加培训的数量却没有显著影响。

思考题

1. 某项目部质量检验员对一涂料防水施工工程进行抽样检查，在全部的6个项目中，抽查了90个点，其中，各个项目的不合格点数见表6.18，请依据表中数据做出排列图，并对该涂料防水层施工质量问题进行原因分析。

表6.18　某涂料防水层施工质量检查的不合格点数统计

序号	检查项目	不合格点数
1	涂料质量与配合比	0
2	转角处、变形缝、穿墙管道等细部	30
3	涂料防水层的基层	3
4	涂料防水层与基层	12

续表

序号	检查项目	不合格点数
5	涂料防水层的平均厚度	3
6	侧墙防水层的保护层与防水层	42

2. 某施工工程需要准备一批某种规格的预应力空心板。为控制运输成本和构件质量，项目部初步筛选了4家混凝土构件厂，并准备从4个厂家中，精心挑选1个综合质量较高的厂家的构件。根据当年质检机构提供的检验报告，4个厂家提供的构件在结构性能方面都已经全部达标，且通过到厂观察，4个厂的构件也都不存在明显的外观缺陷。为了考察4个厂的构件在质量方面的差异程度，项目部技术人员依据《建筑安装工程质量检验评定标准》的相关规定，还要对空心板的外观质量和尺寸偏差进行抽样和测量。项目部确定进行6次重复取样测量，每次抽样测量时，技术员从每个厂的构件中随机抽取5块空心板，先对这20个板的外观质量在5个方面进行检查；检查时，若发现1个外观缺陷，则记作1个不合格点或4个合格点。外观质量检查完后，每个板再选7个检测点对空心板的几何尺寸偏差进行测量和统计，最后，将检查过的构件按照合格与不合格分类单独放置。检查测量的统计结果见表6.19. 试分析4个厂的预应力空心板的外观质量是否存在显著差异。

表6.19 空心板几何尺寸与外观质量检测的合格点数统计

构件厂	A	B	C	D
预应力空心板尺寸未超偏差和外观质量达标点数/个	60	60	59	55
	58	50	60	54
	57	57	60	60
	52	45	59	57
	60	51	60	51
	60	54	57	55

3. 某建筑工程质量检测部门受托，对电渣压力焊接头、钢筋闪光对焊接头和窄间隙电弧焊接头进行力学性能试验和钢筋焊接质量分析。为分析不同焊接方法与钢筋直径之间在焊接质量方面的关系，检测人员先将企业可提供的式样按照3种不同的焊接方法分类，然后对各类式样按照钢筋直径从小到大依次分成3组：第1组对应“ϕ14～ϕ16mm”，第2组对应“ϕ18～ϕ20mm”，第3组对应直径范围“ϕ22～ϕ25 mm”，最后，检测人员从每种方法的每种规格的试样中各随机抽取50组，样本总数共计896个点。试对3种不同的焊接方法与3组钢筋直径两种因素对焊接接头质量进行无交互作用的双因素方差分析。

表6.20 各种规格钢筋焊接接头质量数据表

焊接方法	钢筋规格/mm	合格组数	应双倍复验数	一次判定不合格数
电渣压力焊	ϕ14	42	6	2
	ϕ16	43	6	1
	ϕ18	38	8	4
	ϕ20	32	11	7
	ϕ22	36	9	5
	ϕ25	28	15	7

续表

焊接方法	钢筋规格/mm	合格组数	应双倍复验数	一次判定不合格数
闪光对焊	$\phi 14$	47	2	1
	$\phi 16$	45	3	2
	$\phi 18$	45	3	2
	$\phi 20$	37	9	4
	$\phi 22$	35	10	5
	$\phi 25$	23	21	2
窄间隙电弧焊	$\phi 14$	50	0	0
	$\phi 16$	48	2	0
	$\phi 18$	47	2	1
	$\phi 20$	43	5	2
	$\phi 22$	45	3	2
	$\phi 25$	32	15	3

注：各方法各规格样本数均为 50（组）。

第七章　建筑工程安全管理的风险评价与相关分析

建筑工程安全管理，是建筑工程项目的建设者和参与者以安全为目的所进行的计划、组织、决策、协调和控制等一系列管理活动的总称。它的目的是在建筑工程生产的全过程中保护人员的安全与健康，保证财产不受损失，保证建筑生产任务顺利完成。因此，建筑施工安全管理的目的，在于保护和保障施工全过程中涉及的人员和财产的安全，它包括施工作业的安全、施工设施的安全、施工现场的安全、消防安全以及其他意外情况出现时的安全等。

《中华人民共和国建筑法》规定："建筑工程安全生产管理必须坚持安全第一、预防为主的方针。"它是我国安全生产的基本方针，也是建筑工程安全管理的基本方针。"预防为主"就是要在建筑工程事故发生前做好安全工作，以"防患于未然"，就是要我们依靠科技创新，加强安全科学管理，搞好科学预测和安全生产全过程的数据分析，把工伤事故和职业危害消灭在萌芽中。统计技术是利用数据进行施工安全管理和科学预测的重要方法之一，它应用于施工安全事故的分类、施工安全风险的评估、施工安全事故发生数量的预测、施工安全影响因素的程度分析等与数据有关的建筑安全管理的几乎所有的内容。

7.1　建筑工程安全统计指标

指标是描述事物状态或属性的客观且量化的参数，安全统计指标则是描述建筑工程或建筑企业安全状况的综合定量参数。例如，建筑工程安全事故起数、安全事故死亡人数、百万产值经济损失率、建筑施工工人的安全教育程度等都是安全统计指标。安全统计指标有许多，每一项指标都反映了一个特定的安全现象。因此，认识、搜集、整理并分析建筑工程安全统计指标，对于我们客观地描述安全生产状态，直观地把握安全管理规律，正确判断和预测建筑业或建筑企业的安全形势都具有重要的现实意义。

7.1.1　建筑工程安全管理的绝对指标和相对指标

国家安全生产监督管理总局网站 2016 年 2 月 19 日刊登了题为"2015 年全国安全生产回顾"的文章，主要内容如下：

经过各方共同努力，2015 年全国事故总量保持继续下降态势，事故起数、死亡人数同比分别下降 7.9%、2.8%。大部分地区和重点行业领域安全状况基本稳定，11 个省级单位未发生重特大事故，煤矿事故起数和死亡人数同比分别下降32.3%、36.8%，非煤矿山、化工和危化品、烟花爆竹、道路交通、建筑施工、生产经营性火灾、水上交通、铁路交通及冶金机械等行业领域事故实现“双下降”。但是，安全生产形势依然严峻复杂，尤其是重特大事故频发且危害严重，暴露出安全生产体制机制法制不完善、安全发展理念不牢固、企业主体责任不落实、安全监管执法不严格等问题(http：//www.china-saafety.gov.cn/newpage/Contents/Channel_4181/2016/0219/2649346/concent_264036.htm)。

观察这份工作报告，它既简明扼要又清晰明了，它主要由统计指标和趋势分析两部分组成。其中，回顾中提到的统计指标包括“全国事故总量”“重特大事故数量”“煤矿事故起数”“煤矿事故死亡人数”，以及各行业领域的“事故起数”与“死亡人数”等。这份回顾充分说明，安全统计指标是简要、直观、客观描述安全管理现状和趋势的最重要的工具之一。

建筑工程安全管理的统计指标多是从安全事故状况和预防两个方面进行设计的，其中，事故状况指标包括绝对指标和相对指标。绝对指标又称总量指标，它是反映安全管理现象总规模、总水平量的指标，也是反映统计对象发展规模和水平的指标。相对指标则是描述安全现象或安全统计对象的相对水平或相对管理质量的统计指标。绝对指标是基本指标，相对指标则是由绝对指标派生出的指标。

建筑工程安全管理中的绝对指标主要包括由建筑工程安全事故造成的伤亡人员状况指标和经济损失数量指标。常见的伤亡人员状况指标包括安全事故总起数，重特大事故起数，安全事故死亡人数，安全事故重伤、轻伤人数等，在经济损失数量方面，常见的绝对指标包括直接经济损失、间接经济损失、经济损失严重等级等内容。

统计学中，相对指标又称为统计相对数，建筑安全管理的相对指标反映的是安全现象或安全管理对象的程度、强度、结构或比例关系。建筑工程安全管理中常常需要计算的相对指标有：伤亡事故严重率，千人工伤事故频率，千人重伤频率，千人死亡率，百万工时伤害率，千人经济损失率，百万产值经济损失率，重大/特别重大事故率等。常见的相对指标的计算公式如下：

① 负伤事故严重程度 $= \dfrac{\text{报告期歇工总日数}}{\text{报告期重伤轻伤人次}}$

② 千人工伤事故频率 $= \dfrac{\text{报告期因公负伤事故人次}}{\text{报告期平均在职人数}} \times 1000‰$

③ 千人重伤频率 $= \dfrac{\text{报告期重伤人数}}{\text{报告期平均在职人数}} \times 1000‰$

④ 千人死亡率 $= \dfrac{\text{报告期因公死亡人数}}{\text{报告期平均在职人数}} \times 1000‰$

⑤ 经济损失(万元) = 直接经济损失(万元) + 间接经济损失(万元)

⑥ 千人经济损失率(R) $= \dfrac{\text{全年安全事故的经济损失(万元)}}{\text{全年在职员工平均人数}} \times 1000‰$

⑦ 百万产值经济损失率 $= \dfrac{\text{全年安全事故的经济损失(万元)}}{\text{企业总产值(百万元)}} \times 100\%$

⑧ 百万产值伤亡率 $= \dfrac{\text{全年安全事故的总伤亡人数(人)}}{\text{企业总产值(百万元)}} \times 100\%$

⑨ 安全成本下降率 $= \dfrac{\text{后一时期安全成本量}-\text{前一时期安全成本量}}{\text{企业总产值(百万元)}} \times 100\%$

⑩ 安全项目投资回收期 $= \dfrac{\text{安全工程项目投入的劳动消耗(元)}}{\text{安全工程项目年有用效果(元/年)}}$

【例 7.1】 设甲企业在报告期内发生安全事故 12 人次，歇工总工日为 36 工作日，乙企业发生安全事故 7 人次，歇工总工日为 28 工作日，试比较两个企业安全事故的严重程度。

解：甲企业负伤事故严重程度 $= \dfrac{\text{报告期歇工总日数}}{\text{报告期重伤轻伤人次}} = \dfrac{36}{12} = 3\text{(工日/人次)}$

乙企业负伤事故严重程度 $= \dfrac{\text{报告期歇工总日数}}{\text{报告期重伤轻伤人次}} = \dfrac{28}{7} = 4\text{(工日/人次)}$

答：乙企业的安全事故伤害程度较甲企业的严重。

【例 7.2】 某建安企业在报告期内发生施工安全工伤事故 49 人次，其中重伤 11 人，死亡 2 人，已知该企业在报告期内平均在职员工数为 2800 人，试求该企业在报告期内的千人工伤事故频率、千人重伤频率和千人死亡率。

解：千人工伤事故频率 $= \dfrac{\text{报告期因公负伤事故人次}}{\text{报告期平均在职人数}} \times 1000‰$

$$= \frac{49}{2800} \times 1000‰ = 0.0175 \times 1000‰ = 17.5‰$$

千人重伤频率 $= \dfrac{\text{报告期事故重伤人数}}{\text{报告期平均在职人数}} \times 1000‰ = \dfrac{11}{2800} \times 1000‰ = 3.9286‰$

千人死亡率 $= \dfrac{\text{报告期事故死亡人数}}{\text{报告期平均在职人数}} \times 1000‰ = \dfrac{2}{2800} \times 1000‰ = 0.7143‰$

【例 7.3】 某建筑企业 2005 年完成产值 850 万元，全年安全事故造成直接经济损失 57 万元，间接经济损失 120 万元，已知 2010 年该企业在职员工平均人数为 1500 人，试计算该企业 2010 年的千人经济损失率和百万产值经济损失率。

解：经济损失(万元) = 直接经济损失(万元) + 间接经济损失(万元)

$$= 57 + 120 = 177\text{(万元)}$$

千人经济损失率(R) $= \dfrac{\text{全年安全事故的经济损失(万元)}}{\text{全年在职员工平均人数}} \times 1000‰$

$$= \frac{177}{1500} \times 1000‰ = 118‰;$$

百万产值经济损失率 $= \dfrac{\text{全年安全事故的经济损失(万元)}}{\text{企业总产值}} \times 100\%$

$$= \frac{177}{850} \times 100\% = 20.8235\%$$

7.1.2 建筑安全事故等级及其事故处理规定

（1）建筑工程安全事故等级规定

2007 年 6 月 1 日开始实施的《生产安全事故报告和调查处理条例》（国务院令第 493 号）统一规定了安全事故等级的划分标准，它是以人员伤亡的数量、直接经济损失的数额和社会影响 3 个要素为基础设计的。建筑工程安全事故等级是依据国家制定的事故等级的划分标准，结合建筑业特点划分的。

表 7.1　依据伤亡人数和事故经济损失划分的事故等级

特别重大事故	造成一次死亡 30 人及以上，或者 100 人及以上重伤，或 1 亿元及以上直接经济损失的事故
重大事故	造成一次死亡 10 人及以上 30 人以下，或者 50 人及以上 100 人以下重伤，或者 5000 万元及以上、1 亿元以下的直接经济损失的事故
较大事故	造成一次死亡 3 人及以上 10 人以下，或者 10 人及以上 50 人以下重伤，或者 1000 万元及以上 5000 万元以下直接经济损失的事故
一般事故	造成一次死亡 3 人以下，或者 10 人以下重伤，或者 1000 万元以下直接经济损失的事故

（2）建筑工程安全事故的上报与责任

《生产安全事故报告和调查处理条例》规定：

1）事故发生后，事故现场有关人员应当立即向本单位负责人报告；单位负责人接到报告后，应当于 1h 内向事故发生地的县级以上人民政府安全生产监督管理部门和负有安全生产监督管理职责的有关部门报告。特别重大事故、重大事故应逐级上报至国务院安全生产监督管理部门和负有安全生产监督管理职责的有关部门；较大事故逐级上报至省、自治区、直辖市人民政府安全生产监督管理部门和负有安全生产监督管理职责的有关部门；一般事故上报至设区的市级人民政府安全生产监督管理部门和负有安全生产监督管理职责的有关部门。安全生产监督管理部门和负有安全生产监督管理职责的有关部门应逐级上报事故情况，且每级上报的时间不得超过 2h。

2）对重大事故、较大事故和一般事故，负责事故调查的人民政府应当自收到事故调查报告之日起 15 日内做出批复；对特别重大事故，要求 30 日内做出批复，特殊情况下，批复时间可以适当延长，但延长时间最长不超过 30 日。

有关机关应当按照人民政府批复，依照法律、行政法规规定的权限和程序，对事故发生单位和有关人员进行处罚，对负有事故责任的国家工作人员进行处分。事故发生单位应当按照负责事故调查的人民政府的批复，对本单位负有事故责任的人员进行处分。负有事故责任的人员涉嫌犯罪的，依法追究刑事责任。

事故发生单位主要负责人有下列行为之一的，处以上一年年收入 40%～80%的罚款；属于国家工作人员的，依法给予处分；构成犯罪的，依法追究刑事责任。（一）不立即组织事故抢救的；（二）迟报或者漏报事故的；（三）在事故调查处理期间擅离职守的。

7.1.3　危险源与安全事故类型

危险源是各种事故发生的根源，是可能导致人员伤害、财产损失、工作环境破坏或这些情况组合的根源或状态，也是建筑工程安全事故发生的直接原因。危险源包括人的不安全行为、物的不安全状态、管理上的缺陷和环境上的缺陷等。人的不安全行为指使事故有可能发生的人的行为。例如，操作失误、使用不安全设备、物体存放不当等，主要表现形式为违章指挥、违章作业、违反劳动纪律等。物的不安全状态指使事故有可能或有机会发生的物体、物质的状态等，如塔吊超载、机械故障、设备缺陷等。管理上的不安全因素包括施工现场管理无序、施工现场安全监督检查缺失、施工组织不合理等。

建筑工程安全管理中，施工安全事故多是依照危险源或危险源造成的伤害进行分类的，它包括物体打击、机械伤害、触电等20个类别。类别细目见表7.2。

表7.2　安全事故类别

序号	事故类别	序号	事故类别	序号	事故类别	序号	事故类别
1	物体打击	6	淹溺	11	冒顶片帮	16	锅炉爆炸
2	车辆伤害	7	灼烫	12	透水	17	容器爆炸
3	机械伤害	8	火灾	13	放炮	18	其他爆炸
4	起重伤害	9	高空坠落	14	爆炸	19	中毒和窒息
5	触电	10	坍塌	15	瓦斯爆炸	20	其他伤害

建筑业属于事故多发的高危行业，在表7.2所列出的20个安全事故类别中，高处坠落、触电、物体打击、起重伤害、坍塌这五大事故曾经很长时期占建筑施工伤亡工程安全事故总数的90%以上，所以，它们曾一度被称为建筑施工安全管理的“五大伤害”。近些年来，触电事故和起重伤害事故有减少趋势，中毒和窒息事故起数有上升趋势，表7.3列出了2003—2012年我国建筑业各类安全事故的发生次数和死亡人数。表中数据显示，无论是事故发生次数还是事故造成的死亡人数，“五大伤害”占比均依然高达近75%以上；如果再加上“中毒和窒息”和“机械伤害”两类，7个类型的建筑工程安全事故的发生次数和死亡人数占比均高达82%以上。因此，现在，建筑安全的“五大伤害”实际上已经变成了“七大伤害”。

表7.3　2003—2012年我国建筑业事故类型统计表

事故类型	发生次数	死亡人数	发生次数占比	死亡人数占比
坍塌	521	2229	0.5393	0.5509
高处坠落	114	502	0.1180	0.1241
车辆伤害	61	285	0.0631	0.0704
中毒和窒息	56	202	0.0580	0.0499
物体打击	37	117	0.0383	0.0289
触电	36	134	0.0373	0.0331
起重伤害	28	105	0.0290	0.0260
机械伤害	12	37	0.0124	0.0091
淹溺	24	74	0.0248	0.0183
火灾	10	49	0.0104	0.0121
冒顶片帮	7	26	0.0072	0.0064
透水	7	23	0.0072	0.0057
放炮	6	26	0.0062	0.0064
瓦斯爆炸	2	46	0.0021	0.0114
火药爆炸	1	8	0.0010	0.0020
其他爆炸	17	88	0.0176	0.0217
锅炉爆炸	0	0	0.0000	0.0000
容器爆炸	1	4	0.0010	0.0010
灼烫	2	11	0.0021	0.0027
其他伤害	24	80	0.0248	0.0198
合计	966	4046	1.0000	1.0000

7.2 安全风险评价与安全事故原因分析

7.2.1 建筑工程安全的风险评价方法

在建筑工程安全检查和管理过程中，查找具有安全事故风险的危险源，并对具有一定风险的危险源进行及时整改是贯彻“预防为主”方针，将安全事故隐患消灭在萌芽中的最为有效的方法。为评估危险源所带来的风险大小，或为确定风险是否在可容许范围内，人们研究并实施的技术或方法称为建筑工程安全风险评价方法。安全风险评价方法很多，现在常见的有专家评估法、安全检查表法，作业条件危险性评价法、预先危险分析法等。这些方法的多数都是定量与定性分析相结合的风险评价方法。

（1）安全风险分级评价法

设 R 为建筑工程安全风险的大小，p 为施工安全事故发生的可能性（概率），f 为安全事故后果的严重程度，则建筑工程安全风险的数量指标等于事故发生的可能性与发生事故后果的严重程度的乘积，即：$R = p \cdot f$ 。依据这样的公式，专家们将施工安全风险梳理成Ⅰ级到Ⅴ级，例如，Ⅰ级风险就是事故发生的可能性很小，且如果发生事故则事故后果的严重程度也最小的风险。各级风险见表 7.4。

表 7.4 建筑工程安全风险分级

可能性	轻微损失（轻微伤害）	中度损失（伤害）	重大损失（严重伤害）
很大	Ⅲ	Ⅳ	Ⅴ
中等	Ⅱ	Ⅲ	Ⅳ
很小	Ⅰ	Ⅱ	Ⅲ

（2）作业条件安全风险的分值评价方法

作业条件安全风险等级的分值方法建立在给安全风险及其计算因子赋值的基础上。设 D 是建筑工程安全风险分值，它是通过计算发生事故的可能性大小（L）、人体暴露在危险环境中的频繁程度（E）和若发生事故则产生的后果的严重程度（C）的乘积确定的。常用的作业条件安全风险分值的计算公式为：

$$D = L \cdot E \cdot C$$

其中，L、E、C、D 的分值都是专家和管理者在实践中总结概括的。具体见表 7.5～表 7.7。

表 7.5 发生事故的可能性大小

分数值	事故发生的可能性取值	分数值	事故发生的可能性取值
10	必然发生	0.5	很不可能，可以设想
6	相当可能	0.2	极不可能
3	可能，但不经常	0.1	实际不可能
1	可能性小，完全意外		

表 7.6　人体暴露在危险环境中的频繁程度

分数值	暴露于危险环境的频繁程度	分数值	暴露于危险环境的频繁程度
10	连续暴露	2	每月一次暴露
6	每天工作时间内暴露	1	每年几次暴露
3	每周一次或偶然暴露	0.5	非常罕见暴露

表 7.7　发生事故产生的严重后果

分数值	发生事故产生的后果	分数值	发生事故产生的后果
100	大灾难：10 人以上死亡，直接经济损失 100 万～300 万元	7	严重后果：有伤残人员且经济损失 1 万～10 万元
40	灾难：3～9 人死亡且直接经济损失 30 万～100 万元	3	比较严重后果：有重伤人员且经济损失 1 万元以下
15	非常严重后果：1～2 人死亡且直接经济损失 10 万～30 万元	1	引起关注：有轻伤人员且经济损失 1～105 工日的失能伤害

表 7.8　危险性程度分值

D 值	危险程度	风险等级
＞320	极其危险，不能继续作业	5
160～320	高度危险，要立即整改	4
70～160	显著危险，需整改	3
20～70	一般危险，需引起警惕	2
＜20	稍有危险，可以接受	1

【例 7.4】　在某建筑工程的主体施工过程中，安全检查人员通过对施工过程的各种作业条件进行检查，发现了若干个危险因素，并将危险因素和可能导致的事故可能性大小列成表 7.9。试用作业条件安全风险的分值评价方法确定各个因素的风险等级和危险程度。

解：依据表 7.9 提供的数据和作业条件安全风险分值的计算公式

$$D = L \cdot E \cdot C$$

按照需要设立危险因素的评分分值，计算出每一项危险因素的安全危险分值，然后依据危险程度分值列出它们的风险等级和危险程度，最后，将计算结果列成表格，见表 7.10。

表 7.9　作业条件危险性检查结果

序号	危险因素	可能导致的事故	评分法								
			事故发生的可能性（L）			暴露频繁程度（E）			后果及严重程度（C）		
			10	3	1	10	6	3	40	7	3
1	架体外架防护、层间防护未设防护栏安全网，挡脚板	物体打击高处坠落		√				√	√		
2	混凝土浇捣过程噪声	听力危害		√				√			√
3	混凝土浇捣不按照操作规程进行	机械伤害		√				√		√	
4	焊接漏电、破皮、火花、辐射、有害气体	触电、火灾、灼伤、视力伤害、中毒和窒息		√			√			√	

表 7.10 作业条件安全风险计算表

序号	危险因素	L值	E值	C值	D值	风险等级	危险程度
1	架体外架防护、层间防护未设防护栏安全网，挡脚板	3	3	40	360	5	不能继续作业
2	混凝土浇捣过程噪声	3	3	3	27	2	需注意
3	混凝土浇捣不按照操作规程进行	3	3	7	63	2	需注意
4	焊接漏电、破皮、火花、辐射、有害气体	3	6	7	126	3	需整改

7.2.2 建筑工程安全事故原因的频率分析

对于已经发生的安全事故，查找并分析造成事故发生的原因是重要的。查找原因的目的有 3 个，一是为了明晰责任，需要查找并分析安全事故发生的直接原因；二是为了进行有的放矢地整改，通过对直接原因的分析，发现建筑工程安全管理过程中暴露出来的问题，即间接原因；三是为了贯彻“安全第一、预防为主”的方针，还需要研究影响安全事故发生数量的各种相关因素，通过“多方参与，综合治理”的方式提升建筑工程安全管理的水平。因此，从查找事故原因的目的角度出发，建筑工程安全事故的原因可归纳为直接原因、间接原因和影响因素 3 个类别。直接原因主要指由危险源造成的安全事故，它包括人的不安全行为，机械、物和环境的不安全状态；间接原因主要指技术设计缺陷、教育培训缺失、劳动组织不合理、指挥不当、违章作业等；影响因素是那些看起来似乎不是事故发生的原因，却能影响到安全事故发生数量的因素，例如，劳动生产率、农民工基础技能培训、优良工地评选与奖励数量等。

关于建筑工程安全事故形成与发生的直接或间接原因，许多学者和管理者都进行过较为深入的分析与研究。例如，华中科技大学余群舟等在《建筑安全》杂志的 2015 年 11 期上的发表了一篇文章，文章对 2012—2014 年记载的较详细的 162 起塔式起重机事故进行了研究，对其中的 59 个案例确定了事故发生的直接原因，见表 7.11。

表 7.11 59 起塔吊事故直接原因分类

原因类型	事故次数	发生频率/%
固定问题	25	42.37
操作不当	21	35.59
维护不当	6	10.17
超载	3	5.08
设计不当	2	3.39
其他	2	3.39
合计	59	100.00

作者在分析直接原因的基础上，还归纳了 4 个间接原因。一是从业人员专业技能缺乏；二是塔吊工作期间日常安全监督不足；三是塔吊日常维护不足；四是塔吊质量不能满足安全要求。还有天气因素影响了塔吊安全事故的发生等。

河南理工大学张建设等在 2013 年 10 月的《建筑安全》杂志上发表文章，对 1995—2008 年国内发生的 195 起建筑施工伤亡事故资料进行了整理，梳理出了事故形成和发生过程中的615个事故因素，并将它们整理成直接原因和间接原因，详见表7.12。

表7.12　我国建筑施工伤亡事故原因频率计算表

分类	因素	出现频数	频率/%
直接原因	人的不安全行为	148	24.10
	物的不安全状态	112	18.20
	工作环境的不安全状态	19	3.10
间接原因	管理因素	236	38.40
	教育因素	63	10.20
	技术因素	37	6.00
合计		615	100.00

为了进一步明晰间接原因，作者对三大间接因素又进行了细化，得到间接原因因素统计表，见表7.13。表7.13显示出，与直接原因相比，间接原因数量多，频数高，因此，要格外重视形成和发生建筑安全事故的间接原因。

表7.13　间接原因因素频率计算表

类型	出现频数	频率/%
违章指挥或违章作业	60	17.90
施工现场管理混乱	56	16.70
现场监督检查或验收缺失	50	14.80
施工方案或技术交底缺失	37	11.00
安全教育不到位	34	10.10
没有事故防护防范措施	31	9.20
职工缺乏自我保护意识	29	8.60
对事故隐患整改不力	21	6.30
劳动组织不合理	18	5.40
合计	336	1

因为造成安全事故的原因是多方面的，而且，有些安全事故形成与发生的间接原因和影响因素可能在危险源以外，所以，有必要多角度多方位地研究建筑施工安全事故发生的原因。例如，中南大学吴超等在统计了2007年全国的建筑施工伤亡事故数量的基础上，将施工阶段作为施工安全事故发生的间接原因或影响因素，列出了从施工准备到拆除各个阶段因素的施工安全事故的数量和频率，见表7.14。同样地，他们还将工程结构类型作为施工安全事故数量的间接原因或影响因素，列出了不同结构类型的安全事故的数量和频率，见表7.15。

表7.14　2007年以施工阶段为影响因素的安全事故数量与频率统计

施工阶段	事故起数	占比/%	死亡人数	占比/%
施工准备	20	2.33	26	2.57
基础施工	137	15.95	161	15.91
主体结构	414	48.20	505	49.90
装饰装修	264	30.73	283	27.96
拆除阶段	24	2.79	37	3.66
合计	859	100.00	1012	100.00

表 7.15　2007 年以工程结构为间接原因的安全事故数量与频率统计

工程结构	事故起数	占比/%	死亡人数	占比/%
砖混结构	213	24.80	234	23.12
混凝土结构	442	51.46	522	51.58
钢结构	38	4.42	50	4.94
砖木结构	1	0.12	1	0.10
钢、混结构	45	5.24	51	5.04
其他	120	13.97	154	15.22
合计	859	100.00	1012	100.00

7.3　建筑工程安全管理影响因素的相关性

为提高建筑工程安全管理水平，我们不仅要研究造成安全事故发生的直接原因和间接原因，还要关注和分析哪些与建筑工程安全事故的形成与发生可能有关联的影响因素。影响因素是那些看起来似乎不是事故发生的原因，但是却能影响到安全事故发生数量的因素。例如，劳动生产率、一线工人技能培训、优良工地评选数量等。为了发现并研究建筑工程安全管理的各种影响因素，首先，要定性地分析有哪些因素可能与安全事故的发生有关联，在此基础上，有必要关注、收集并整理这样的关联因素的数据。得到数据后，我们还需要借助统计工具对安全事故发生的数量和已经得到的关联因素的数据进行相关分析。相关分析不仅能帮助我们发现那些影响建筑工程安全事故数量变化的相关因素，还可帮助我们对诸多的影响因素进行相关程度的排序。也就是说，相关分析对于我们及时地发现影响因素，定量地评估影响因素的作用，科学地预测未来的安全管理状况具有重要的借鉴价值和现实意义。

7.3.1　积差相关系数

基于分析数据的需要，我们总是将需要研究的总体或样本设为变量，数据就是变量的取值。一般来讲，变量分为定性和定量两种，其中，定量变量是数值型变量，是可以根据数值的大小进行定量分析的变量。如果我们积累的数据是数值型变量的数据，那么，最常用的相关系数是积差系数，又称皮尔逊相关系数（Person's correlation coefficient），它是由英国统计学家皮尔逊用积差方法推导出来的。若积差相关系数是根据总体的全部数据计算的，则对应的相关系数称为总体线性相关系数，常记作 ρ ，若计算的依据是样本数据，则得到的系数称为样本线性相关系数，常记作 r 。因为我们通常所说的相关系数指的就是样本相关系数，所以，样本相关系数又简称为相关系数。相关系数 r 的计算公式为：

$$r=\frac{n\sum xy-\sum x\sum y}{\sqrt{n\sum x^2-(\sum x)^2}\sqrt{n\sum y^2-(\sum y)^2}}$$

多数统计计算软件都可进行相关系数 r 的运算。例如，最常用的 Excel 中的数据分析工具中，单击相关分析菜单下的相关系数，就可计算出积差相关系数 r 。

任意两个变量 X 与 Y ，若它们的相关系数记为 r_{XY} ，则显然，$r_{XY}=r_{YX}$ 且 $r_{XX}=1$ 。

也就是说，变量间的相关系数具有变量的对称性。一般地，用数据分析软件计算出的相关系数是以列表形式呈现的。例如，设有 4 个变量分别记为 X_1、X_2、X_3、X_4，它们的相关系数分别记作 r_{12}、r_{13}、r_{14}、r_{23}、r_{24}、r_{34}，依据对称性，计算出的相关系数的表格形式如表 7.16 所示。

表 7.16　各列变量间的相关系数指示表

	列 1	列 2	列 3	列 4
列 1	r_{11}			
列 2	r_{12}	r_{22}		
列 3	r_{13}	r_{23}	r_{33}	
列 4	r_{14}	r_{24}	r_{34}	r_{44}

相关系数 r 计算的是线性相关关系。实际应用中，一般地，相关系数 r 的取值范围在 $-1<r<+1$，当 $|r|\to 1$ 时，说明两个变量之间的线性关系越来越强，当 $|r|\to 0$ 时两个变量的线性关系越来越弱。而且，统计专家们依据经验将线性相关程度依次分为 4 个档次：$|r|\geqslant 0.8$ 时，表示两个变量高度相关；$0.5\leqslant |r|<0.8$ 时，表示中度相关；$0.3\leqslant |r|<0.5$ 时，表示低度相关；$|r|<0.3$ 时，表示两个变量之间的相关强度很弱，也有时将这种情况视为不相关。$r=0$ 表明两个变量之间不存在线性相关关系。

需要注意的是，虽然 r 是两个变量之间线性关系及其强度的一个度量值，但它无法证明两个变量一定有因果关系。而且，两个变量不存在线性关系，并不能说明变量之间没有非线性关系。

大部分情况下，我们很难计算总体的相关系数，因此，通常的做法是，用样本的相关系数 r 来近似地估计总体的相关系数。由于估计有误差，所以，我们需要考察 r 的可靠性，用统计学术语讲，就是对相关系数 r 进行显著性检验。而且，只有通过了显著性检验，r 的强度解释才有意义。

相关系数 r 的显著性检验的基本步骤如下：

第一步：假设总体不相关，即总体相关系数等于零 $\rho=0$。

第二步：求出样本相关系数 r，并将相关系数 r 值代入需要检验的 t 统计量：

$$t(n-2)=|r|\sqrt{\frac{n-2}{1-r^2}}$$

第三步：给定的显著性水平 α、求出自由度 $n-2$，查 t 分布表求出临界值 $t_{\frac{\alpha}{2}}(n-2)$。

第四步：对比 t 统计量和临界值并得出结论：

若 $|t|>t_{\frac{\alpha}{2}}(n-2)$，则拒绝原假设，说明显著性水平为 α 时，总体的两个变量之间存在显著的线性关系；

若 $|t|\leqslant t_{\frac{\alpha}{2}}(n-2)$，则接受原假设，说明显著性水平为 α 时，总体的两个变量之间线性无关。

7.3.2　影响建筑安全事故数量的相关因素

研究影响建筑安全管理的相关因素，首先，要定性地分析一些可能会对建筑施工安全事故发生产生影响作用的因素，例如，劳动生产率水平、建筑业从业人员数量、安全文明施工现场的评奖数量等。这样的因素看起来与施工安全事故的发生似乎没有直接的因果关系，但是，通过计算安全事故数据与这些因素之间的相关系数，我们或许会发现，它们实际上对施工安全事故的发生是有较显著的影响作用的，而且，我们或许还会发现，一些最初定性分析认为的较直观的结论可能是不对的。

在山东土木建筑学会技能专业委员会、山东省建筑施工安全监督站的帮助下，我们采集到山东省建筑业相关管理尤其是施工安全管理方面的数据。下面，我们以山东省建筑施工安全管理为例，说明相关系数与 t-值的计算，以及对显著性与相关强度结论的解读。

【例 7.5】 表 7.17 列出的是山东省建筑施工安全事故起数、建筑安全事故死亡人数、山东省建筑业产值和建筑业从业人员数量 4 个变量的 2001—2014 年的数据，其中建筑业产值和从业人员数量数据源自山东统计信息网，且从业人员数量指计算建筑业劳动生产率的平均人数。试用 Excel 数据分析工具解答下列问题。

①试求施工安全事故起数、安全事故死亡人数与建筑业产值和建筑业从业人员数量之间的相关系数，并计算它们的 t-统计量检验值。

②依据相关系数和 t-值的对比，确定各个变量间的相关强度和 $\alpha=0.01$ 时的线性相关的显著性。

③一般认为，建筑业是劳动密集型且安全事故多发的行业，而且，若产值越大、从业人员越多，则安全事故数量可能会越多。试问，能否依据相关系数得到以上定性结论，请依据以上相关系数判断定性结论的正确与否。

表 7.17　山东省建筑业安全管理相关数据

年度	施工安全事故起数	建筑施工安全事故死亡人数	建筑业产值/亿元	从业人员/万人
2001	49	51	986.49	181.07
2002	37	42	1153.24	183.56
2003	38	54	1485.89	210.11
2004	31	44	1969.01	238.91
2005	28	35	2509.17	249.81
2006	19	28	2791.81	282.3
2007	24	30	3289.5	288.4
2008	19	28	3842.52	300.24
2009	18	25	4579.15	305.99
2010	17	20	5496.59	344.88
2011	14	19	6482.9	307.56
2012	10	16	7281.33	270.26
2013	11	15	8467.67	305.01
2014	13	15	9313.45	332.49

解：①在 Excel 数据分析工具中，第一步，选中相关系数；第二步，选中 4 个变量的 4 列数据，即从第一列的第一个数据到最后一列的最后一个数据（例如，B3：E16）；第三步，选定输出结果的第一个单元格，确定后就可得到各列的相关系数，见表 7.18。

表 7.18　4 个变量的相关系数计算结果表

	列 1	列 2	列 3	列 4
列 1	1			
列 2	0.956078	1		
列 3	−0.86157	−0.90511	1	
列 4	−0.88022	−0.868	0.7709	1

其中，列 1 对应的是施工安全事故起数，列 2 是施工安全事故死亡人数，列 3 是建筑业产值，列 4 是建筑业从业人员数量。

在得到相关系数的基础上，设 4 个变量分别为 X_1, X_2, X_3, X_4，每个变量的数据个数为 $n = 14$，其相关系数分别记作 $r_{12}, r_{13}, r_{14}, r_{23}, r_{24}, r_{34}$，将它们代入公式 $t_{ij} = |r_{ij}|\sqrt{\frac{n-2}{1-r_{ij}^2}}$，分别得出 6 个 t-值，其计算过程见表 7.19。

表 7.19　t-检验值计算过程表

两个变量间	r	计算 r^2	$(n-2)/(1-r^2)$	开平方	乘 r 绝对值得到 t-值
r_{12}	0.9561	0.9141	139.6724	11.8183	11.2992
r_{13}	−0.8616	0.7423	46.5648	6.8238	5.8792
r_{14}	−0.8802	0.7748	53.2830	7.2995	6.4252
r_{23}	−0.9051	0.8192	66.3786	8.1473	7.3742
r_{24}	−0.8680	0.7534	48.6661	6.9761	6.0553
r_{34}	0.7709	0.5943	29.5775	5.4385	4.1926

②分别设显著性水平为 $\alpha_1 = 0.05, \alpha_2 = 0.01$，查 t 分布表得临界值为：$t_{\frac{\alpha_1}{2}}(n-2) = t_{0.025}(12) = 2.179$，$t_{\frac{\alpha_2}{2}}(n-2) = t_{0.005}(12) = 3.055$。并将计算出的 t-值与查表得出的临界值进行对比，得出线性相关强度与显著性结论如下：

显著性结论：因为所有的 t-统计量都大于临界值，即：$|t| > t_{\frac{\alpha_1}{2}}(n-2)$，所以，显著性水平 $\alpha = 0.01$ 时，拒绝原假设，总体的两个变量之间存在显著的线性关系，也就是说，4 个变量中，每两个变量间都存在显著的线性关系。

相关强度结论：除了 r_{34} 以外，其他相关系数的绝对值均大于 0.8，依据相关强度的含义，施工安全事故起数或安全事故死亡人数与建筑业产值和建筑业从业人员数量都是高度线性相关的。

③注意到 r_{13}, r_{14} 都是负数，它说明建筑施工安全事故起数不仅与建筑业产值和建筑业从业人员高度相关，而且，施工安全事故起数是随着建筑业产值的增加而减少的，也是随着建筑业从业人员的数量的增加而减少的。同理，可解释 r_{23}, r_{24}。依据相关系数的含义，早期的定性分析结论"从业人员越多施工安全事故可能会越多"显然是不对的。正确的解释应该是，在建筑业产值稳步增长，从业人员数量持续增加的背景下，山东省建筑施工安全事故起数与死亡人数总体呈下降趋势，说明，随着国家安全法规逐渐完善和安全监管力度的不断加大，山东省建筑业的安全管理水平正在逐步提高，事故的预防工作已取得长足进步。

【例 7.6】　在影响施工安全事故数量的各种间接原因中，教育培训是各级管理人员共同关注的施工安全管理影响因素。表 7.20 列出的是山东省建筑业施工管理部门认可或倡导的各类与施工安全内容相关的教育培训项目的年度数据，试用 Excel 数据分析工具解答下列问题。

①计算建筑施工安全事故死亡人数与各个培训项目的培训数量之间的相关系数，并依据相关系数判断它们的相关强度。

②计算显著性检验的 t-值，并判断在显著性水平 $\alpha=0.05$ 时，施工安全事故死亡人数与 4 类培训项目是否存在显著的线性相关关系？

表 7.20　山东省建筑施工安全事故与培训数据表

年度	施工安全事故起数	建筑施工安全事故死亡人数	农民工基础技能培训数量/万人	技能培训鉴定数量/万人	安全管理人员培训数/万人	特种作业人员培训数/万人
2001	49	51	5.74	8.2	0.981	0.3604
2002	37	42	6.37	9.1	0.8664	1.4726
2003	38	54	5.95	8.5	1.89	1.4668
2004	31	44	12	8.8	1.22	2.26
2005	28	35	13.6	8.1	1.22	2.59
2006	19	28	16	6.5	2.235	2.9
2007	24	30	39	7.1	2.2527	3.8546
2008	19	28	34	7.5	3.4602	3.9164
2009	18	25	36	7.6	2.5579	3.7
2010	17	20	37	7.7	2.3832	2.3537
2011	14	19	35	7.5	2.122	3.5
2012	10	16	30	7.22	2.3	3.4
2013	11	15	24	7.9	2.1	3.5

解：①设列 1、列 2、列 3、列 4、列 5、列 6 变量分别为 X_1、X_2、X_3、X_4 、X_5、X_6 每两个变量 X_i 与 X_j 之间的相关系数记为 r_{ij}，其中 $i,j=1,2,3,4,5,6$ 。选用 Excel 数据分析软件，和上例的步骤类似，软件会自动显示出施工安全事故死亡人数和 4 个培训项目数量之间的相关系数，见表 7.21。

表 7.21　施工安全事故数与教育培训项目的相关系数计算结果

	列 1	列 2	列 3	列 4	列 5	列 6
列 1	1.0000					
列 2	0.9550	1.0000				
列 3	−0.7734	−0.7939	1.0000			
列 4	0.6384	0.6332	−0.6308	1.0000		
列 5	−0.6965	−0.6062	0.7762	−0.6751	1.0000	
列 6	−0.8676	−0.7895	0.8215	−0.6389	0.7586	1.0000

其中，各单元格所表示的是任意两个列变量的相关系数，具体见表 7.22。

表 7.22　各列变量间相关系数指示表

	列 1	列 2	列 3	列 4	列 5	列 6
列 1	r_{11}					
列 2	r_{12}	r_{22}				
列 3	r_{13}	r_{23}	r_{33}			
列 4	r_{14}	r_{24}	r_{34}	r_{44}		

续表

	列 1	列 2	列 3	列 4	列 5	列 6
列 5	r_{15}	r_{25}	r_{35}	r_{45}	r_{55}	
列 6	r_{16}	r_{26}	r_{36}	r_{46}	r_{56}	r_{66}

其中，第 2 列列出的就是山东省建筑施工安全事故死亡人数与各个培训项目的培训数量之间的相关系数。

依据表 7.21 计算出的相关系数，可得到它们之间的相关强度结论为：

结论 1：虽然施工安全事故死亡人数与 4 个培训变量均属于中度或较强相关，但是，它与农民工基础技能培训数量及特种作业人员培训数量间的相关系数均十分接近 0.8，可近似认为安全事故死亡人数与这两个培训项目间是高度线性相关的。

结论 2：列 2 变量与 3 个培训项目的数量之间的相关系数都是负数，说明它们之间是负线性相关，也就是说，当这 3 个培训项目的的数量增加时，建筑施工安全事故的死亡人数会随之减少。这个结论是十分有意义的，它除能证明这 3 个培训项目实施的必要性以外，还说明这 3 个项目的实施对挽救建筑业产业工人的生命、提高施工安全管理水平具有重要的意义。

②将 $n=13$，相关系数 $r_{23}, r_{24}, r_{25}, r_{26}$ 分别代入公式 $t_{ij}=|r_{ij}|\sqrt{\dfrac{n-2}{1-r_{ij}{}^2}}$，可计算出 4 个 t-值，见表 7.23。

显著性水平 $\alpha=0.05$ 时，查 t 分布表得临界值为：

$t_{\frac{\alpha}{2}}(n-2)=t_{0.025}(11)=2.201$。

表 7.23　t-检验值计算过程表

两个变量间	r	计算 r^2	$(n-2)/(1-r^2)$	开平方	乘 r 绝对值得到 t-值
r_{23}	−0.7939	0.6302	29.7467	5.4541	4.3297
r_{24}	0.6332	0.4010	18.3637	4.2853	2.7136
r_{25}	−0.6062	0.3675	17.3901	4.1701	2.5279
r_{26}	−0.7895	0.6233	29.2035	5.4040	4.2666

将表 7.23 的 t-值与查表得出的临界值进行对比，得到显著性结论如下：

结论 3：因为所有的 t-统计量都大于临界值，即：$|t|>t_{\frac{\alpha}{2}}(n-2)=2.201$，所以，显著性水平 0.05 时，拒绝原假设，总体的两个变量之间存在显著的线性关系，也就是说，建筑施工安全事故死亡人数与 4 个培训项目的数量均有显著的线性相关关系。需要注意的是，产业工人技能培训鉴定数量与施工安全事故死亡人数是正相关，虽然是中度正相关，但是，它至少说明，产业工人的技能培训与鉴定数量并没有在减少施工安全事故死亡人数方面发挥它应有的效应。

【例 7.7】　为了贯彻“安全第一、预防为主、综合治理”的方针，山东省建筑工程管理局围绕减少施工安全事故数量、提升建筑安全管理水平作了许多工作。在山东省建管局技能办和施工安全监督站的帮助下，我们收集并整理了从 2001—2013 年的可能与施工安全管理相关的工作内容的数据，其中 2013 年的部分内容是我们根据相关管理人员提供的资料估算的数据，具体见表 7.24。试用相关系数分析下列问题。

表 7.24　山东省建筑业安全管理相关数据

年度	施工安全事故数/起	农民工基础技能培训/万人	劳动生产率/(万元/人)	示范工地/个	文明施工小区/个	省施工工法数/个	优良工地数/个	特种作业人员培训数/万人
2001	49	5.74	5.45	100	0	38	354	0.3604
2002	37	6.37	6.28	99	5	56	352	1.4726
2003	38	5.95	7.02	105	8	73	364	1.4668
2004	31	12	8.24	96	5	85	352	2.26
2005	28	13.6	10.04	88	5	101	342	2.59
2006	19	16	9.89	100	13	115	341	2.9
2007	24	39	11.41	102	19	120	360	3.8546
2008	19	34	12.80	104	13	170	352	3.9164
2009	18	36	14.97	115	18	212	365	3.7
2010	17	37	15.94	115	18	296	365	2.3537
2011	14	35	21.08	111	32	352	390	3.5
2012	10	30	16.94	120	47	459	432	3.4
2013	11	24	27.76	122	78	415	442	3.5

①试利用 Excel 数据分析工具求解并写出建筑施工安全事故数量与表 7.24 所列出的 7 个变量之间的相关系数，并依据相关系数判断它们的相关强度。

②计算显著性检验的 t-值，并判断在显著性水平 $\alpha=0.05$ 时施工安全事故起数与表中所列工作变量是否存在显著的线性相关关系？

解：①设列 1、列 2、列 3、列 4、列 5、列 6、列 7、列 8 变量分别为 X_1、X_2、X_3、X_4、X_5、X_6、X_7、X_8，选用 Excel 数据分析软件，和上例的步骤类似，软件会自动显示出施工安全事故数量和 7 工作变量之间的相关系数，现将它们整理得：

$r_{12}=-0.7734$，$r_{13}=-0.8290$，$r_{14}=-0.6571$，$r_{15}=-0.7523$，$r_{16}=-0.8428$，$r_{17}=-0.5858$，$r_{18}=-0.8676$。也可将相关系数列成表 7.25 的形式。

表 7.25　施工安全事故数量与有关工作变量的相关系数

农民工基础技能培训数量	−0.7734	省施工工法数量	−0.8428
劳动生产率	−0.8290	优良工地个数	−0.5858
示范工地数量	−0.6571	特种作业人员培训数量	−0.8676
文明施工小区个数	−0.7523		

强度结论：仅从相关系数就能观察出，建筑业劳动生产率、省级施工工法数量、特种作业人员培训数量与施工安全事故数量的变化有高度相关关系；农民工基础技能培训数量、文明施工小区个数与施工安全事故数量的变化有接近高度相关的关系；示范工地数量、优良工地数量与施工安全事故数量的变化有中度相关关系。

表 7.25 的数据还说明，施工安全事故数量与 7 个变量的相关系数均是负数，因此，它们都是负相关，也就是说，随着这 7 个变量的任意一个变量的数量的增加，施工安全事故起数都是减少的趋势，也就是说，这 7 个方面的工作对减少施工安全事故数量、提升施工安全管理水平都发挥着不同程度的正的效应。

②将 $n=13$，相关系数 r_{12}、r_{13}、r_{14}、r_{15}、r_{16}、r_{17}、r_{18} 分别代入公式

$$t_{ij}=|r_{ij}|\sqrt{\frac{n-2}{1-r_{ij}{}^{2}}},$$

可计算出 4 个 t -值，见表 7.26。

表 7.26　t -检验值计算过程表

两个变量间	r	计算 r^2	$(n-2)/(1-r^2)$	开平方	乘 r 绝对值得到 t -值
r_{12}	−0.7734	0.5981	27.3690	5.2315	4.0459
r_{13}	−0.8290	0.6872	35.1706	5.9305	4.9164
r_{14}	−0.6571	0.4318	19.3601	4.4000	2.8914
r_{15}	−0.7523	0.5660	25.3448	5.0344	3.7874
r_{16}	−0.8428	0.7103	37.9743	6.1623	5.1937
r_{17}	−0.5858	0.3431	16.7462	4.0922	2.3971
r_{18}	−0.8676	0.7528	44.4896	6.6701	5.7870

显著性水平 $\alpha=0.05$ 时，查 t 分布表得临界值为：

$$t_{\frac{\alpha}{2}}(n-2)=t_{0.025}(11)=2.201$$

表 7.26 的 t -值与查表得出的临界值进行对比，得到显著性结论如下：

显著性结论：因为所有的 t -统计量都大于临界值，即：$|t|>t_{\frac{\alpha}{2}}(n-2)=2.201$，所以，拒绝原假设，总体的每两个变量间存在显著的线性关系。也就是说，施工安全事故数量与表 7.25 所列出的 7 项工作内容的数量均有着显著的线性关系。

思考题

1. 某施工企业在报告期内发生施工安全工伤事故 35 人次，其中重伤 10 人，死亡 1 人，已知该企业在报告期内平均在职员工数为 1700 人，试写出该施工企业在报告期内的千人工伤事故频率、千人重伤频率和千人死亡率的计算公式，并计算出它们。

2. 依据国家制定的事故等级的划分标准，一般地，建筑工程安全事故划分为哪几个等级？

3. 建筑工程安全事故包括哪些种类，我们常说的五大伤害指的是哪些种类？

4. 在建筑工程作业条件的安全风险计算中，设 D 是建筑工程作业条件安全风险分值，L 是发生事故的可能性大小，E 是人体暴露在危险环境中的频繁程度，C 是若发生事故则产生的后果的严重程度。

（1）试用 D、L、E、C 描述出建筑工程作业条件安全风险分值的计算公式；

（2）E 是人体暴露在危险环境中的频繁程度，专家们对不同的暴露程度进行了赋值，试问，10 分、3 分、1 分分别代表了人体暴露在危险环境的什么样的频繁程度？

（3）C 表示若发生事故则可能产生的后果的严重程度，专家们也对后果的严重程度进行了赋值，试写出 100 分和 40 分分别对应的严重后果的名称和具体内容。

5. 实地考察一个建筑业企业，或利用证券软件，考察一个上市的建筑业企业，了解它们的年产值、年净利润、以及与企业效益可能相关的 3～5 项管理指标或财务指标数据，并使用 Excel 数据分析工具对这些指标进行相关性分析。

第八章 建筑工程管理内容的趋势与回归分析

众所周知，建筑工程管理的特点是多方参与且工序繁杂，由于管理内容日益复杂、且在多方协调过程中管理数据不断变化，所以，为了能够做出较为准确的判断和正确的决策，要求管理者对不确定的事物做出科学的预测。具体来讲，就是要求管理者在不完全观察资料或数据的基础上，对建筑工程管理的各项指标做出可靠的估计，以便为合适合理的决策提供数据支持。回归与时间序列分析正是处理这些问题的有效手段和工具。因此，对建筑工程管理的有关内容进行回归分析和时间序列分析，对于我们探寻建筑工程管理的时间机制、并利用相应的机制预测未来，防患于未然具有极其重要的参考价值。

8.1 建筑工程管理数据的趋势

8.1.1 时间序列中趋势的类别

在建筑工程管理的统计数据中，有一类数据是依据时间观测记录的。例如，某地区建筑施工管理部门要对未来一年的建筑业劳动生产率做出预测，这种预测对建筑业的产值、用工数量、施工质量与控制、培训等都是至关重要的。这种预测的依据是过去若干年该地区建筑业的产值与从业人员数量的记录，我们将这样的记录按照时间顺序排列起来，就形成了随时间记录的数据序列，称为时间序列，又称为动态数列。例如，表 8.1 列出的就是山东省建筑业的 2001—2014 年的建筑业产值、从业人员数量与劳动生产率的数据。

表 8.1 山东省建筑业的劳动生产率统计数据

年度	建筑业产值/亿元	从业人员/万人	劳动生产率/（万元/人）
2001	986.49	181.07	5.45
2002	1153.24	183.56	6.28
2003	1485.89	210.11	7.07
2004	1969.01	238.91	8.24
2005	2509.17	249.81	10.04
2006	2791.81	282.3	9.89
2007	3289.5	288.4	11.41

续表

年度	建筑业产值/亿元	从业人员/万人	劳动生产率/（万元/人）
2008	3842.52	300.24	12.80
2009	4579.15	305.99	14.97
2010	5496.59	344.88	15.94
2011	6482.9	307.56	21.08
2012	7281.33	270.26	26.94
2013	8467.67	305.01	27.76
2014	9313.45	332.49	28.01

观察表 8.1，不难看出，任何一个时间序列都具有两个基本要素：一是时间范围；二是各个时间段对应的数据。

一般地，时间序列分为平稳序列和非平稳序列两大类。平稳序列是基本上不存在趋势的序列，它的数据虽然在不同的时间段波动的程度不同，但其波动多看成是随机的，不存在某种规律。非平稳序列是包含了长期趋势、季节性变动趋势、周期性趋势的序列，以及这几种成分混合而成的复合型趋势序列。在两类时间序列中，显然，有规律的非平稳序列更有助于预测。非平稳序列的特点是随时间变化的数据存在着某种趋势；作为一种特殊的规律，趋势是通过对过去的一段时间的数据的研究发现的走势或影响走势的原因因素，它可用来理解已经发现的原因因素对今后的一段时间可能产生的重复性影响；还可用来预测未来某个时间点或时间段的观测值。

8.1.2　趋势的概念

长期趋势指研究对象的数据在较长的一段时期内呈现出来的特征是持续向上或持续下降的，这种持续向上或持续下降可能是一直向上或下降，也可能是震荡向上或下降。例如，图 8.1 是依据表 8.1 的数据用 Excel 软件描绘出的山东省建筑业 2001—2014 年的劳动生产率的变化趋势图。图 8.1 表明，山东省建筑业的劳动生产率呈现出一个依年度持续向上的长期趋势。

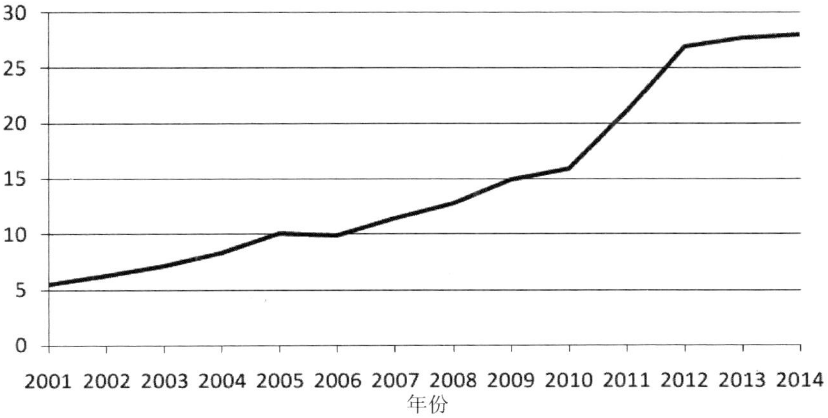

图 8.1　2001—2014 年山东省建筑业劳动生产率趋势图

季节变动趋势的数据特征是，受自然因素影响，研究对象的数据在一年中随季节的更替发生的有规律的变化。经常地，研究对象的数据不仅指随着一年四季的变化而变化，还有些数据呈现出以一定时期为周期（如季、月或星期）重复出现的有规律的变化特征，这种情况，我们也称为季节变动趋势。

例如，表 8.2、表 8.3 是河南理工大学土木工程学院张建设等统计的我国建筑业高处坠落死亡事故的 2004—2013 年的月际和季度的分布数据。

表 8.2　2004—2013 年我国建筑施工高处坠落事故月际数据统计表

月	1	2	3	4	5	6	7	8	9	10	11	12	合计
事故起数	192	124	323	355	419	385	416	410	378	375	313	268	3958
死亡人数	202	137	363	380	460	415	436	429	412	416	345	288	4283

表 8.3　2004—2013 年我国建筑业高处坠落事故季度分布数据

季度	一	二	三	四	合计
事故起数	639	1159	1204	956	3958
死亡人数	702	1255	1277	1049	4283

依据表 8.2 的数据，用 Excel 描绘出 2004—2013 年我国建筑施工高处坠落事故起数月际分布趋势图，如图 8.2 所示。

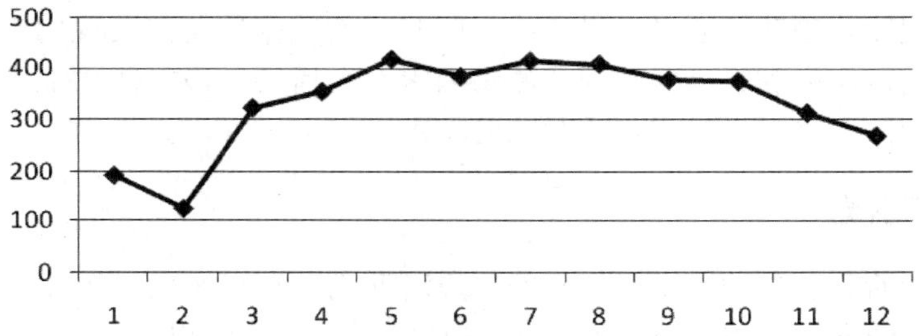

图 8.2　2004—2013 年我国建筑施工高处坠落事故各季度分布趋势图

同样，依据表 8.3 的数据可得到高处坠落事故死亡人数季度变化趋势分布图，如图 8.3 所示。

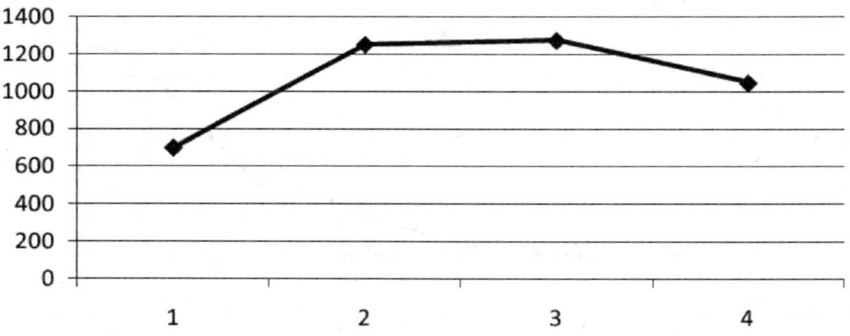

图 8.3　2004—2013 年我国建筑施工高处坠落事故死亡人数季度变化图

依据月际折线图不难看出，岁尾年初的 4 个月（11 月、12 月、1 月、2 月）内事故发生数量较少，这与我国的气候、文化习俗和传统施工习惯有很大关系；5—10 月，施工安全事故密集增加，其中 6 月事故数量相对较低，这可能与每年 6 月全国都在开展“安全生产月”活动密切相关。

依据季度变化图不难看出，每年的第二季度、第三季度是事故高发期，因此，夏秋两季应特别注意加强施工安全管理工作，增加安全生产投入，积极采取各项措施预防施工安全事故的发生。

周期性变动趋势，也称循环波动趋势。它的特点是，数据围绕长期趋势呈现出一种波浪形的或者震荡形的走势。例如，在一个较长的时间段内，许多股票的价格总是呈现出周期性的变化趋势。由于周期性变动多是由经济活动或商业活动引起的，建筑工程管理中，具有周期性变动趋势的内容相对较少，所以，我们更关注研究对象的长期趋势和季节变动趋势。

趋势是研究对象的数据随时间变化的一种特殊的规律，发现这样的规律有助于我们做出较为可靠的预测。时间序列预测的主要方法有两种，一是利用已有数据推算预测数据；二是寻找数据与时间之间的数学关系表达式，以便对数据的分布进行观察和分析，并对数据的趋势进行估值。常见的趋势方法主要有移动平均法、指数平滑法、线性趋势预测法、非线性趋势预测法和自回归模型预测法等。

8.2　移动平均法和指数平滑法

8.2.1　移动平均法

用对时间序列的数据依照时间段逐段递移计算出的平均数作为预测值的预测方法称为移动平均法。移动平均法包括简单移动平均法和加权移动平均法两种。由于加权移动平均法需要对所有数据设定权重值，权重设定的人为性和任意性程度较大，所以，在这里，我们只讨论简单移动平均法。

简单移动平均法是通过对某一时点的前一个时间段的数据求出平均数以获得该时点的数据的方法。具体来讲，用一个时间段内各点的数据之和比上该时间段内数据的个数就得到移动平均值。用公式表示为：

$$b_t=\frac{a_{t-1}+a_{t-2}+\cdots+a_{t-n}}{n}$$

式中，t 是时间单位，n 是计算的时间段内包含的数据的项数。

【例 8.1】　某施工企业采购某种建筑装饰玻璃，在采购过程中，采购人员记录了多家玻璃生产企业从 2011 年 1—11 月该种装饰玻璃的价格分别为 80、87、95、88、97、85、60、65、82、87、92（单位：元/重量箱）。试分别以一个季度和 4 个月为时间段，估计 2011 年 11 月该种玻璃的价格。

解：首先，做出 2011 年 1—11 月的价格趋势折线图，如图 8.4 所示。

观察 11 个月的价格趋势，时高时低，随机因素影响较大，难以看到大的趋势。

用简单移动平均法，以一个季度即 3 个月为时间段估计 2011 年 12 月的顾客订单数：

$$b_4=\frac{a_1+a_2+a_3}{3}=\frac{80+87+95}{3}=87.33$$

$$b_5=\frac{a_2+a_3+a_4}{3}=\frac{87+95+88}{3}=90$$

$$\cdots$$

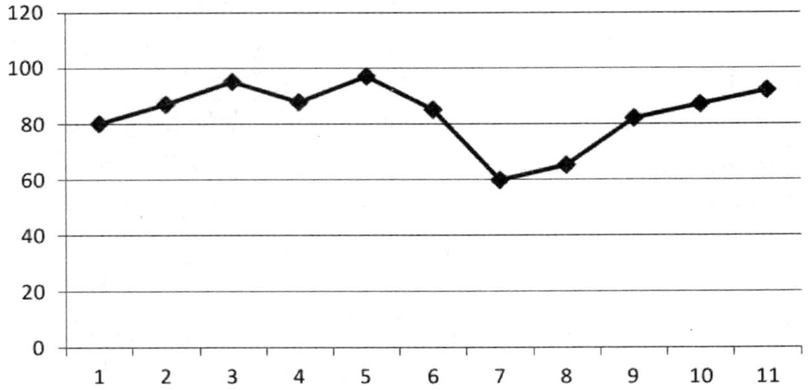

图 8.4　装饰玻璃每重量箱价格走势图

依次可计算出：$b_6=93.33$，$b_7=90$，$b_8=80.67$，$b_9=70$，$b_{10}=69$，$b_{11}=78$，$b_{12}=87$。所以，以 3 个月即一个季度为单位，移动平均得到的 2011 年 12 月的估计值 87。

同理，可计算以 4 个月为单位的移动平均值，并得到 12 月的预测值为 81.5。

简单移动平均法也可用 Excel 办公软件计算，计算步骤如下：

第一步：在 Excel 的“数据分析”选项中选择【移动平均】，显示出移动平均的对话框；

第二步：在对话框中，输入数据区域（如＄B＄2：＄B＄11）和移动平均的时间间隔（例如，3、4 等）；

第三步：在输出区域中，填上输出结果的第一个单元格的符号就行。

例如，对例题 8.1 的数据用 Excel 的“移动平均”工具就可得到相应的计算结果。表 8.4 显示的内容就是依据 Excel 的输出结果整理出来的玻璃价格的分别以 3 个月、4 个月为间隔单位的移动平均值。

表 8.4　装饰玻璃每重量箱价格的移动平均趋势

时间段	1 月	2 月	3 月	4 月	5 月	6 月	7 月	8 月	9 月	10 月	11 月
价格趋势	80	87	95	88	97	85	60	65	82	87	92
以 3 个月为单位			4 月	5 月	6 月	7 月	8 月	9 月	10 月	11 月	12 月
价格趋势			87.33	90	93.33	90	80.67	70	69	78	87
以 4 个月为单位				5 月	6 月	7 月	8 月	9 月	10 月	11 月	12 月
价格趋势				87.5	91.75	91.25	82.5	76.75	73	73.5	81.5

8.2.2　预测的精确度

衡量预测值的精确度，一个经常使用的方法就是计算均方差，所谓均方差是预测误差平方和的平均值（MSE），用公式表示为：

$$\mathrm{MSE}=\frac{1}{n}\sum_{i=1}^{n}(a_i-b_i)^2=\frac{1}{n}\sum_{i=1}^{n}e_i{}^2$$

式中，n 是估计值的误差值；e_i 是第 i 个预测值与观测值的差（a_i-b_i）。

例如，表 8.5 显示的就是通过 Excel 的“移动平均”工具计算的估计值以及估计值的误差和误差平方和。其中，计算均方差时，3 个月移动平均预测的预测值有 9 个，但

预测值的误差值 e_i 只有 8 个，所以，$n=8$；同样，4 个月的移动平均预测的误差值 e_i 的个数是 7，所以 $n=7$。

表 8.5　装饰玻璃价格的移动平均值

时间	装饰玻璃月均价格	3 月移动平均预测	预测误差	误差平方	4 月移动平均预测	预测误差	误差平方
1 月	80						
2 月	87						
3 月	95						
4 月	88	87.33	0.67	0.44			
5 月	97	90.00	7.00	49.00	87.5	9.50	90.25
6 月	85	93.33	−8.33	69.44	91.75	−6.75	45.56
7 月	60	90.00	−30.00	900.00	91.25	−31.25	976.56
8 月	65	80.67	−15.67	245.44	82.5	−17.50	306.25
9 月	82	70.00	12.00	144.00	76.75	5.25	27.56
10 月	87	69.00	18.00	324.00	73	14.00	196.00
11 月	92	78.00	14.00	196.00	73.5	18.50	342.25
12 月	预测值	87.00		预测值	81.5		
			合计	1928.33			1984.44

以 3 项移动平均为例，表 8.5 中的 87.33 就是 1 月、2 月、3 月 3 个月的平均值，用它作为 4 月的预测值；同理，87 就是 9 月、10 月、11 月 3 个月的平均值，用它作为 12 月的预测值。同理，用 8 月、9 月、10 月、11 月 4 个月的平均值预测 12 月份的玻璃价格，得到预测值为 81.5 元。

3 个月移动平均的均方误差（MSE）为 241，4 个月移动平均的均方误差为 283.49，单从均方差来看，3 个月的移动平均误差比 4 个月的小一些，预测效果要稍好一些。

8.2.3　指数平滑法

如果预测值是通过对过去的观测值进行加权平均得到的，则这样的预测方法称为指数平滑法；具体来讲，$t+1$ 期的预测值是通过 t 期的实际观测值加上 t 期的预测值的加权平均值求得的。指数平滑法包括一次指数平滑、二次指数平滑、三次指数平滑等，在建筑工程管理工作中，我们主要使用一次指数平滑法求解预测值。

一次指数平滑法，又称单一指数平滑法，它的特点是只有一个平滑系数。设一共有时间序列观测值为 Y_1，Y_2，…，Y_t，且对研究对象连续观测 n 个时期，F_t、F_{t+1} 分别是第 t 时期、第 $t+1$ 时期的预测值，α 为平滑系数，则一次指数平滑法的预测模型为：

$$F_{t+1}=\alpha Y_t+(1-\alpha)F_t \quad t=2,3,\cdots$$

利用这一公式，我们可以将 F_{t+1} 往前递推 n 个时期。

$$\begin{aligned}F_{t+1}&=\alpha Y_t+(1-\alpha)F_t\\&=\alpha Y_t+(1-\alpha)[\alpha Y_{t-1}+(1-\alpha)F_{t-1}]\\&=\alpha Y_t+\alpha(1-\alpha)Y_{t-1}+(1-\alpha)^2F_{t-1}\\&=\cdots\\&=\alpha Y_t+\alpha(1-\alpha)Y_{t-1}+\alpha(1-\alpha)^2Y_{t-2}+\cdots+\alpha(1-\alpha)^nY_{t-n}\end{aligned}$$

显然，$F_1=Y_1$，而且，指数平滑法的预测是非线性的。

由前递推公式可以看出，每一个递推观测值的权数是按照指数规律递减的，实际上，这也是指数平滑法名称的由来。

模型中的 α 被称为平滑系数，又称权数，它的特点是，$0\leqslant\alpha\leqslant1$ 且 n 无穷大时所有权数之和等于 1，用级数表示为：$\sum_{n=1}^{+\infty}\alpha(1-\alpha)^{n-1}=1$。和平滑系数 α 对应的 $1-\alpha$ 实际上是平滑系数的对立概率，称为阻尼系数。

假设我们用连续 n 个时期的观测值计算一个平均数，并用这个平均数作为 $t+1$ 时期的预测值 F_{t+1}，则依据简单移动平均法，

$$\begin{aligned}F_{t+1}&=\frac{1}{n}(Y_t+Y_{t-1}+\cdots+Y_{t-n+1})\\&=\frac{1}{n}(Y_t+Y_{t-1}+\cdots+Y_{t-n+1}+Y_{t-n}-Y_{t-n})\\&=\frac{1}{n}Y_t+\frac{1}{n}(Y_{t-1}+Y_{t-2}+\cdots+Y_{t-n})-\frac{1}{n}Y_{t-n}\\&=\frac{1}{n}Y_t+F_t-\frac{1}{n}Y_{t-n}\end{aligned}$$

假定时间序列是平稳时间序列，那么我们就可以用 t 时期的预测值 F_t 替代 $t-n$ 时期的观测值 Y_{t-n}，于是，

$$F_{t+1}=\frac{1}{n}Y_t+F_t-\frac{1}{n}F_t=\frac{1}{n}Y_t+\left(1-\frac{1}{n}\right)F_t$$

在这一表达式中，令 $\frac{1}{n}=\alpha$，则 $F_{t+1}=\alpha Y_t+(1-\alpha)F_t$。这一表达式恰好就是一次指数平滑法的模型。

上述推算过程告诉我们，在一定条件下，一次指数平滑法公式可用简单移动平均法推算出来，另外，平滑系数与阻尼系数的和等于 1。

由于指数平滑法主要是用来预测的，所以，它的目标是使均方差（MSE）最小。若将预测模型 $F_{t+1}=\alpha Y_t+(1-\alpha)F_t$ 恒等变形，则得到：$F_{t+1}=F_t+\alpha(Y_t-F_t)$，其中后一项的差正好是实际观测值和预测值的差，也就是 t 时期的误差，一般记作 e_t；恒等变形后，一次指数平滑法的公式可简记为：

$$F_{t+1}=F_t+\alpha e_t$$

式中，e_t 是 t 时期预测的误差。

和简单移动平均法一样，一次指数平滑法也可以用 Excel 计算预测值和预测误差，其步骤如下：

第一步：选择【数据】菜单的【数据分析】选项；

第二步：在【数据分析】选项中，选择【指数平滑】选项并【确定】；

第三步：出现对话框时：在【输入区域】中输入数据，在【阻尼系数】中输入 $1-\alpha$ 值；在【输出区域】中选择预测结果的输出位置。最后，单击【确定】。

【例 8.2】 某建筑企业所属的劳务公司，专为该企业的各项目部提供一线操作人员。为各建筑工地进度控制的需要，劳务公司对每个基础工种都设定了各个时间段在岗

技术工人数量的下限。现已知某个工种在 2015 年 1—11 月在岗人员数量的观测值依次为：21、18、20、32、36、30、25、24、32、35、34，试用一次指数平滑法预测 12 月的该工种在岗人员数量。并比较平滑系数为 0.05 和 0.03 两种情况下预测的误差。

解：第一步，将题目提供的数据依次输入 Excel 中，见表 8.6 观测值一列。

表 8.6　Excel 输出的指数平滑预测值和误差平方

时间	观测值	平滑系数 α=0.05	预测误差	误差平方	平滑系数 α=0.03	预测误差	误差平方
1 月	21						
2 月	18	21	3	9	21	3	9
3 月	20	20.85	0.85	0.72	20.91	0.91	0.83
4 月	32	20.81	11.19	125.27	20.88	11.12	123.59
5 月	36	21.37	14.63	214.12	21.22	14.78	218.56
6 月	30	22.10	7.90	62.43	21.66	8.34	69.56
7 月	25	22.49	2.51	6.28	21.91	3.09	9.55
8 月	24	22.62	1.38	1.91	22.00	2.00	3.99
9 月	32	22.69	9.31	86.71	22.06	9.94	98.75
10 月	35	23.15	11.85	140.33	22.36	12.64	159.75
11 月	34	23.75	10.25	105.14	22.74	11.26	126.79
12 月	预测值	24.26		预测值	23.08		
			合计	751.92		合计	811.38

第二步，依据 Excel 提供的平滑指数预测值计算方法，计算出平滑系数为 0.05 和 0.03 两种情况下的估计值和预测值，同时，计算出每个估计值的预测误差和误差平方和。

第三步，用 1—11 月计算估计值的同样的公式，推算出 12 月的预测值，得到平滑系数 0.05 时的预测值为 24.26，平滑系数为 0.03 时的预测值为 23.08。

第四步，将表 8.6 的误差平方的计算结果代入 *MSE* 公式：

$$MSE=\frac{1}{n}\sum_{Y_i}(Y_i-F_i)^2=\frac{1}{n}\sum_{e_i}e_i^2$$

得到（751.92/10）=75.192；（811.38/10）=81.138. 就本例序列而言，α=0.05 时预测的效果较好。

一般地，实际应用时，α 取值最好小于或等于 0.05；若 α 大于 0.05 才能接近实际值，则说明序列存在某种波动较大的趋势，这样的趋势不太适合指数平滑法进行预测。当然，平滑系数即权数值的确定采用的是最小均方差的原则，也就是说，谁预测的均方差小，谁的预测就更好一些。

8.3　一元线性回归预测法

一般来说，简单移动平均法和一次指数平滑法适用于平稳时间序列，当时间序列带有明显的趋势特征时，预测值可能会反应缓慢，在较长一段时间内跟不上实际的数据。这时，就得考虑适合长期趋势或季节特征的预测方法。在关于趋势的统计预测方法中，一元或多元线性回归模型是对研究对象进行中、短期预测的最基础也是最实用的方法。

8.3.1 一元线性回归预测法

一元线性回归预测法指两个变量的数据的分布总体上呈直线趋势时，用一个线性方程研究变量间的数量关系的方法。这样的方程称为一元线性回归模型，它是从一组样本数据出发求解出的数学关系表达式。设（x_1，y_1），（x_2，y_2），…，（x_n，y_n），…是变量 X 与 Y 的一组样本数据，则一元线性回归模型可表示为：

$$y_i=b_0+b_1x_i+\varepsilon_i，i=1，2，\cdots，n$$

式中，b_0，b_1 是未知参数；ε_i 是误差项。

误差项 ε 反映的是除了自变量 x_1，x_2，…，x_n 对 y 的线性关系之外的随机因素对 y 的影响，无论是一元线性回归模型还是多元回归模型，对误差项 ε 都假定它的期望值为零，即 $E(\varepsilon)=0$。

一元回归模型中，称因变量 y 的期望值，即 $E(y)=b_0+b_1x_1$ 为一元回归方程，简称回归方程。回归方程描述了因变量 y 的期望值与自变量 x 之间的线性依存关系。为了求解一元回归方程中的未知参数 b_0、b_1，我们需要利用采集到的样本数据去估计这些参数。设 $\hat{b}_0$、$\hat{b}_1$ 依次为 b_0、b_1 的估计值，将估计值代入回归方程后，就得到估计的一元回归方程。即：

$$\hat{y}=\hat{b}_0+\hat{b}_1x，$$

式中，$\hat{y}$ 是因变量 y 的估计值，$\hat{b}_1$ 称为估计的回归系数，也称回归系数。回归系数的解释是，回归系数对应的自变量每变动一个单位，因变量 y 的平均变动量。

由于求解的都是估计的回归方程，所以，我们通常将求出的估计的回归方程也称作回归方程或回归模型。而且，一旦求解出了估计的回归方程，我们便可通过自变量 x 的变化来预测因变量 y 的发展状况，这种利用估计的一元回归方程预测研究对象的方法称为一元线性回归预测法。

因此，根据样本数据（x_1，y_1），（x_2，y_2），…，（x_n，y_n）求解估计的一元回归方程是预测的前提。为了求解一元回归方程，解出参数 $\hat{b}_0$、$\hat{b}_1$ 是关键。统计学理论中，常见的一元线性回归方程参数的估计方法有最小二乘法和最大似然估计法两种，其中最常用的是最小二乘法，最小二乘法的基本原理是，通过求观察值与估计值之间的误差平方和 Q 的最小值解出估计回归方程的参数。其中，

$$Q=\sum_{i=1}^{n}e_i^2=\sum_{i=1}^{n}(y_i-\hat{y}_i)^2=\sum_{i=1}^{n}(y_i-\hat{b}_0-\hat{b}_1x_i)^2$$

且依据数学的求极值理论，最小二乘法需要对估计参数 $\hat{b}_0$、$\hat{b}_1$ 求偏导并令其等于零。也就是说，通过求解：$\left.\dfrac{\partial Q}{\partial b_0}\right|_{b_0=\hat{b}_0}=0$，$\left.\dfrac{\partial Q}{\partial b_1}\right|_{b_1=\hat{b}_1}=0$ 得到估计的参数依次为：

$$\hat{b}_1=\frac{n\sum_{i=1}^{n}x_iy_i-\sum_{i=1}^{n}x_i\sum_{i=1}^{n}y_i}{n\sum_{i=1}^{n}x_i^2-(\sum_{i=1}^{n}x_i)^2}，\hat{b}_0=\bar{y}-\hat{b}_1\bar{x}，$$

其中 $\bar{x}=\dfrac{1}{n}\sum_{i=1}^{n}x_i$，$\bar{y}=\dfrac{1}{n}\sum_{i=1}^{n}y_i$。

由于回归方程的参数估计的计算量较大，尤其是到了多元回归模型的参数估计时，用手工计算参数估计值几乎是不可能的。所以，在建筑工程管理的实践中，回归计算完全依赖于计算机。一般的统计软件都有计算回归方程参数的功能，特别地，多数人熟悉的 Excel 软件也有回归分析功能。

只要求出了回归方程 $\hat{y}=\hat{b}_0+\hat{b}_1x$，就可依据方程输入 x 值解出 y 值，解出的值就是因变量的预测值，也称因变量的点预测值。和点预测值对应的还有区间预测值。依据统计学的区间估计方法，如果要估计某个因变量值，则所估计的区间称为预测区间，预测区间的公式为：

$$\left[\hat{y}-t_{\frac{\alpha}{2}}(n-2)\,s_e\sqrt{1+\frac{1}{n}+\frac{(x_0-\bar{x})^2}{\sum\limits_{i=1}^{n}(x_i-\bar{x})^2}},\ \hat{y}+t_{\frac{\alpha}{2}}(n-2)\,s_e\sqrt{1+\frac{1}{n}+\frac{(x_0-\bar{x})^2}{\sum\limits_{i=1}^{n}(x_i-\bar{x})^2}}\right]$$

其中 s_e 为估值的标准误差，x_0 为用于预测 y 的 x 值。而且，在回归分析的输出结果中，标准误差就显示在回归统计一栏中。

【例 8.3】 为了明确新的一年农民工基础技能培训的数量目标，山东省建筑业教育培训管理部门从农民工基础技能培训规模对建筑施工安全管理水平的影响的角度出发，对 2013 年、2014 年建筑施工安全事故数量进行了一元线性回归预测。表 8.7 列出的是山东省 2001—2014 年的建筑施工安全事故数量和农民工基础技能培训数量。试以 2001—2012 年的数量为实验数据用 Excel 建立一元回归模型，并根据模型对 2013 年和 2014 年的施工安全事故起数进行点预测和区间预测，并对回归系数进行解释。

表 8.7 山东省建筑业施工安全与技能培训数据

年度	施工安全事故起数/起	农民工基础技能培训/万人	年度	施工安全事故起数/起	农民工基础技能培训/万人
2001	49	5.74	2008	19	34
2002	37	6.37	2009	18	36
2003	38	5.95	2010	17	37
2004	31	12	2011	14	35
2005	28	13.6	2012	10	36*
2006	19	16	2013	11	37*
2007	24	39	2014	13	35*

注：标“*”号的数据为年初计划数据。

解：设施工安全事故起数为因变量 y，建筑业农民工基础技能培训数量 x 为自变量。

第一步，将 x 与 y 的数据输入到 Excel 的工作表中。

第二步，在【数据】菜单下，选择【数据分析】选项。

第三步，在【数据分析】工具中，选择【回归】并单击【确定】，此时会出现会话框（见图 8.5）。

第四步，在对话框中输入相应数值：

在【Y 值输入区域】输入数据范围（第一个数据的单元格：最后一个数据的单元格，如＄B＄3：＄B＄14）；

同样，在【X 值输入区域】输入数据范围，如＄C＄3：＄C＄14；

在【置信度】选项中输入要求的数值（一般地，使用隐含的值 95%）；

在【输出区域】中选择输出区域；

其他，根据需要或要求选择或不选。以上操作步骤如图 8.5 所示。

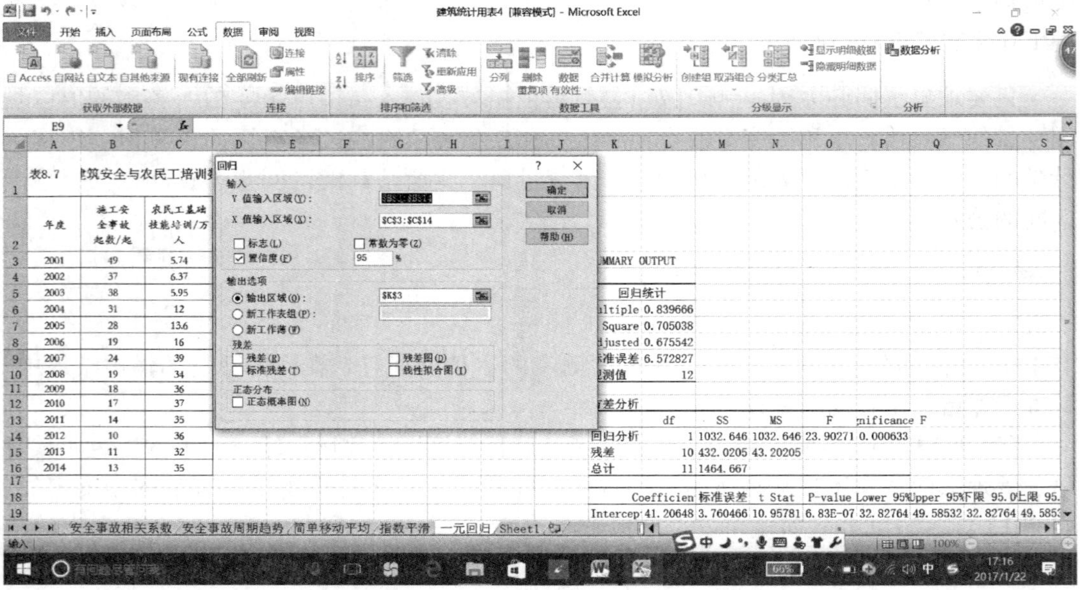

图 8.5　用 Excel 进行回归分析的步骤图示

输入数值完成后，单击【确定】，会得到如下结果，见表 8.8。

表 8.8　Excel 输出的一元回归预测结果分析表

SUMMARY OUTPUT

回归统计	
Multiple R	0.8397
R Square	0.7050
Adjusted R Square	0.6755
标准误差	6.5728
观测值	12

方差分析

	df	SS	MS	F	Significance F
回归分析	1	1032.6461	1032.6461	23.9027	0.0006
残差	10	432.0205	43.2021		
总计	11	1464.6667			

	Coefficients	标准误差	t Stat	P—value	Lower 95%	Upper 95%
Intercept	41.2065	3.7605	10.9578	0.0000	32.8276	49.5853
X Variable 1	−0.6885	0.1408	−4.8890	0.0006	−1.0023	−0.3747

表 8.8 所示的回归分析结果包括三部分：第一部分给出一些常用统计量的计算结果，包括相关系数、判定系数、调整的判定系数、标准误差和观测值的个数。第二部分是“方差分析”表，它包括自由度，回归平方和、残差平方和、总平方和以及 F 统计量的计算值，F 检验的显著性水平临界值等。第三部分是参数估计值内容，它包括常数估

计值、回归系数估计值，估计值的标准误差，回归系数的 t -统计量以及常数项和回归系数的 95%置信度的置信区间。

依据表 8.8 提供的数据，容易得到估计的回归模型为：

$$\hat{y}=\hat{b}_0+\hat{b}_1 x=41.2065-0.6885x$$

现在，我们可以用这一回归模型进行预测。

（1）点预测：在回归方程中，令 $x=37$，计算出 $\hat{y}$，就得到 2013 年的预测值为 15.732。也就是说，如果 2013 农民工基础技能培训计划是 37 万人，则对应的建筑施工安全事故起数的平均预测值有 95%的把握为 15.732 起即 16 起。同理，如果 2014 年农民工基础技能培训数量为 35 万人，则有 95%的把握认为 2014 年施工安全事故数量的平均预测值为 17.109 即 17 起。

（2）区间预测：区间预测需要套用公式进行计算，整个过程也可在 Excel 软件中通过表格计算的方式完成。预测 2013 年的区间时：

第一步，已知 $n=12$，$1-\alpha=0.95$，$s_e=6.5728$，设 2013 年的 $x_{01}=37$，$\hat{y}=15.732$，2014 年的 $x_0=35$，$\hat{y}=17.109$，并查表得：$t_{\frac{\alpha}{2}}(n-2)=t_{0.025}(10)=2.2281$。

第二步，列表计算 $\bar{x}$ 和 $\sum_{i=1}^{n}(x_i-\bar{x})^2$，见表 8.9。

第三步，计算 $\sqrt{1+\frac{1}{n}+\frac{(x_0-\bar{x})^2}{\sum_{i=1}^{n}(x_i-\bar{x})^2}}$，见表 8.10。

第四步，套公式 $\hat{y}\pm t_{\frac{\alpha}{2}}(n-2)s_e\sqrt{1+\frac{1}{n}+\frac{(x_0-\bar{x})^2}{\sum_{i=1}^{n}(x_i-\bar{x})^2}}$，计算区间值，见表 8.11。

表 8.9 自变量误差方与和的计算表

年度	施工安全事故起数/起	农民工基础技能培训/万人	自变量与均值差	平方
2001	49	5.74	−17.315	299.809
2002	37	6.37	−16.685	278.389
2003	38	5.95	−17.105	292.581
2004	31	12	−11.055	122.213
2005	28	13.6	−9.455	89.397
2006	19	16	−7.055	49.773
2007	24	39	15.945	254.243
2008	19	34	10.945	119.793
2009	18	36	12.945	167.573
2010	17	37	13.945	194.463
2011	14	35	11.945	142.683
2012	10	36	12.945	167.573
平均值	25.333	23.055	$\sum(x_i-\bar{x})^2$	2178.491

表 8.10　区间预测的计算表（一）

$1/n$	x 的平均值	x_0 的误差方	x_i 的误差方的和	计算比	计算和	计算方根
0.083	23.055	194.463	2178.491	0.089	1.173	1.083
0.083	23.055	142.683	2178.491	0.065	1.149	1.072

表 8.11　区间预测的计算表（二）

年度	估计值	临界值	标准误差	方根内值	计算下限	计算上限
2013	15.732	2.228	6.573	1.083	−0.126	31.590
2014	17.109	2.228	6.573	1.072	1.412	32.806

(3) 预测区间：2013 年农民工培训规模为 37 万人时，施工安全事故数量在［0，32］，预测把握为 95%。2014 年，若培训数量为 35 万人，我们以 95%的把握预测施工安全事故起数在［1，33］。观察这一结论，我们可以看出，利用回归预测值和回归分析的标准误差求解的预测区间，经常地，没有什么实际意义。

回归系数−0.6885 的解释是，农民工基础技能培训数量每增加 1 万人，因变量 y 就会减少 0.6885 起。将其换算成整数，由于 $\frac{1}{0.6885}=1.4524$，所以，农民工基础技能培训数量每增加 1.46 万人，建筑施工安全事故起数就会平均减少至少 1 起。

如果将时间设置为自变量，则一元线性回归模型就可用于预测研究对象随时间发展变化的趋势。

【例 8.4】　在例 8.3 中，若以年度为自变量，试以 2001—2011 年的数量为实验数据，建立建筑施工安全事故起数随年度变化的一元线性回归模型，依据模型预测 2012 年、2013 年和 2014 年的施工安全事故起数，并依据模型和折线图分析安全事故数量的年度趋势。

解：设施工安全事故起数为因变量 y，年度 t 为自变量，则用 Excel 数据分析工具，和例 8.3 同样的步骤，可得到相应的数据分析结论：见表 8.12。

表 8.12　随时间变化的安全事故起数回归分析表

回归统计	
Multiple R	0.9409
R Square	0.8852
Adjusted R Square	0.8725
标准误差	3.9249
观测值	11

方差分析

	df	SS	MS	F	Significance F
回归分析	1	1069.5364	1069.54	69.4276	0.000016
残差	9	138.6455	15.405		
总计	10	1208.1818			

	Coefficients	标准误差	t Stat	P−value	Lower 95%	Upper 95%
Intercept	6281.8	750.7005	8.3679	0.000015	4583.5975	7980.0025
X Variable 1	−3.1182	0.3742	−8.3323	0.000016	−3.9647	−2.2716

依据回归分析结果，容易得到以年度为自变量的估计的一元回归模型为：

$$y = 6281.8 - 3.1182t$$

当 t=2012，2013，2014 时，y 的预测值分别是 8 起，5 起和 2 起。其中，回归系数 -3.1182 的解释是，时间每增加一年，因变量 y 就会减少 3 起。

使用 Excel 还可描述建筑工程施工安全事故起数随年度变化的趋势折线图，如图 8.5 所示。

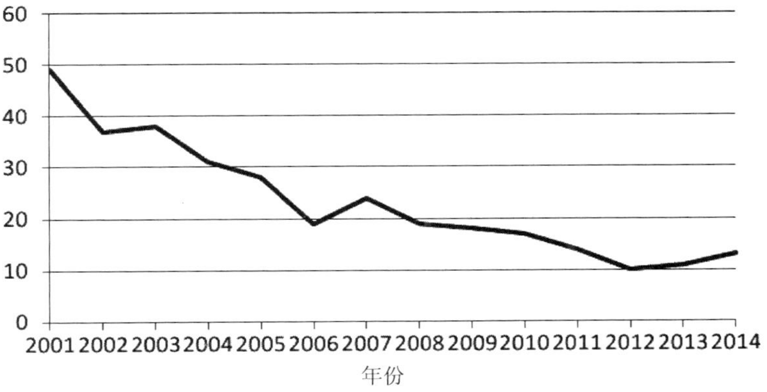

图 8.6　施工安全事故起数趋势图

对照表 8.7 的实际观测值，2012 年预测的数量十分接近实际值，但是 2013 年、2014 年的预测值离实际观测值却越来越远，这可能说明，施工安全事故数量随时间变化的趋势很有可能会在 2012 年后出现拐点。关于这一点，折线图也表现的十分明显。它也说明，在我们围绕提高安全管理水平所开展的一系列工作中，很可能是某一项或两项工作在数量上出现了下滑现象，有可能是这种下滑造成了施工安全事故数量下降趋势的改变。

8.3.2　一元回归预测准确性的检验

回归方程 $\hat{y} = \hat{b}_0 + \hat{b}_1 x$ 描述了变量 x 与 y 之间的一种直线关系，依据这一方程，我们可根据自变量 x 的值来估计或预测因变量 y 的值，但是，从上述两个例题来看，估计或预测是有误差的，有时，误差甚至是比较大的。直观上看，实际的数据未必就一定能落在直线 $\hat{y} = \hat{b}_0 + \hat{b}_1 x$ 上，甚至未必就在直线附近。我们将估计的回归直线与实际观测点的接近程度称为回归直线对数据的拟合优度。显然，观测点与回归直线的距离越小，拟合优度就越好。为了说明回归直线的拟合优度，需要计算判定系数和估计标准误差。

（1）判定系数 R^2：判定系数是度量线性回归方程拟合优度的一个统计量。它是通过回归平方与总平方和的比计算的，它反映了因变量的变化能被估计的回归方程中的自变量所解释的比例。其计算公式为

$$R^2 = \frac{\text{回归平方和}}{\text{总平方和}} = \frac{SSR}{SST} = \frac{\sum (\hat{y}_i - \bar{y})^2}{\sum (y_i - \bar{y}_i)^2} = 1 - \frac{\sum (y_i - \hat{y}_i)^2}{\sum (y_i - \bar{y}_i)^2} = 1 - \frac{SSE}{SST}$$

其中，SSE 称为残差平方和。

判定系数测定的是回归直线对观测值的拟合程度，若所有实际观测点都落在直线

上，则 $y_i=\hat{y}_i(y_i-\hat{y}_i=0)$，也就是 $SSE=0$，此时 $R^2=1$，拟合是最优的。如果 $\hat{y}_i$ 根本不能解释 y 的变化，此时 $\hat{y}_i$ 最有可能的情况是没有变化，即 $\hat{y}_i$ 很接近 $\bar{y}$，$\hat{y}_i-\bar{y}=0$，此时 $R^2=0$。可见 R^2 的取值范围是［0，1］，R^2 越接近 1，回归方程的拟合程度越优，反之，R^2 越接近 0，回归方程的拟合程度越差。

例 8.3 和例 8.4 的回归分析结果显示，前者的 $R^2=0.705$，它的解释是，在建筑施工安全事故起数的估值的变化中，能被农民工基础技能培训规模解释的比例为 70.50%。同样，例题 8.4 的 $R^2=0.8852$，它的解释是，在建筑施工安全事故起数的估值的变化中，能被时间（年度）解释的比例为 88.52%。

显然，第二个一元回归模型比第一个的拟合程度要优一些。

在 Excel 显示的回归统计的结果中，在 R^2 上方还有一个参数 R，参数 R 是判定系数 R^2 的算术平方根，在一元线性回归的分析结论中，它实际上是两个变量的相关系数。

（2）估计标准误差：估计标准误差是对误差（估计值与观测值之差）的平方的算术平方根的估计值，记作 S_e。无论是一元回归还是多元回归，估计标准误差都是衡量方程的拟合优度的一个主要指标。若多元回归方程的自变量的个数为 k，则其估计标准误差的计算公式为：

$$S_e=\sqrt{\frac{\sum(y_i-\hat{y}_i)^2}{n-k-1}}=\sqrt{\frac{SSE}{n-k-1}}=\sqrt{MSE}$$

由这个公式可以看出，若进行一元线性回归，则

$$s_e=\sqrt{\frac{SSE}{n-2}}=\sqrt{\frac{\sum_{i=1}^{n}(y_i-\hat{y}_i)^2}{n-2}}$$

由于 S_e 所估计的是预测误差的标准差，所以，它的含义可解释为，根据 k 个自变量来预测因变量时平均的预测误差。

例如，在例 8.3 的回归分析结果中，标准误差等于 6.5728。它的解释是，根据回归方程，用农民工基础技能培训数量预测建筑施工安全事故数量时，平均的预测误差为 6.5728。在例 8.4 的回归分析结论中，估计标准误差为 3.9249，它的解释是，考察建筑施工安全事故数量随着年度变化的趋势时，预测的平均误差为 3.9249。

（3）线性关系的显著性检验：线性关系检验是指考察因变量 y 与自变量 x 之间的线性关系是否显著，也就是考察它们之间能否用一个线性模型表示，它是两个变量间能否进行回归分析的前提。检验的基本步骤包括提出假设，计算统计量，比较临界值得出检验结果等。检验时需要计算统计量 F，F 分布的表达式为：

$$F=\frac{\frac{SSR}{k}}{\frac{SSE}{n-k-1}}\sim F(k,n-k-1)$$

计算完统计量，还要比较统计量 F 分布值与临界值 F_α，得出总体线性关系检验的结论：若 $F>F_\alpha$，则拒绝原假设，说明两个变量之间的线性关系是显著的；若 $F<F_\alpha$，则接受原假设，说明因变量与自变量之间不存在线性关系。

如果使用数据分析软件进行回归分析，那么我们就不用进行上述的计算，而是在

Excel 输出的多元回归结果中，根据 Significance-F 值得出结论。这个值在一元线性回归中，它又等于 P 值，即 Significance-$F=P$；设给定显著性水平为 α，我们只需比较两个值即可得到结论：如果 P 值小于 α，则拒绝假设，两个变量线性关系显著；如果 P 值大于或等于 α，则接受原假设。两个变量不存在显著的线性关系。

在例 8.3 中，Significance-$F=0.0006<\alpha=0.05$，所以，在显著性水平 $\alpha=0.05$ 时，施工安全事故起数与农民工基础技能培训规模两个变量之间存在着显著的线性相关关系。在例题 8.4 中，由于 Significance-$F=0.000016<\alpha=0.05$，所以，显著性水平 $\alpha=0.05$ 时，施工安全事故数量与年度之间的线性相关关系是显著的。

（4）回归系数的显著性检验：自变量对应的因素对因变量的影响是否显著，主要看回归系数。在一元线性回归中，因为只有一个自变量，所以，只要变量间存在显著的线性关系，自变量对因变量的影响就是显著的，回归系数就会不等于 0。因此，在一元线性回归中，线性关系的检验与回归系数的检验是等价的。不论是一元回归还是多元回归，在 Excel 输出的回归分析结果的最后一栏，每个自变量都有对应的 P 值可供我们检验相应自变量的显著性。设给定显著性水平为 α，我们只需比较两个值即可得到结论：如果 P 值小于显著性水平 α，则自变量对应的因素对因变量的影响是显著的；如果 P 值大于或等于 α，则不存在或不能检验显著性。

例如，设 $\alpha=0.05$，例题 8.3 中，变量 1 对应的 P 值等于 $0.0006<0.05$，通过检验，说明农民工基础技能培训规模对建筑施工安全事故数量的影响是显著的。例 8.4 中，因为 P 值等于 $0.000016<0.05$，说明在 0.05 水平上，年度因素对建筑施工安全事故数量的影响是显著的。

8.4　多元线性回归预测

和一元线性回归预测类似，多元回归是依据多个自变量与因变量的数学表达式预测因变量变化趋势的一种量化方法。通过建立多元回归模型，一方面，我们可以定量地预测出建筑工程管理的关键指标的数量，这类预测在我们研究政策、总结经验、制定年度计划时能发挥数据的支撑作用。另一方面，为了达到建筑业或建筑工程管理的某些目标，回归模型还能够对相关程度较高的影响变量提出相对明确的定量要求，这类要求在各相关管理部门制定年度发展计划或长远规划时，具有重要的参考价值。

8.4.1　多元回归方程的概念

设因变量为 y，$x_1,x_2,\cdots,x_m$ 为 m 个自变量，ε 为误差项，若因变量 y 的期望 $E(y)$ 与 $m(m\geqslant 2)$ 个自变量的每一个都线性相关，且 y 和自变量以及误差项 ε 之间的可用线性方程表示成 $y=\alpha+b_1x_1+b_2x_2+\cdots+b_mx_m+\varepsilon$ 的形式，其中 $\alpha,b_1,b_2,\cdots,b_m$ 是常数，则称这样的方程为多元线性回归模型，$\alpha,b_1,b_2,\cdots,b_m$ 称为模型参数。

（1）误差项 ε 的解释：误差项 ε 反映的是除自变量 $x_1,x_2,\cdots,x_k$ 对 y 的线性关系外的其他随机因素对因变量的影响，这种影响有三个基本假定：一是 $E(\varepsilon)=0$；二是对于自变量的所有值，误差项的方差都相等；三是误差项是一个服从正态分布且独立的随机变量。在多数情况下，尤其是在数据量很大的情况下，我们一般都认为误差项满足这些假设，因此建立和使用多元回归模型进行预测时，我们很少甚至不关心这几个假设。

回归模型中，称 $E(y)=\alpha+b_1x_1+b_2x_2+\cdots+b_mx_m$ 为多元回归方程，简称回归方程。它用方程的形势描述了因变量的期望值与自变量 $x_1,x_2,\cdots,x_m$ 之间的相依关系。为了求解多元回归方程中的未知参数 $\alpha,b_1,b_2,\cdots,b_k$，我们需要利用已知的样本数据去估计它们。这些参数的估计值 $\hat{\alpha},\hat{b}_1,\hat{b}_2,\cdots,\hat{b}_k$ 依次称为对应参数 $\alpha,b_1,b_2,\cdots,b_k$ 的估计值。将求解出的估计值代入回归方程后，就得到了估计的多元回归方程。$\hat{y}=\hat{\alpha}+\hat{b}_1x_1+\hat{b}_2x_2+\cdots+\hat{b}_kx_k$，其中 $\hat{y}$ 是因变量的期望的估计值，也可视为因变量 y 的估计值，因此，记作 $\hat{y}$。自变量 $x_1,x_2,\cdots,x_m$ 的系数的估计值 $\hat{b}_1,\hat{b}_2,\cdots,\hat{b}_m$ 称为对应自变量的回归系数，每一个回归系数的解释是：在其他回归系数对应的自变量不变的情况下，该回归系数对应的自变量每变动一个单位，因变量 y 的平均变动量。由于 $E(\varepsilon)=0$，经常地，我们所指的回归模型或回归方程都是指求解出的代入估计值的回归方程。

和一元回归预测方法一样，回归系数的估计值 $\hat{\alpha},\hat{b}_1,\hat{b}_2,\cdots,\hat{b}_m$ 也是依据最小二乘法求得的。设 y_i 与其估计值的误差平方和为Q，通过求

$$Q=\sum(y_i-\hat{y}_i)^2=\sum(y_i-\hat{\alpha}-\hat{b}_1x_1-\hat{b}_2x_2-\cdots-\hat{b}_kx_k)^2$$

的驻点，解出对应的 $m+1$ 个方程：$\left.\frac{\partial Q}{\partial \alpha}\right|_{\alpha=\hat{\alpha}}$，$\left.\frac{\partial Q}{\partial b_i}\right|_{b_i=\hat{b}_i}$，$i=1,2,\cdots,m$，就可以得到相应的估计值。由于多个微分方程的计算量很大，所以，我们依然是借助计算机完成回归系数的求解过程，这里，我们依然是使用常用的 Excel 中的数据分析工具计算回归系数。

【例 8.5】 为了考察建筑业从业人员与农业人口密度之间的关系，我们依据山东省统计局统计信息网提供的数据，整理了 2000—2015 年建筑业从业人员数量、山东省建筑业企业数量、山东省农业人口密度 3 个变量的数据见表 8.13。①试以 2000—2013 年的观测值为试验数据求出 3 个变量间的相关系数，并进行相关程度和显著性分析。②以 2000—2013 年的观测值为实验数据，建立估计的二元线性回归模型，并解释回归系数的含义。

表 8.13 从业人员的二元回归分析数据

年度	建筑业从业人员/万人	建筑业企业数量/个	农业人口密度/（人/km²）
2000	171.94	4580	6566
2001	181.07	4398	6507
2002	183.56	4414	6435
2003	210.11	4745	6275
2004	238.91	5261	6212
2005	249.81	5672	6066
2006	282.3	5521	6055
2007	288.4	5632	5909
2008	388.24	6515	5860

续表

年度	建筑业从业人员/万人	建筑业企业数量/个	农业人口密度/（人/km^2）
2009	305.99	6512	5902
2010	344.88	6482	5698
2011	307.56	5747	5646
2012	270.26	5847	5559
2013	305.01	5912	5482
2014	332.49	5899	5462
2015	310.73	6074	5120

注：表中的数据均来自山东省统计局网站。

解：①在 Excel 的数据分析菜单中，单击【相关系数】，弹出对话框后，在输入区域输入表 8.13 的“第一个数据的单元格符号：最后一个数据的单元格符号”（如＄B＄3：＄D＄16），选择逐列，并选择输出区域的第一个单元格符号（如＄A＄25）然后单击【确定】。得到建筑业从业人员数量、企业数量和农业人口密度之间的相关系数分别为 0.9407、0.8063. 将相关系数和数量 $n=14$ 代入公式：

$$t(n-2)=|r_{1i}|\sqrt{\frac{n-2}{1-r_{1i}{}^{2}}}\ ,i=2,3$$

并依据显著性水平查表求得 t-临界值 $t_{\frac{\alpha}{2}}(n-2)=t_{0.025}(12)=2.1788$，将计算过程和检验结果列成表 8.14。

表 8.14　从业人员数量的相关系数与 t-统计量的计算

从业人员数量	相关系数 r	计算 r^2	$(n-2)/(1-r^2)$	算术平方根	乘 r 绝对值得到 t-值
与企业数量	0.9407	0.8849	104.2721	10.2114	9.6058
与农业人口密度	−0.8063	0.6501	34.2974	5.8564	4.7220
t-临界值	2.1788	均具有统计上的显著性			

由表 8.14 和相关系数含义，山东省建筑业从业人员数量与山东省建筑业企业数量、农业人口密度值都是高度相关关系。而且，在显著性水平 0.05 时，它们的线性相关关系都是显著的。

②令 y 表示山东省建筑业从业人员，令 x_1,x_2 分别为山东省建筑业企业数量和山东省农业人口密度值，设 y 为因变量，x_1,x_2 为自变量，和一元回归分析的输入输出过程类似，用 Excel 进行多元回归，得到回归分析结果见表 8.15。

表 8.15　Excel 输出的表 8.13 的二元回归分析结果

回归统计	
Multiple R	0.9427388
R Square	0.8887564
Adjusted R Square	0.8685303
标准误差	23.319881
观测值	14

方差分析

	df	SS	MS	F	Significance F
回归分析	2	47791.7509	23895.8754	43.9410	0.000006
残差	11	5981.9851	543.8168		
总计	13	53773.7360			

	Coefficients	标准误差	t Stat	P - value	Lower 95%	Upper 95%
Intercept	−18.6576	265.2619	−0.0703	0.9452	−602.4952	565.1799
X Variable 1	0.0732	0.0151	4.8580	0.0005	0.0400	0.1064
X Variable 2	−0.0198	0.0321	−0.6174	0.5495	−0.0904	0.0508

依据表 8.15 提供的输出结果，容易建立拟合的回归模型为：

$$y = -18.6576 + 0.0732x_1 - 0.0198x_2$$

分别将表 8.13 中的数据，代入上述二元回归模型，可得 2014 年、2015 年的预测值分别 305 万人和 325 万人（计算结果精确到万人）。

当然，利用估值和实际值之差可得到多元回归模型的绝对误差和相对误差。若将相对误差的绝对值视为估值精度，则估值精度越接近零预测精度越高。本例题的二元回归预测的估值和预测精度计算见表 8.16。

表 8.16　二元回归预测值的精度计算结果

年度	从业人员数量	估计值	绝对误差	估值精度
2000	171.94	186.5916	14.6516	0.0852
2001	181.07	174.4374	6.6326	0.0366
2002	183.56	177.0342	6.5258	0.0356
2003	210.11	204.4314	5.6786	0.0270
2004	238.91	243.45	4.54	0.0190
2005	249.81	276.426	26.616	0.1065
2006	282.3	265.5906	16.7094	0.0592
2007	288.4	276.6066	11.7934	0.0409
2008	388.24	342.2124	46.0276	0.1186
2009	305.99	341.1612	35.1712	0.1149
2010	344.88	343.0044	1.8756	0.0054
2011	307.56	290.232	17.328	0.0563
2012	270.26	299.2746	29.0146	0.1074
2013	305.01	305.5572	0.5472	0.0018
2014	332.49	预测 305 万人	估值平均精度	0.0582
2015	310.73	预测 325 万人	预测精度	
预测误差	2014	27.4900	0.0827	
	2015	14.2700	0.0459	

表 8.16 显示，二元回归模型的估值平均精度为 0.0582，2014 年和 2015 年的绝对误差数量分别在 27 万人和 14 万人，预测精度为 8.27%和 4.59%，模型的拟合程度还是相当高的。

（2）回归系数的解释：$\hat{b}_1 = 0.0732$ 的意义：在农业人口密度不变的情况下，建筑业企业数量每增加 1 个，建筑业从业人员数量就会平均增加 732 人。

$\hat{b}_2 = -0.0198$ 的意义：在山东省建筑企业数量不变的条件下，农业人口密度每增加 1 个单位，建筑业从业人员数量就会平均增加近 200 人（198 人）。

注：估值与观测值之差的绝对值为绝对误差，这里，我们设绝对误差与观测值的比为估值精度。显然，精度越小，拟合优度越好。

8.4.2　多元回归的拟合优度

观察表 8.15，在多元回归分析结果中，除了我们已经使用的相关系数、回归系数和一元回归分析中解释过的 F 值和 Significance F 值外，还有一些数值和结果是在多元回归中专用的。

（1）多重判定系数 R^2：它是用来度量多元线性回归方程的拟合程度的。它的解释是，此回归模型解释了因变量变化的百分比。多重判定系数的公式如下：

$$R^2 = \frac{\text{回归平方和}}{\text{总平方和}} = \frac{SSR}{SST} = 1 - \frac{SSE}{SST}$$，其中：SSE 是残差平方和。

其中，回归平方和与残差平方和的公式为：$SSR = \sum(\hat{y}_i - \bar{y})^2$，$SSE = \sum(y_i - \hat{y}_i)^2$。

（2）调整的多重判定系数：当自变量的个数增加时，预测误差会变小，多重回归系数会随着自变量个数的增加同时增大。同时，增加自变量，会大量增加计算量，并引起自变量的共线性；并且，容易高估或误解个别的回归系数。为了解决这些问题，专家们建议谨慎增加自变量，并提出了增删自变量的逐步回归方法。另外，统计学家提出了另一种多重判定系数，即调整的多重判定系数，它的解释内容和多重判定系数一样，它的计算公式为：

$$R_\alpha^2 = 1 - (1 - R^2) \times \frac{n-1}{n-m-1}$$

由计算公式可以看出，$m > 1$ 时，$R_\alpha^2 < R^2$，这就意味着，随着自变量的增加，R_α^2 小于 R^2。两种判定系数解释的内容一样，而且，在一元线性回归模型中，两种判定系数都可以使用，在多元回归模型中，倾向于用调整的多重判定系数。

（3）估计标准误差：在一元回归中，我们已经说明，估计标准误差是对误差项的方差的一个估计值，是衡量方程的拟合优度的一个主要指标。若多元回归方程的自变量的个数为 m，则其估计标准误差的计算公式为：

$$S_e = \sqrt{\frac{\sum(y_i - \hat{y}_i)^2}{n-m-1}} = \sqrt{\frac{SSE}{n-m-1}} = \sqrt{MSE}$$

估计标准误差的解释是，根据 m 个自变量来预测因变量时产生的平均预测误差。例如，在表 8.15 的回归分析结果中，标准误差为 23.3199。它的含义是，根据所建立的多元回归方程，用建筑业企业数量和农业人口密度一起来预测建筑业从业人员数量时，平均预测误差约为 23.3 万人。

（4）线性关系检验：多元回归分析中，除要检验每个自变量与因变量的线性关系是否显著外，还要把所有自变量看作一个整体，检验这个整体与因变量之间的线性关系是否显著。检验时，需要用到统计量 F，这个值在 Excel 输出的回归分析结果中可以查到。检验时，需要先设定显著性水平 α，确定自变量数量 m，然后，查表求临界值 $F_\alpha(m, n-m-$

1)。最后，比较统计量 F 值与临界值 F_α，若 $F > F_\alpha$，则拒绝原假设，说明因变量与 m 个自变量整体之间的线性关系是显著的；若 $F < F_\alpha$，则接受原假设，说明因变量与 m 个自变量整体之间无显著线性关系。需要提示的是，在 Excel 输出的多元回归分析结果中，还有一个量可用来对自变量整体的线性关系进行显著性检验，这个值就是 Significance - F 值。检验时，对于给定的显著性水平 α，若 Significance - F 值小于 α，则拒绝原假设，说明因变量与 m 个自变量总的线性关系是显著的，若 Significance - F 值大于或等于 α，则接受原假设。在表 8.15 所示的例子中，因为 Significance - F=0.000006，所以，$\alpha = 0.01$ 或 $\alpha = 0.05$ 时，建筑业从业人数与建筑业企业数量和农业人口密度的总的线性关系都是显著的。

需要注意的是，F 检验结果只表明，因变量与 m 个自变量总的线性关系是显著的，这并不意味着因变量与每个自变量之间的线性关系都显著。要判断每个自变量对因变量的影响是否显著，还需要对每一个自变量和因变量之间的线性关系进行显著性检验。

（5）回归系数的显著性检验：多元回归分析中，需要对每个回归系数进行显著性检验。检验的目的是，当其他变量不变时，考察该回归系数对应的自变量对因变量的影响是否显著。回归系数显著性的解释是，由于不具备显著性的自变量对预测因变量数量的作用不大，所以，在预测因变量的变化数值时，如果对自变量个数有要求，那么我们就可以忽略那些没有显著作用的自变量。在各种统计软件进行的多元回归分析结果中，很容易就能查到各个回归系数的统计量。例如，在表 8.15 所示的例子中，建筑业企业数量和农业人口密度的 2 个自变量的 t 统计量的绝对值分别为 4.858 和 0.617。对于给定的显著性水平 $\alpha = 0.05$ 根据自由度 14－2－1=11，查 t 分布表，得到相应的临界值 $t_{\frac{\alpha}{2}}(n-m-1) = t_{0.025}(11) = 2.2010$。比较临界值与统计量，只有变量 1 即建筑业企业数量通过检验，它说明，在二元回归方程中，只有建筑业企业数量对建筑业从业人数的影响是显著的，另一个变量无法判断。当然，回归系数的检验也可以直接用 P 值进行，表 8.15 的 P - value 中，只有自变量 1 的值等于 $0.0005 < 0.05$，通过检验。这说明，在影响建筑业从业人员的 2 个变量中，只有建筑业企业数量的影响是显著的，或者说，农业人口密度对预测建筑业从业人员数量的作用不大，如果只选一个自变量来预测从业人员数量，那么就应该选建筑业企业数量。

（6）逐步回归方法：建立多元回归方程时，由于自变量个数比较多，可能会遇到增加某一个自变量，不但没有减少误差，反而可能扩大误差的情况。有时，还会出现信息多余或相同信息重复出现的状况，为解决类似问题，统计学理论为我们提供了多元回归模型建立的变量选择的逐步回归法。逐步回归法的基本步骤如下：

第一步，设自变量为 $x_1, x_2, \cdots, x_m$，因变量为 y，分别建立每个自变量对因变量的一元回归模型，记录它们的 F 值和 Significance - F 值，共有 m 组数据。这里，用 Significance - F 值是为了考察模型的显著性，在存在显著性的基础上，选择 F 统计量最大的模型对应的自变量作为第一个自变量 z_1。

第二步，确定了 z_1 后，对剩下的 $m-1$ 个自变量，以 $m-1$ 个自变量中的任一个和 z_1 为自变量，建立二元回归模型，同时，记录下每一个模型 F 值、Significance - F 值和 SS 残差值。按照和第一步同样的办法选择出自变量，记为 z_2。

第三步，首先按照第二步同样的方法选择 z_3，然后对三元回归模型进行反向检验。检验方法是，去掉 z_1 后，二元回归模型的 SS 残差是否减少，如果减少了，就删掉 z_1，如果没有明显的减少，就保留 z_1，如果删掉了某个自变量，则将该自变量归入到剩余自变量中。同理，对 z_2 进行检验并选择保留或删除。

第四步，对剩余的每一个自变量，反复进行第二步和第三步，以选择 $z_3, z_4, \cdots$，循环到第一步结束的标志是模型外的自变量均无统计显著性，到第 3 步结束的标志是增加的变量已经不能导致 SS 残差显著减少，直至全部自变量的增删完成为止。

【例 8.6】 为了提高建筑施工企业的安全管理水平，自 2000 年以来，山东省建筑工程管理局采取了包括评优、培训、齐抓共管等多项措施。表 8.17 列出了与山东省建筑施工安全管理内容可能相关的 7 个影响因素的数据。为了考察综合管理对提升安全管理水平发挥的作用，也为了进一步预测施工安全事故数量的变化趋势，试以 Excel 为数据分析工具，以 2001—2012 年的观测值为实验数据，①求施工安全事故数量与其他 7 个变量间的相关系数，并对相关程度进行解释，进行 0.05 显著水平的显著性检验；②用逐步回归法做出以施工安全事故起数为因变量的多元回归模型；③预测 2013 年和 2014 年的施工安全事故起数，并利用绝对误差解释预测的精确度；④对模型中的回归系数进行解释；⑤对判定系数、Significance－F 和估计标准误差进行解释。

表 8.17 山东省建筑业施工安全管理影响因素数据表

年度	施工安全事故起数/起	农民工基础技能培训数/万人	建筑业产值/亿元	从业人员数量/万人	文明施工小区数/个	省施工工法数/个	优良工地数/个	特种作业人员培训数/万人
2001	49	5.74	986.49	181.07	0	38	354	0.3604
2002	37	6.37	1153.24	183.56	5	56	352	1.4726
2003	38	5.95	1485.89	210.11	8	73	364	1.4668
2004	31	12	1969.01	238.91	5	85	352	2.26
2005	28	13.6	2509.17	249.81	5	101	342	2.59
2006	19	16	2791.81	282.3	13	115	341	2.9
2007	24	39	3289.05	288.4	19	120	360	3.8546
2008	19	34	3824.52	300.24	13	170	352	3.9164
2009	18	36	4579.15	305.99	18	212	365	3.7
2010	17	37	5496.59	344.88	18	296	365	2.3537
2011	14	35	6482.9	307.56	32	352	390	3.5
2012	10	36*	7281.33	270.26	47	459	432	3.4
2013	11	37*	8467.67	305.01	78	410*	432*	3.5*
2014	13	35*	9313.45	332.49	82	425*	420*	3.6*

注：“*”号数据表示年初计划数据，2013 年部分数据为估计数。

解：①设施工安全事故数量为 y，农民工基础技能培训数量为 x_1，建筑业产值、从业人员数量、文明施工小区数、省施工工法数、优良工地数、特种作业人员培训数依次为 x_2、x_3、x_4、x_5、x_6、x_7。在 Excel 的数据分析菜单中，单击【相关系数】，弹出对话框后，在输入区域输入表 8.17 的“第一个数据的单元格符号：最后一个数据的单元格符号”（如＄B＄3：＄I＄14），且选择逐列，并选择输出区域，然后单击【确定】。得到 y 和变量 x_1 到 x_7 的相关系数，将它们整理成表 8.18 的形式：

表 8.18　施工安全事故数量与有关的工作变量的相关系数

农民工基础技能培训数量	－0.8397	省施工工法数	－0.8231
建筑业产值	－0.8932	省级优良工地数量	－0.5139
从业人员数量	－0.8682	特种作业人员培训数量	－0.8649
文明施工小区数量	－0.8057		

依据表 8.18 的数据和相关系数的程度含义，建筑施工安全事故数量与省级优良工地数量中度相关，与其他 6 个自变量的相关系数的绝对值均大于 0.8，所以，高度相关。

将表 8.18 的相关系数和数量 $n=12$ 代入公式：

$$t(n-2)=|r_{1i}|\sqrt{\frac{n-2}{1-{r_{1i}}^2}},\ i=2,3,\cdots,8$$

并依据显著性水平查表求得 t-临界值 $t_{\frac{\alpha}{2}}(n-2)=t_{0.025}(10)=2.2281$，其计算过程可通过表格计算功能在 Excel 文件中实现，具体见表 8.19。

表 8.19　相关分析显著性的 t-检验值计算过程表

两个变量间	r	计算 r^2	$(n-2)/(1-r^2)$	算术平方根	乘 r 绝对值得到 t-值	t 临界值	显著性
r_{12}	－0.8397	0.7050	33.9027	5.8226	4.8890	2.2281	0.05 显著
r_{13}	－0.8932	0.7977	49.4396	7.0313	6.2801	2.2281	0.05 显著
r_{14}	－0.8682	0.7538	40.6143	6.3729	5.5330	2.2281	0.05 显著
r_{15}	－0.8057	0.6491	28.5010	5.3386	4.3013	2.2281	0.05 显著
r_{16}	－0.8231	0.6775	31.0067	5.5684	4.5833	2.2281	0.05 显著
r_{17}	－0.5139	0.2641	13.5888	3.6863	1.8944	2.2281	不显著
r_{18}	－0.8649	0.7480	39.6818	6.2993	5.4481	2.2281	0.05 显著

依据表 8.19 的计算结果，当显著性水平为 0.05 时，只有优良工地数与施工安全事故数量的线性相关性不显著，其他 6 个变量均与施工安全事故起数有显著的线性关系。

②用逐步回归法建立多元回归模型：

首先，选择第一个变量，对每一个自变量用 Excel 进行一元回归分析，并列出相应的 F 值和 Significance－F 值，见表 8.20。

表 8.20　逐步回归法的比较 F 值数据表

选择 z_1	F 值	Significance－F	选择 z_1	F 值	Significance－F
基础技能培训	23.9027	0.00063	省施工工法	21.0067	0.00101
产值	39.4358	0.000091	省优良工地	3.5888	0.08742
从业人员	30.6143	0.00025	特种作业培训	29.6818	0.000282
文明施工小区	18.501	0.00156	经比较，选择 $z_1=x_2$		

然后，以建筑业产值作为第 1 个自变量，从剩余的 6 个自变量中任选一个作为第 2 个自变量，用 Excel 进行二元回归分析，如果残差没有明显的减少，那么，和第一个自变量的选择方法一样选择第 2 个自变量，见表 8.21。

表 8.21　逐步回归法选择变量 2 的数据列表

	经过比较，选择 $z_2 = x_7$		
选择 z_2	F 值	Significance - F	SSE
基础技能培训	20.7234	0.000428	261.31
从业人员	33.1956	0.00007	174.8478
文明施工小区	18.0094	0.0007142	292.8116
省施工工法	28.3814	0.00013	200.448
省优良工地	31.4711	0.000087	183.2304
特种作业培训	53.671	0.00001	113.304

按照同样的办法，选择变量 $z_3 = x_6$ 。

选择完第 3 个自变量后，对进入模型的 3 个自变量从前往后，依次删掉 1 个，建立二元回归模型，并考察 SSE 是否明显减少，经检查，未出现 SSE 明显减少现象，所以保留 $z_1 = x_2$ ，同样的办法，检验 $z_2 = x_7$ 。

按照上述方法，依次选择并检验剩余的 4 个自变量，得到：$z_4 = x_5$ ，$z_5 = x_4$ ，$z_6 = x_3$ ，$z_7 = x_1$ 。

最后，以 y 为因变量，以 $z_1, z_2, \cdots, z_7$ 为自变量，用 Excel 进行多元回归，得到回归分析结果见表 8.22。

表 8.22　施工安全事故数量的多元回归分析结果表

回归统计	
Multiple R	0.9979
R Square	0.9958
Adjusted R Square	0.9885
标准误差	1.2371
观测值	12

方差分析

	df	SS	MS	F	Significance F
回归分析	7	1458.5451	208.3636	136.1507	0.000137
残差	4	6.1216	1.5304		
总计	11	1464.6667			

	Coefficients	标准误差	t Stat	P - value	Lower 95%	Upper 95%
Intercept	−48.3615	37.6552	−1.2843	0.2684	−152.9092	56.1862
X Variable 1	0.0097	0.0032	3.0346	0.0386	0.0008	0.0185
X Variable 2	−5.6729	0.9353	−6.0654	0.0037	−8.2696	−3.0761
X Variable 3	0.3160	0.0951	3.3234	0.0293	0.0520	0.5801
X Variable 4	−0.1902	0.0468	−4.0683	0.0152	−0.3200	−0.0604
X Variable 5	−0.5057	0.1639	−3.0849	0.0368	−0.9608	−0.0506
X Variable 6	−0.0874	0.0334	−2.6153	0.0591	−0.1803	0.0054
X Variable 7	0.1545	0.1059	1.4591	0.2183	−0.1395	0.4484

③依据表 8.22 的第 3 部分，容易得到以施工安全事故数量为因变量的估计的多元回归模型：

$$y = -48.3615 + 0.0097z_1 - 5.6729z_2 + 0.3160z_3 - 0.1902z_4 - 0.5057z_5 - 0.0874z_6 + 0.1545z_7$$

其中，$z_1, z_2, \cdots, z_7$ 依次表示建筑业产值、特种作业人员培训数量、省优良工地数、省施工工法数、文明施工小区个数、从业人员数量和农民工基础技能培训数量。

分别将表 8.17 中 $z_1, z_2, \cdots, z_7$ 对应的数据，代入上述多元回归模型，可得到 2001—2012 年的估值以及 2013 年、2014 年的预测值，其中预测值分别为 8 起和 13 起。利用估值和实际值之差可得到多元回归模型的绝对误差和相对误差。若将相对误差的绝对值视为估值精度，则估值精度越接近零预测精度越高。多元回归预测的估值和预测精度计算过程见表 8.23。

表 8.23　多元回归预测值的精度计算

年度	施工安全事故起数	估计值	四舍五入取整	绝对误差	估值精度
2001	49	48.8607	49	0	0
2002	37	37.4643	37	0	0
2003	38	37.3801	37	1	0.0263
2004	31	31.4269	31	0	0
2005	28	27.8857	28	0	0
2006	19	19.3755	19	0	0
2007	24	23.8226	24	0	0
2008	19	17.8549	18	1	0.0526
2009	18	19.8000	20	2	0.1111
2010	17	17.1153	17	0	0
2011	14	13.3014	13	1	0.0714
2012	10	10.3631	10	0	0
2013	11	8.2718	8	3	0.2727
2014	13	13.0620	13	0	0
2001—2012 年的平均估值精度			0.021791	预测平均精度	0.1364

表 8.23 显示出，平均预测精度为 0.1364，预测精度相当高，而且，2014 年的预测值的绝对误差为零。

④回归系数及其显著性的解释：

设 $\alpha = 0.10$，在置信度为 90%时，观察各回归系数的 P 值，$z_1, z_2, \cdots, z_6$ 均对因变量的影响是显著的，只有 z_7 的影响无法用这个回归模型解释。如果要求回归方程的自变量数目不超过 6 个，则可以考虑只用 $z_1, z_2, \cdots, z_6$ 建立回归模型即可。

若回归系数为负，则说明因变量是随该自变量的增加而减少的，若回归系数为正，则意味着因变量随自变量的增加而增加的。因此，对于该题中有的正的回归系数，我们只进行有选择的解释。例如，省级优良工地数量，用它的增加来解释施工安全事故数量的增加没有什么实际意义，因此，在这里不予解释。

$\hat{b}_1 = 0.0097$ 的意义：在其他自变量不变的条件下，建筑业产值每增加 1 亿元，施工安全事故数量平均增加 0.0097 起。将因变量换算成整数后，在其他自变量不变的条件下，建筑业产值每增加 100 亿元，建筑施工安全事故数量就可能增加 1 起。

$\hat{b}_2 = -5.6729$ 的意义：在其他自变量不变的条件下，特种人员培训训数量每增加 1

万人，施工安全事故数量可减少 5.6729 起即 6 起。由此解释来看，特种人员培训与考核的数量对降低安全事故数量发挥着显著的作用。

$\hat{b}_4=-0.1902$ 的意义，在其他自变量不变的条件下，省级施工工法每增加 1 个，施工安全事故数量就会减少 0.1902 起，按照等比例增减法，省级施工工法每增加 6 个，施工安全事故数量就会减少至少 1 起。

$\hat{b}_5=-0.5057$ ，它意味着，在其他自变量不变的条件下，文明施工小区个数每增加 1 个建筑施工安全事故数量就减少 0.5057 起，按照等比例增减法计算，施工安全文明小区每增加 2 个，施工安全事故数量就减少至少 1 起。尤其需要重视的是，文明施工小区的评选的权重相当大，也就是说，在不降低评选条件的前提下，适度扩大施工文明小区的数量还是有必要的。

$\hat{b}_6=-0.0874$ ，在其他自变量不变的条件下，建筑业从业人员数量每增加 1 万人，建筑施工安全事故数量就减少 0.0874 起，将其换算成整数，从业人员数量每增加 11 万人，建筑施工安全事故数量会减少至少 1 起。

⑤对判定系数、Significance F 的解释：

Adjusted R Square＝0.9885，说明在建筑施工安全事故数量的年度变化中，能被建筑业产值、特种作业人员培训数量、省优良工地数、省施工工法数、文明施工小区个数、从业人员数量 7 个变量解释的比例为 98.85％。

Significance　$F=0.000137<0.10$，说明显著性水平 0.10 时，安全事故数量与 6 个自变量总的的线性关系是显著的。

在表 8.22 的回归分析结果中，标准误差为 1.2371。它的含义是，根据所建立的多元回归模型，用建筑业产值、特种人员培训数量等 7 个自变量一起来预测建筑工程施工安全事故数量时，平均预测误差为 1～2 起。

8.5　非线性回归预测

多元线性回归模型 $E(Y_i)=\alpha+b_1x_{1j}+b_2x_{2j}+\cdots+b_kx_{kj}$ 成立的一个前提是 $E(Y)$ 与每一个自变量 X_i 的关系是线性的，但是，在实际问题中，大量的自变量和因变量的关系是曲线形式的，也就是非线性的，而且，大多数非线性的方程的计算是复杂的、困难的。由于线性回归方法已经比较成熟，所以，把非线性方程化为线性回归是解决建立非线性模型的最简单的且行之有效的方法之一。我们将线性回归结果转换成非线性方程的方法称为非线性回归方法，将通过非线性回归方程预测因变量的方法称为非线性回归预测法。虽然非线性回归方程比较简单，但是，它们依然能给我们提供许多有意义的用回归方程难以解释的结论和观点。

对于一个或两个自变量的回归方程，检测是否需要构造非线性模型的最简便的方法是绘制样本自变量与因变量的散点图。若散点图显示出各点的最优图样是曲线而不是直线，则建立非线性模型就是必需的。大多数情况下，散点图只是变量间线性关系的粗略表示，有时，散点图可能与几种曲线都很接近，这时，我们就需要选择一个拟合程度最优的曲线。一般情况下，对于能化为一元线性回归的问题，可通过计算样本相关系数的方法来解决，样本相关系数的绝对值最大的即为最优的回归方程。对于能化为多元线性回归的方程，如果要判断它们的拟合优度，则需要考察所有自变量的整体线性相关性的 F 值或 Significance－F 值、估计值的标准误差以及估计值的预测平均误差等。常见的非线性回归预测模型有多项式模型、指数曲线模型和双曲模型等。

8.5.1 多项式模型

在我们观察的各类现象中，有时，因变量在依赖自变量变化的过程中会出现若干个驻点或极值点，这时，多项式模型就会发挥作用。当因变量依自变量变化的过程只有一个驻点时，可拟合二次曲线，即抛物线；当遇到有两个极值点的情况时，可构造三次曲线。图 8.7 和图 8.8 显示的是常见的一元二次、一元三次多项式曲线的示意图。

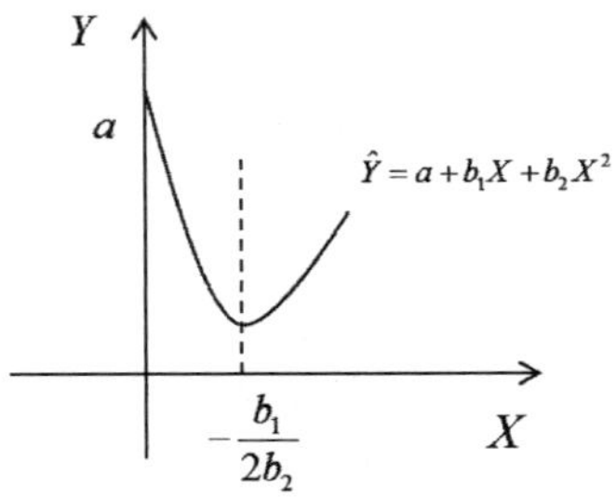

图 8.7　$\hat{Y}=a+b_1X+b_2X^2$ 的示意图

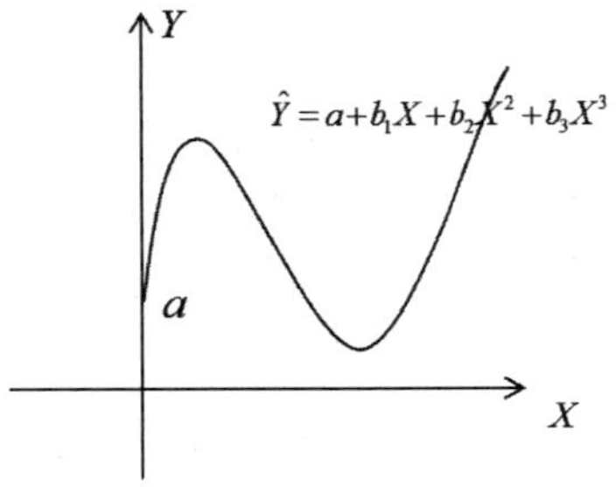

图 8.8　$\hat{Y}=a+b_1X_1+b_2X_1^2+b_3X_1^3$ 的示意图

多项式模型的一般形式为：

$$\hat{Y}_{X_1}=\alpha+b_1x_1+b_2x_1^2+b_3x_1^3+\cdots+b_kx_1^k$$

式中，k 表示多项式的次数。

对一般形式的多项式模型，只要令 $x_1^2=x_2, x_1^3=x_3, \cdots, x_1^k=x_k$，则多项式方程的一般形式自然地就转换成了多元回归方程的形式：

$$\hat{Y}_{X_1}=\alpha+b_1x_1+b_2x_2+b_3x_3+\cdots+b_kx_k$$

对于多元回归方程，用计算机的回归分析工具容易解出它的各项参数。

【例 8.7】　在工程成本管理过程中，费用偏差是十分重要的参考数据。它的计算公式是：费用偏差＝已完工程的预算费用－已完工程的实际费用。当费用偏差小于零时，说明增加了成本，费用偏差大于零说明节约了成本。当偏差的绝对值很小时，说明预算费用与实际费用十分接近，也就是说，成本控制的水平就越高。由于受材料价格浮动、人员工资变化、施工方案调整等因素的影响，所以，控制和预测费用偏差是成本管理的一项重要任务。某专业施工队在2010—2015年完成了25项工程任务，其中15项工程任务的成本相对预算成本来讲是增加的，即费用偏差均负数。由于钢材是该专业施工队施工时使用的最主要的建筑材料，所以，钢材价格上涨是成本增加的主要因素。为了观察成本增加与费用偏差之间的关系，现将15项工程的预算费用、实际费用、费用偏差以及向上浮动的钢材价格指数数据整理成表8.24。试用Excel数据分析工具计算并回答下列问题：

①试以表8.24中的前14项工程费用观测值为试验数据，计算出置信度为0.95的相关系数，并根据相关系数判断费用偏差与钢材价格指数之间的线性关系的程度。

②用Excel描绘出依照钢材价格指数变化的费用偏差绝对值的散点图，依据散点图对费用偏差绝对值的趋势做出判断。

③试以钢材价格指数为自变量，以费用偏差绝对值为因变量，以1～14项工程的观测值为实验数据，分别做出一元回归模型和一元二次多项式模型。

④用一元回归模型和一元二次多项式模型对费用偏差绝对值进行估值并预测第15项工程的费用偏差的绝对值。

表8.24　某专业施工队15项工程的成本费用与钢材价格指数表

项目序号	工程预算费用/万元	工程实际费用/万元	费用偏差/万元	钢材价格指数 X
1	210	220	−10	101
2	197	209	−12	102
3	275	290	−15	103
4	432	452	−20	104
5	445	470	−25	105
6	510	538	−28	106
7	522	554	−32	107
8	365	395	−30	108
9	400	428	−28	109
10	375	400	−25	110
11	367	388	−21	111
12	428	452	−24	112
13	378	396	−18	113
14	421	432	−11	114
15	450	458	−8	115

注：钢材价格指数以上年度为100计算。

解：①首先，通过Excel，依次选择【数据分析】【相关系数】命令，键入并选择费用偏差和钢材价格指数数据，选择置信度 $1-\alpha=0.95$ ，单击【确定】计算出费用偏差与钢材价格指数之间的相关系数为−0.2086，依据相关程度的要求，相关系数绝对值小于0.3，其相关程度极弱或不相关。

②以钢材价格指数为 X，以工程费用偏差的绝对值为 Y，描绘出散点图如图8.9，依据散点图，有一个明显的驻点，所以，费用偏差绝对值与钢材价格指数之间很可能存在一元二次多项式关系。

③第一步，以费用偏差 Y 为因变量，以钢材价格指数为自变量 X ，用Excel【数据

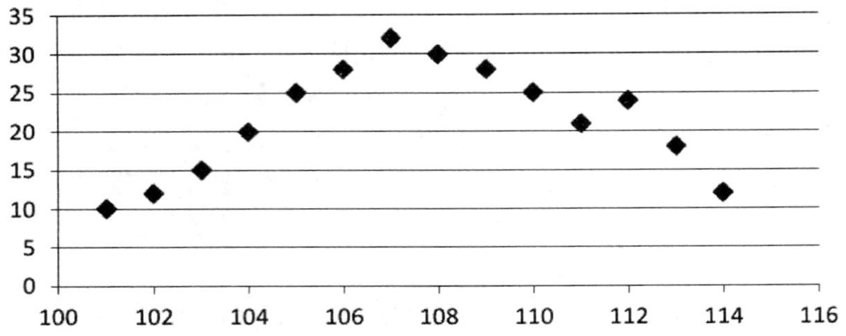

图 8.9　依钢材价格指数变化的费用偏差绝对值散点图

分析】中的【回归】工具，容易计算出一元回归模型为：

$$Y = -20.6264 + 0.3912X$$

第二步，对钢材价格指数 X 的数据，计算出 X^2，并令 $X = X_1, X^2 = X_2$。

第三步，以费用偏差 Y 为因变量，以 X_1, X_2 为自变量，用 Excel【数据分析】的【回归】工具，可计算出二元回归模型：

$$Y = -5140.7088 + 95.7827X_1 - 0.4437X_2$$

并还原 $X_1 = X, X_2 = X^2$，得到一元二次多项式回归模型为：

$$Y = -5140.7088 + 95.7827X - 0.4437X^2$$

表 8.25　一元回归和二阶多项式模型的计算与估值

项目序号	费用偏差绝对值	钢材价格指数 X	X^2	一元回归预测	二阶多项式预测
1	10	101	10201	18.88	7.16
2	12	102	10404	19.28	12.87
3	15	103	10609	19.67	17.70
4	20	104	10816	20.06	21.63
5	25	105	11025	20.45	24.68
6	28	106	11236	20.84	26.84
7	32	107	11449	21.23	28.12
8	30	108	11664	21.62	28.51
9	28	109	11881	22.01	28.01
10	25	110	12100	22.41	26.62
11	21	111	12321	22.80	24.34
12	24	112	12544	23.19	21.18
13	18	113	12769	23.58	17.13
14	12	114	12996	23.97	12.19
15	8	115	13225	24.36	6.37

④将自变量数据代入上述两个模型，容易得到对应的费用偏差绝对值的估值和预测值，具体见表 8.25。从预测结果看，显然，二次多项式的预测结果是相对合理和准确的。在回归分析结果中，二次多项式中的自变量整体与因变量的相关系数等于 0.9545，属于高度相关。一元回归中自变量与因变量的相关系数绝对值为 0.2086，显然，二次多

项式的拟合程度更优。

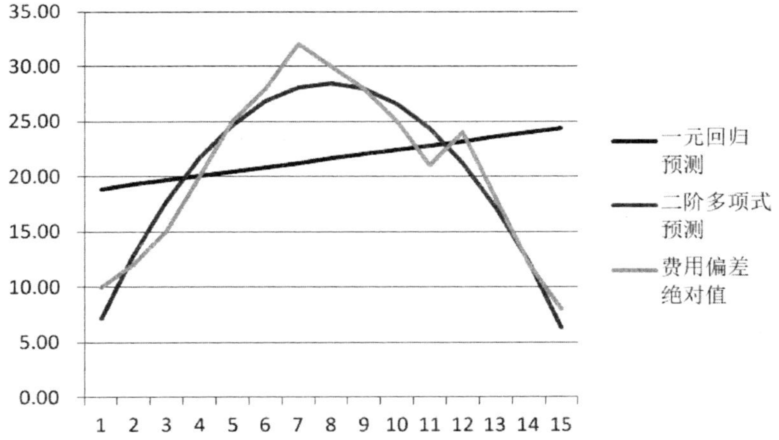

图 8.10　费用偏差与两个模型估值数据的折线图

用 Excel 做出费用偏差绝对值、一元回归估计值和二次多项式模型的估计值的折线图，如图 8.10 所示。直观上看，显然，一元二次多项式模型的估值的拟合程度要好的多。

【例 8.8】　由于建筑工程劳务用工具有流动性强、农民工多、待遇不确定等特点，所以，建筑工地作业人员的稳定性一直是建筑工程项目部和劳务公司管理者的一个很头疼的问题。某建筑劳务企业通过多年的数据观察，发现在公司就业的某些基础工种（如建筑木工、钢筋工等）的在岗人数与本地区建筑业劳动生产率的变化有着某种特殊关系。为了提高劳动力资源的调度和管理水平，管理者期望了解基础工种在岗人数的变化趋势。为此，建筑劳务公司管理者以建筑木工、钢筋工和瓦工为例，将这几个基础工种的年在岗人员数量的平均值（以下简称在岗人员数量）和本地区的建筑业年劳动生产率整理成数据统计表，见表 8.26。试根据表中数据计算并回答下列问题：

①试以表 8.26 中的 2001—2013 年的观测值为试验数据，以 Excel 为计算工具，计算出置信度为 0.95 的相关系数，并根据相关系数和年度观测值的散点图判断在岗人员数量的趋势。

②描绘并观察在岗人员数量的观测值的散点图，并根据散点图判断在岗人员数量适合什么样的多项式？

③试以建筑业劳动生产率为自变量，以在岗人员数量为因变量，以 2001—2013 年的观测值为实验数据，分别作出一元二次和一元三次多项式模型。

④用两个多项式模型对在岗人员数量进行估值，求出 2014—2015 年的预测值。利用估计误差绝对值和估计标准误差比较预测值的拟合程度。

解：①通过 Excel，依次选择【数据分析】【相关系数】命令，键入并选择在岗人员数量和建筑业劳动生产率数据，选择置信度 $1-\alpha=0.95$，单击【确定】计算出在岗人数与劳动生产率之间的相关系数为 0.0888，依据相关程度的意义，它们属于极弱相关或不相关。因此，一元回归模型不合适。

表 8.26　某建筑劳务公司 3 个基础工种的在岗人数统计表

年度	在岗人员数量/人	劳动生产率/(万元/人)	年度	在岗人员数量/人	劳动生产率/(万元/人)
2001	95	5.45	2009	85	14.97
2002	110	6.28	2010	72	15.94
2003	120	7.07	2011	110	21.08
2004	145	8.14	2012	115	26.94
2005	125	10.04	2013	135	27.76
2006	110	9.89	2014	154	28.01
2007	102	11.4	2015	172	30.18
2008	95	11.5			

注：建筑业劳动生产率数据参照山东省统计局网站信息整理，其中 2008 年数据略有调整。

②首先，依据表 8.26 提供的数据，选中在岗人员数量的 2001—2013 年的观测值，选择【插入】中的【散点图】，容易得到岗人员数量随时间变化的观测值的散点图。如图 8.11 所示。

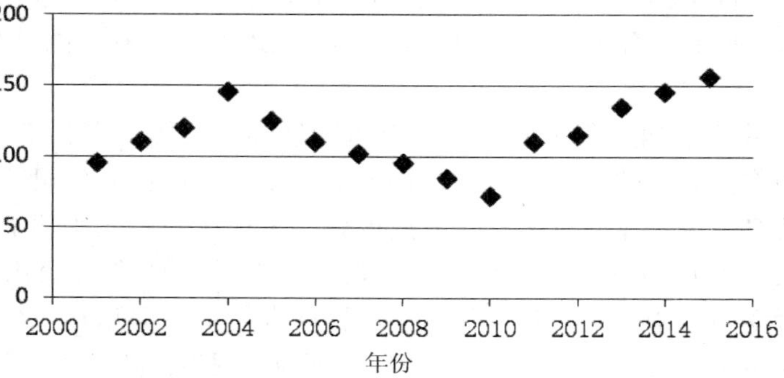

图 8.11　某建筑劳务企业在岗人员数量散点图

观察散点图，在岗人员数量出现过 2 次相反的转折，可考虑二次多项式和三次多项式模型。由于建筑业劳动生产率的走势是逐步上升的，所以，在岗人员数量随着劳动生产率的变化很有可能也是二次或三次多项式。

③首先，以建筑劳务公司实际在岗人数 Y 为因变量，设地区建筑业劳动生产率为 X，并令 $X = X_1, X^2 = X_2$，以 X_1, X_2 为自变量，用 Excel【数据分析】中的【回归】工具，计算出二元线性回归模型为：

$$Y = 156.5847 - 7.53X_1 + 0.2323X_2$$

还原 $X_1 = X, X_2 = X^2$，得到一元二次多项式模型为：

$$Y = 156.5847 - 7.53X + 0.2323X^2$$

按照和二次多项式同样的过程，只要令 $X_1 = X, X_2 = X^2, X_3 = X^3$，且以它们为自变量，就可得到三元线性回归模型为：

$$Y = 75.1654 + 12.4812X_1 - 1.183X_2 + 0.0291X_3$$

还原变量后，得到一元三次多项式模型为：

$$Y = 75.1654 + 12.4812X - 1.183X^2 + 0.0291X^3$$

进行多元回归分析时，或进行不同模型估计值的误差比较时，常常需要通过数据和公式计算列表辅助完成，具体参考表 8.27。

表 8.27 建筑工程劳动力调配的二次与三次多项式的计算与估值

年度	在岗人员数量	劳动生产率 X	X^2	X^3	二次多项式估值	三次多项式估值	二次多项式估值的绝对误差	三次多项式估值的绝对误差
2001	95	5.45	29.703	161.8786	122.45	112.76	27.45	17.76
2002	110	6.28	39.438	247.6732	118.46	114.10	8.46	4.10
2003	120	7.07	49.985	353.3932	114.96	114.56	5.04	5.44
2004	145	8.14	66.26	539.3531	110.68	114.07	34.32	30.93
2005	125	10.04	100.8	1012.0481	104.40	110.68	20.60	14.32
2006	110	9.89	97.812	967.3617	104.83	111.04	5.17	1.04
2007	102	11.4	129.96	1481.5440	100.93	106.82	1.07	4.82
2008	95	11.5	132.25	1520.8750	100.71	106.50	5.71	11.50
2009	85	14.97	224.1	3354.7905	95.92	94.52	10.92	9.52
2010	72	15.94	254.08	4050.0926	95.58	91.39	23.58	19.39
2011	110	21.08	444.37	9367.2437	101.08	85.17	8.92	24.83
2012	115	26.94	725.76	19552.0714	122.32	121.80	7.32	6.80
2013	135	27.76	770.62	21392.3446	126.57	132.52	8.43	2.48
2014	154	28.01	784.56	21975.5284	127.92	136.12	26.08	17.88
2015	172	30.18	910.83	27488.9218	140.92	174.26	31.08	2.26
平均值	116.33	15.64	317.37	7564.3413	112.52	115.09	14.94	11.54

④依据 Excel 回归分析结果和表 8.27 给出的数据，可将两个模型的预测值、估计值的绝对误差和预测时的标准误差整理成表格的形式，见表 8.28。

表 8.28 依劳动生产率变化的在岗人数的预测结果与绝对误差

	预测 2014	绝对误差	预测 2015	绝对误差	回归标准误差	相关系数
二次多项式	127.92	26.08	136.12	17.88	18.418	0.5379
三次多项式	136.12	31.08	174.26	2.26	17.68	0.6408
平均值	132.02	28.58	155.19	10.07		

表 8.28 显示，一元三次多项式模型的预测比二次多项式的预测的绝对误差要小得多。两年预测的绝对误差的平均值也小，因此，在这个案例中，一元三次多项式比一元二次多项式模型对实际曲线拟合的程度要好一些，预测的精确程度要略高一些。

8.5.2 趋势外推预测法

在各类样本数据的变化趋势中，有一种数据的趋势是渐进型的，其发展相对于时间具有一定的规律性。当预测变量依时间变化呈现某种渐进趋势，且我们有理由相信这种趋势能够持续延伸时，根据时间 t 的值，我们就可以预测到相应时刻的时间序列的未来的值，这就是趋势外推预测法。常见的趋势预测模型有多项式模型、指数曲线模型、对数曲线模型、幂曲线模型和双曲模型等。

多项式模型是最常用的趋势外推预测模型，前文已专门介绍。由于回归分析是用于计算线性关系的，所以，在多项式与多元回归模型的估值和预测值的精度比较中，回归分析结论中的标准误差值可能会十分接近，这种情况下，用标准误差值很难判断它们拟合程度的优劣。经常地，我们可通过计算相对误差的绝对值来判断估值的误差，一般地，我们称相对误差的绝对值为估值精度，计算公式为：

$$估值精度 = \left| \frac{估计值 - 实际观测值}{实际观测值} \right|$$

依据相对误差的含义，估值精度值越接近零，估值或预测值的水平越高，模型拟合观测值趋势的程度越好。

经常地，对比折线图也是考察不同模型拟合程度的方法之一，这种方法操作简单，直观性强。在 Excel 中，首先选中数据，然后单击【插入】和【折线图】即可得到我们所需要的估值折线图。

（1）双曲模型的趋势外推预测

双曲模型又称倒数模型，它的数学表达式为：$\hat{Y} = a + b(\frac{1}{X})$。双曲函数的显著特征是，随着 X 的无限增大，Y 的估计值或者期望值趋向于常数 a，称 $Y = a$ 为它的渐近线，如图 8.12 所示。

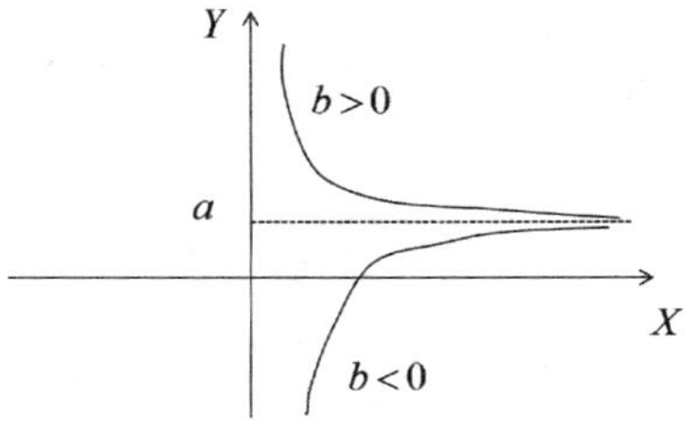

图 8.12　双曲模型 $\hat{Y}=a+b\left(\frac{1}{X}\right)$ 的示意图

观察示意图，b 为负数时，Y 的估计值随着自变量的增大逐渐增加且趋于 a 值；同样地，b 为正数时，Y 的估计值随着自变量的增大逐渐变小且趋于 a 值。双曲函数的这一特征用在趋势分析中，可帮助我们发现那些理论上经过长期努力我们在工程管理方面所需要达到的目标，即常数 a。

对倒数模型 $\hat{Y} = a + b(\frac{1}{X})$，令 $t = \frac{1}{X}$，就可以得到 $\hat{Y} = a + bt$，这一方程是典型的一元回归方程。

【例 8.9】　某专业施工项目部 2014—2015 年连续完成了 15 个同类型的分部分项工程，期间，参与了地区主管部门开展的以节约成本为目标的新施工工法推广活动，表 8.29 列出了 15 项工程的预算成本、实际成本和成本偏差，成本偏差等于预算成本减去实际施工成本，偏差为负数时为增加的成本，偏差为正数时，为节约的成本，工程项目按照前后完成的顺序排成 15 个施工阶段，管理人员期望发现采用新工法后成本节约的目标值，以及成本偏差的趋势。试以表 8.26 的数据为试验观测值，解答下列问题：

①以阶段为自变量，描绘出成本偏差的散点图，用 Excel 求出相关系数，并依据散点图和相关系数判断它的趋势模型。

②以阶段序号为自变量 X，以成本偏差为因变量 Y，以前 14 项工程观测值为试验数据，以 $1-\alpha = 0.95$ 为置信水平，以 Excel 为数据分析工具，分别求出一元回归模型和

双曲模型，

③依据模型求出第 15 项工程项目的预测值，并依据估值求出和比较前 14 项工程的平均估值精度和预测值的精度。做出折线图，并分别比较平均精度、两个模型预测的精度和折线图，对两个模型的拟合程度做出判断。

④求出新工法试验的成本节约目标值，并以阶段 6 的观测值为基数，计算 7～15 阶段的相对实际成本而言的累计节约的成本比率和累计节约的成本值。

表 8.29　某施工企业 15 个月完成的分项工程的成本偏差　　单位：万元

第 X 阶段	预算成本	实际成本	成本偏差
1	190	210	－20
2	150	165	－15
3	220	230	－10
4	170	179	－9
5	210	215	－5
6	200	202	－2
7	220	218.8	1.2
8	250	248.5	1.5
9	200	198.3	1.7
10	175	172.9	2.1
11	210	207.5	2.5
12	205	201.8	3.2
13	185	181.5	3.5
14	165	161.5	3.5
15	195	191.4	3.6

解：①在 Excel 中，选中成本偏差数据，依次选择【插入】【散点图】，容易得到成本偏差散点图，如图 8.13 所示。观察散点图，与双曲函数相似。

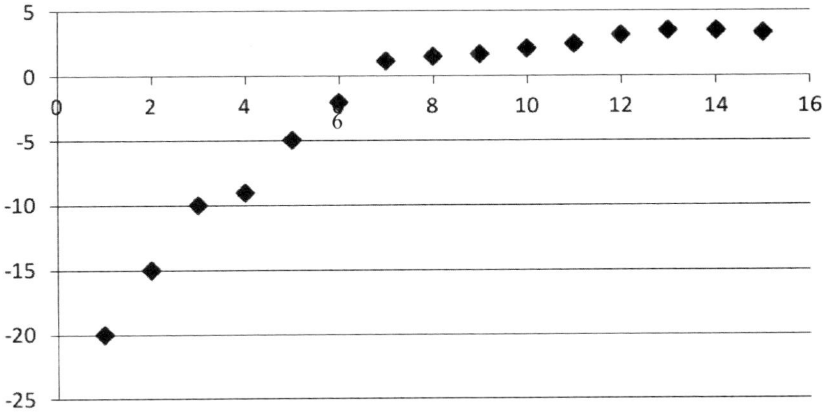

图 8.13　参与成本控制的工程成本偏差散点图

在 Excel 中，依次选择【数据分析】【相关系数】命令，键入并选择项目 1～14 的成本偏差、阶段 X、X 的倒数的数据，选择置信度 $1-\alpha=0.95$，单击【确定】计算出成本偏差与与阶段 X 的相关系数为 0.9068，与 X 的倒数的相关系数为 0.9171. 依据相关程度的意义，它们均属于高度相关。

散点图和相关系数分析，一元线性回归和双曲函数模型回归均可拟合成本偏差曲线走势。

②设阶段数为 X，成本偏差为因变量 Y，首先，以 X 为自变量，以 Y 为因变量，以前 14 项工程观测值为试验数据，以 0.95 为置信度，用 Excel【数据分析】中的【回归】工具，容易得到一元线性回归模型为：

$$Y = -156.4341 + 1.6598X$$

然后，设 $t = \frac{1}{X}$，以 t 为自变量，以 Y 为因变量，继续计算出一元线性回归模型：

$$Y = 3.5046 - 27.945t$$

将 $t = \frac{1}{X}$ 代入模型，得到双曲模型：

$$Y = 3.5046 - 27.945 \times \frac{1}{X}$$

将 X 和 $\frac{1}{X}$ 的数据依次分别代入两个模型，通过 Excel 表格就可计算出每个模型的每个工程项目的估计值和第 15 项工程的预测值，具体见表 8.30。

表 8.30　一元回归模型和双曲模型的成本偏差的估值

成本偏差	阶段 X	阶段倒数（$1/X$）	一元估值	双曲估值	一元估值精度	双曲估值精度
−20	1	1.0000	−13.7743	−24.4404	0.3113	0.2220
−15	2	0.5000	−12.1145	−10.4679	0.1924	0.3021
−10	3	0.3333	−10.4547	−5.8104	0.0455	0.4190
−9	4	0.2500	−8.7949	−3.4817	0.0228	0.6132
−5	5	0.2000	−7.1351	−2.0844	0.4270	0.5831
−2	6	0.1667	−5.4753	−1.1529	1.7377	0.4236
1.2	7	0.1429	−3.8155	−0.4875	4.1796	1.4063
1.5	8	0.1250	−2.1557	0.0115	2.4371	0.9924
1.7	9	0.1111	−0.4959	0.3996	1.2917	0.7649
2.1	10	0.1000	1.1639	0.7101	0.4458	0.6619
2.5	11	0.0909	2.8237	0.9641	0.1295	0.6143
3.2	12	0.0833	4.4835	1.1759	0.4011	0.6325
3.5	13	0.0769	6.1433	1.3550	0.7552	0.6129
3.5	14	0.0714	7.8031	1.5085	1.2295	0.5690
3.6	15	0.0667	前 14 项估值平均估值精度		0.9719	0.6298
第 15 阶段工程偏差预测			9.4629	1.6416	1.6286	0.5440

③第 15 项工程成本偏差的一元回归预测值为 9.4629，双曲模型预测值为 1.6416，用一元线性回归和双曲回归模型分别进行估值，得到前 14 项工程的估值的平均精度依次为 0.9719 和 0.6298，第 15 项工程成本偏差的预测精度依次为 1.6286 和 0.5440，估值精度详见表 8.30。比较两个模型的平均估值精度和预测精度，显然，双曲模型的精度要高的多，拟合程度也更好。估值优劣还可通过对比折线图观察出，如图 8.14 所示。

图 8.14 显示出，双曲模型的拟合优度明显好于一元回归估值。

④依据 $Y=3.5046-27.945\times\frac{1}{X}$，当 X 无限增大时，Y 趋向于稳定值 3.5046，也就是说，新工法试验的成本节约目标值是 3.5 万元。

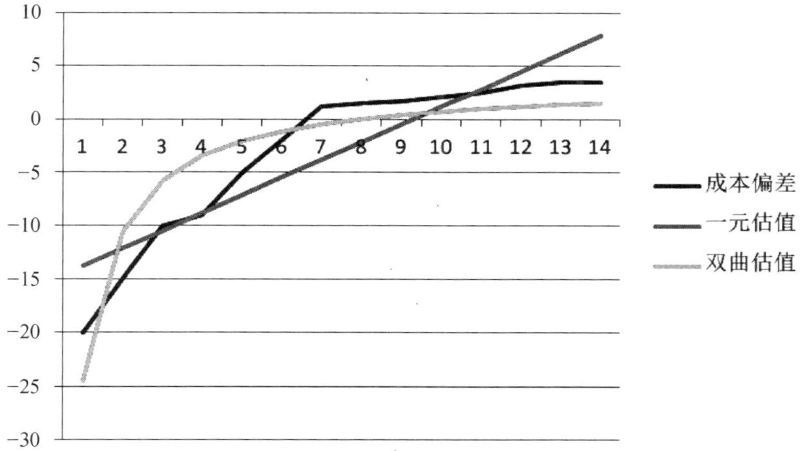

图 8.14　两种模型与观测值拟合程度对比折线图

由于在例题中，工程成本偏差是到第 7 项才开始出现正值，也就是说，从第 7 项工程开始，才有了实际的成本节约值，所以，假定第 6 项工程的成本节约值为 0，以它为基数，相对实际成本而言，累计成本节约比率可先用成本偏差比上实际成本计算出成本节约比，然后，求每一项工程的成本节约与前一项工程的节约比的和，就得到了累计的节约比率，按照这一算法，得到 7～15 项工程的累计节约比率为 11.99%，第 7 项的成本节约值为成本偏差值，往后，每一项的成本节约值为本项工程的成本偏差值加上上期的成本节约值，依次到最后一项，就得到累计节约成本值，用这一算法，容易得到 7～15 项工程的累计节约成本值为 22.80 万元。计算表格见表 8.31。

表 8.31　7～15 项工程的累计节约成本值计算表

阶段 X	预算成本	实际成本	成本偏差	累计节约成本比率	累计节约成本值
6	200	202	0	0.0000	0.00
7	220	218.8	1.2	0.0055	1.20
8	250	248.5	1.5	0.0115	2.70
9	200	198.3	1.7	0.0201	4.40
10	175	172.9	2.1	0.0322	6.50
11	210	207.5	2.5	0.0443	9.00
12	205	201.8	3.2	0.0601	12.20
13	185	181.5	3.5	0.0794	15.70
14	165	161.5	3.5	0.1011	19.20
15	195	191.4	3.6	0.1199	22.80

（2）指数曲线模型

指数曲线预测模型的一般形式为：$\hat{Y}=e^{a+bX}$，对这一模型，我们通过两边取对数、重新定义变量的方法，就可将这种形式的指数曲线变成一元线性回归模型。指数曲线 $\hat{Y}=$

e^{a+bX} 的图形示意图如图 8.15 所示。

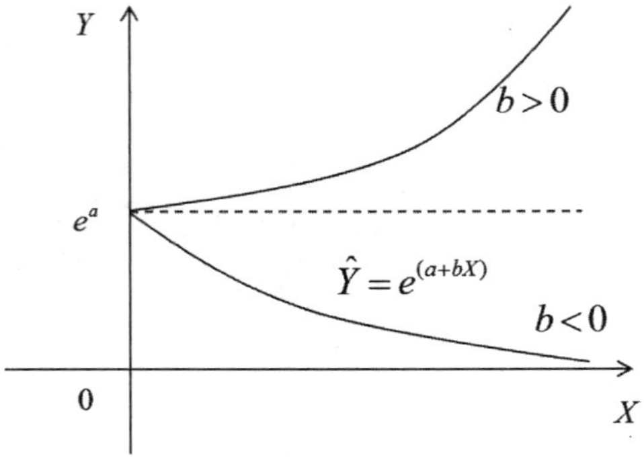

图 8.15　指数曲线 $Y=e^{(a+bX)}$ 的示意图

对于指数曲线 $\hat{Y}=e^{a+bX}$ ，首先，两边取自然对数：$\ln\hat{Y}=(a+bX)\ln e=a+bX$ ，然后，令 $\hat{Z}=\ln\hat{Y}$ ，得到 $\hat{Z}=a+bX$ ，就得到容易求解的以自然对数为因变量的一元线性回归模型。由于这个模型的因变量是原因变量 $\hat{Y}$ 的自然对数，因此还需将其还原成 $\hat{Y}$ 。

最后，还原。因为 $\hat{Z}=a+bX$ ，所以 $e^{\hat{z}}=e^{a+bX}=\hat{Y}$ 。通过求出的 a、b 和 $\hat{Y}=e^{\hat{z}}$ ，代入方程，就可得到指数曲线模型 $\hat{Y}=e^{a+bX}$ 。

【例 8.10】 依据山东统计信息网站提供的年度行业数据，我们整理了山东省 2001—2015 年建筑业劳动生产率的数据，具体见表 8.32。请根据表内数据解答下列问题：

表 8.32　2001—2015 年山东省建筑业劳动生产率数据统计表　　单位：万元/人

年度	劳动生产率	年度	劳动生产率	年度	劳动生产率	年度	劳动生产率
2001	5.45	2005	10.04	2009	14.97	2013	27.76
2002	6.28	2006	9.89	2010	15.94	2014	28.01
2003	7.07	2007	11.4	2011	21.08	2015	30.18
2004	8.14	2008	11.5	2012	26.94		

注：建筑业劳动生产率数据根据山东统计信息网站数据计算。

①以年度为横轴变量，用 Excel 绘出劳动生产率的散点图，求出相关系数，并依据散点图和相关系数判断它的趋势模型。

②设年度为年度序号，即设 2001、2002、2003…，依次为 1、2、3…，设年度序号（简称序号）为自变量 X，山东省建筑业劳动生产率（简称劳动生产率）为因变量 Y，以 2001—2014 年的观测值为试验数据，以 $1-\alpha=0.95$ 为置信水平，用 Excel 的数据分析工具，分别求出一元回归模型和指数模型。

③依据两个模型求出 2015 年劳动生产率的预测值，并依据估值求出和比较 2001—2014 年的估值、平均估值精度以及 2015 年的预测值的精度。

解：①在 Excel 中，选中劳动生产率数据，依次选择【插入】【散点图】，容易得到劳动生产率随年度变化的散点图，如图 8.16 所示。观察散点图，与指数曲线形式相近。

在 Excel 中，依次选择【数据分析】【相关系数】命令，键入并选择序号从 1～14 序号和对应的劳动生产率、劳动生产率的自然对数的数据，选择置信度 0.95，单击

【确定】计算出劳动生产率与序号之间的相关系数为 0.9519，劳动生产率的自然对数与序号之间的相关系数为 0.989. 依据相关程度的意义，它们均属于高度相关。通过对散点图和相关程度的分析，一元线性回归和指数曲线回归模型均可拟合劳动生产率的趋势。

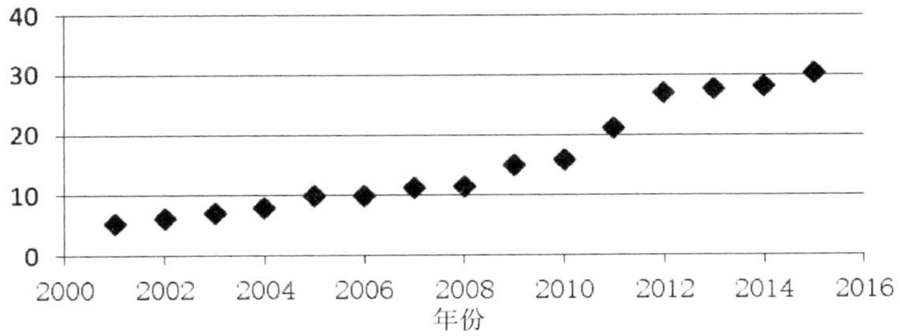

图 8.16　山东省建筑业劳动生产率散点图

②设序号为 X，劳动生产率为因变量 Y，首先，以 X 为自变量、Y 为因变量，以 2001—2014 年的劳动生产率为试验数据，以 0.95 为置信度，用 Excel【数据分析】中的【回归】工具，解得一元线性回归模型为：

$$Y = 0.69604 + 1.85453X$$

然后，设 $Z = \ln Y$，以 X 为自变量，以 Z 为因变量，继续计算出一元线性回归模型：

$$Z = 1.5508 + 0.13163X$$

将 $Y = e^Z$ 代入模型，得到指数曲线模型：$Y = e^{1.5508+0.13163X}$

③将 X、$Z = \ln Y$ 和 $Y = e^Z$ 的数据依次分别代入两个模型，通过 Excel 表格就可计算出每个模型的劳动生产率的每年的估计值、估计值的平均值和 2015 年的预测值及预测精度，具体见表 8.33。

表 8.33　山东省建筑业劳动生产率的一元回归和指数曲线回归估值表

年度	劳动生产率 Y	序号	lnY	lnY 估值	一元回归估值	指数曲线估值	直线估值精度	指数曲线估值精度
2001	5.45	1	1.6956	1.6824	2.5506	5.3786	0.5320	0.0131
2002	6.28	2	1.8374	1.8141	4.4051	6.1353	0.2986	0.0230
2003	7.07	3	1.9559	1.9457	6.2596	6.9985	0.1146	0.0101
2004	8.14	4	2.0968	2.0773	8.1142	7.9830	0.0032	0.0193
2005	10.04	5	2.3066	2.2090	9.9687	9.1061	0.0071	0.0930
2006	9.89	6	2.2915	2.3406	11.8232	10.3873	0.1955	0.0503
2007	11.4	7	2.4336	2.4722	13.6778	11.8486	0.1998	0.0394
2008	11.5	8	2.4423	2.6038	15.5323	13.5155	0.3506	0.1753
2009	14.97	9	2.7060	2.7355	17.3868	15.4170	0.1614	0.0299
2010	15.94	10	2.7688	2.8671	19.2413	17.5859	0.2071	0.1033
2011	21.08	11	3.0483	2.9987	21.0959	20.0600	0.0008	0.0484
2012	26.94	12	3.2936	3.1304	22.9504	22.8822	0.1481	0.1506
2013	27.76	13	3.3236	3.2620	24.8049	26.1014	0.1065	0.0597
2014	28.01	14	3.3326	3.3936	26.6595	29.7735	0.0482	0.0630
2015	30.18	15	3.4072	3.5253	28.5140	33.9623	0.0552	0.1253
				前 14 年度估值平均精度			0.1695	0.0677

表 8.33 显示，2015 年预测值分别为：一元回归预测 28.514，指数曲线预测 33.9623。对比两个模型的平均精度，指数曲线模型与一元回归的平均精度分别为 0.677 和 0.1695，从估值的平均精度看，指数曲线回归模型比直线模型的拟合程度要高一些。如果从预测值角度分析，一元回归模型比指数曲线模型要更贴近实际观测值。

另外，做出观测值和两个模型的估值的折线图，如图 8.17 所示，直观上，很难区分它们的拟合程度的优劣。

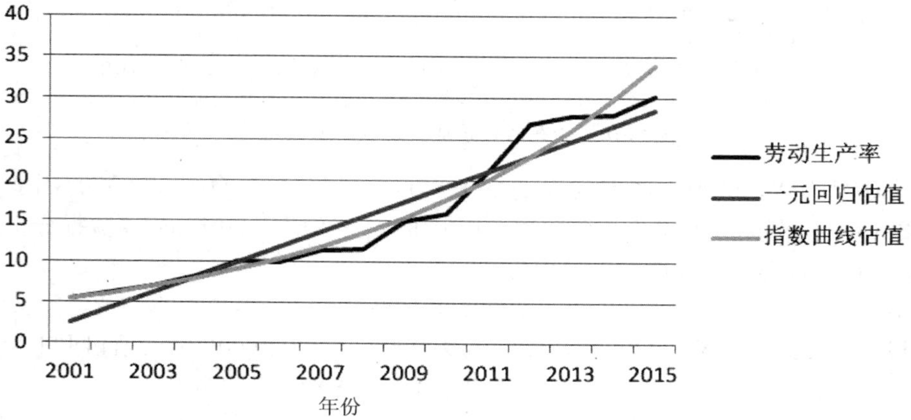

图 8.17　建筑业劳动生产率与两个模型的估值对比折线图

上述几个例子显示出，多数非线性回归模型的预测值具有单边快速上升或下降的趋势，因此，预测研究对象的长期趋势时，它的渐进性具有独特的优势。当自变量与因变量的相关程度差距不大时，线性回归模型的拟合程度可能会更好。因此，建立非线性模型的前提可归结为 3 点，一是通过观测值的散点图考察研究对象是否具有在一定时期快速上升或快速下降的趋势；二是考察因变量和自变量之间的线性相关强度是否是弱相关或不相关；三是因变量的长期趋势是否趋向于某个常量。

除了多项式曲线、指数曲线和双曲线预测模型以外，常用的可用回归方程计算的曲线方程还有幂曲线、对数曲线预测模型等。

幂曲线方程的一般形式为：$\hat{Y} = aX^b$ 。若将幂曲线两边取对数，得

$$\lg\hat{Y} = \lg a + b\lg X$$

令 $\hat{Z} = \lg\hat{Y}$, $a_0 = \lg a$, $t = \lg X$ ，则对数方程恒等变形为：$\hat{Z} = a_0 + bt$ ，应用一元回归方法就可求出方程的系数。当 $b > 0$ 时，幂曲线预测模型的趋势示意图如图 8.18 所示。

对数曲线的一般形式为 $\hat{Y} = a + b\ln X$ 。对于对数曲线，只需要令 $X_1 = \ln X$ ，就可得到方程：$\hat{Y} = a + bX_1$ ，显然，这是一典型的一元回归方程。对数曲线方程的趋势示意图如图 8.19 所示。

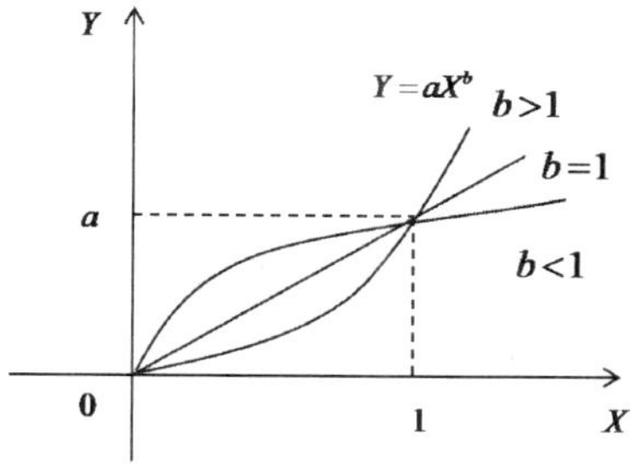

图 8.18　幂曲线 $Y=aX^b$ 的示意图

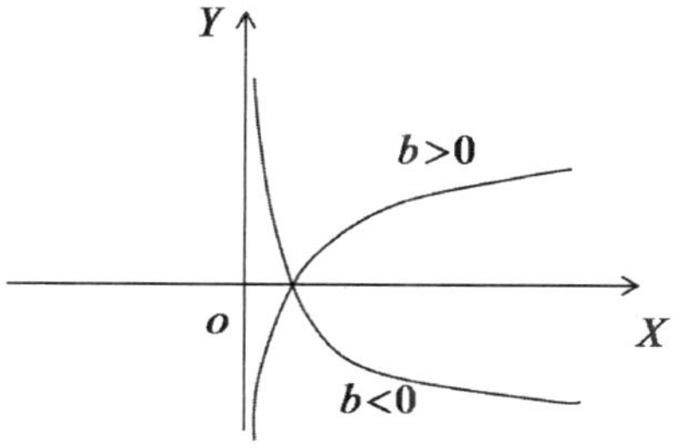

图 8.19　对数曲线方程 $Y=a+b\ln X$ 示意图

思考题

1. 实地考察某地区某种建筑材料 2016 年 1—12 月的每个月的市场价格，并以 1—11 月的价格为实验数据，用简单移动平均法预测 12 月的价格。

2. 在上证 A 股中，选择一家建筑企业，利用证券交易软件，查询该企业某年 1—12 月的股票价格的月平均值，并用一次指数平滑法预测下一年第一个月的价格走势。

3. 在上证 A 股中，选择一家建筑企业，利用证券交易软件，根据 K 线图和企业财务数据，查询并整理该企业近期 12 个季度中每季度的净利润增长率、净资产收益率、每股收益和相应每季度的股票收盘价，试用 Excel 数据分析工具，建立以股票收盘价为因变量的多元回归模型，并用回归分析结果对变量间的相关性的强度、相关的显著性和回归系数的显著性进行解释。

4. 描绘出一种一元二次、一元三次多项式的示意图，并讨论将一般的一元多次多项式转换为多元回归方程的方法。

5. 描绘倒数模型 $\hat{Y}=a+b(\frac{1}{X})$、指数曲线模型 $\hat{Y}=e^{a+bX}$、幂曲线方程 $\hat{Y}=aX^b$、对数曲线方程 $\hat{Y}=a+b\ln X$ 的示意图，并讨论用一元线性回归方法求解这些方程的一般过程。

参考文献

[1] 贾俊平，何晓群，金勇进. 统计学（第三版）[M]. 北京：中国人民大学出版社，2007（1）.

[2] 张彦. 社会统计学 [M]. 南京：南京大学出版社，2003（2）.

[3] 刘志麟，孙刚. 建设工程项目管理 [M]. 北京：中国建材工业出版社，2013（8）.

[4] 肖淑芳，李慧云. 管理统计学基础 [M]. 北京：北京理工大学出版社. 2008（1）.

[5] 马国丰. 工程质量管理——理论、方法与案例 [M]. 北京：中国建筑工业出版社，2014（2）.

[6] 张瑞生. 建筑工程质量与安全管理 [M]. 北京：中国建筑工业出版社，2014（3）.

[7] 中国建设监理协会组织. 建设工程质量控制 [M]. 北京：中国建筑工业出版社，2014（1）.

[8] 熊维. 建筑工程施工 [M]. 北京：清华大学出版社，2014（9）.

[9] 郑少英. 土木工程施工组织 [M]. 北京：中国电力出版社，2014（1）.

[10] 余群舟，孙博文等. 塔吊事故统计分析 [J]. 建筑安全，2015（11）：10—13.

[11] 张建设，靳静，张晶然. 2004—2013年建筑业高出坠落死亡事故统计分析研究 [J]. 建筑安全，2015（6）：42—45.

[12] 张加瑄. 建筑统计 [M]. 北京：中国电力出版社，2009（7）.

[13] 张贺丰. 建筑企业统计 [M]. 武汉：武汉理工大学出版社，2011（3）.

[14] 徐宁，李冬艳，张业海. 建筑业技能人才开发管理的统计分析 [M]. 北京：中国环境出版社，2014（5）.

[15] 袁卫，庞浩，曾五一等. 统计学（第二版）[M]. 北京：高等教育出版社，2005（8）.

[16] 卢淑华. 社会统计学（第三版）[M]. 北京：北京大学出版社，2005（5）.

[17] 李晓春，曾瑶. 质量管理学 [M]. 北京：北京邮电大学出版社，2002（1）

[18] 白南生，李靖. 农民工就业流动性研究 [J]. 管理世界，2008（7）：70—76.

[19] 张建设，侯芳. 建筑施工事故间接原因统计分析 [J]. 建筑安全，2013（10）：20—22.

［20］扈涛．教育统计学［M］．开封：河南大学出版社，2000（10）．

［21］［美］M．克莱因，张祖贵译．西方文化中的数学［M］．上海：复旦大学出版社，2005（10）．

［22］史希来．属性数据分析引论．北京：北京大学出版社，2006（1）．

［23］戴维·K．希尔德布兰德等，陈华珊等译．社会统计方法与技术［M］．北京：社会科学文献，2005（6）．

［24］张统，孙道亮，蒋云等．2003—2012年我国建筑业事故统计分析研究［J］．建筑安全，2013（8）：18－21．

［25］钟小萍，冯靖宇．预应力空心板生产质量调查［J］．四川建筑科学研究，1990（4）．

［26］张纯．钢筋焊接接头的质量分析与建议［J］．四川建筑科学研究，2005（6）：137－138．

［27］李沛良．社会研究的统计应用．北京：社会科学文献出版社，2002（9）．

［28］徐向阳．卡方检验在学生成绩差异性分析中的应用［J］．常州技术师范学院学报，2001，7（4）：15－19．

［29］张彦著．社会统计学——原理与方法［M］．南京：南京大学出版社，1997（4）．

［30］吴超，王婷等．安全统计学［M］．北京：机械工业出版社，2014（3）．

［31］周友苏，杨飒．质量管理统计技术［M］．北京：北京大学出版社，2010（1）．

［32］苗瑞，蒋祖华，崔利荣等．工程统计学［M］．北京：机械工业出版社，2015（8）．

［33］穆静波．施工组织［M］．北京：清华大学出版社，2013（3）．

［34］赵北龙．建筑工程检测技术［M］．北京：中国建材工业出版社，2014（7）．

［35］谢露静．环境统计应用［M］．北京：科学出版社，2011（7）．